現代中国初中等教育の
多様化と制度改革

The Diversification and Schooling System Reform of
Elementary and Secondary Education in China

Kusuyama Ken
楠山 研 著

東信堂

はしがき

　本書は、現代における学校制度改革の役割を見いだすひとつの手がかりとして、1980年代からの中華人民共和国（以下、中国）における学校制度改革の意味を探るものである。

　中国のように学校制度を他国から模倣した後発国は、概念上は整った制度を有していても、現実にある制度との間にズレが生じている場合が多い。1980年代からの中国の義務教育に関連する学校制度改革は、格差解消と地方への権限委譲を核としながら、この後発国特有のズレを解消し、中国独自の学校制度を探る過程であった。つまりこの改革は、他国の模倣から入った概念上の制度と現実にある制度を近づけていき、中国独自の学校制度を探る過程であったということができよう。この中国独自の学校制度を探る過程において、何が優先され、何が後回しにされたのかを考察することで、中国における学校制度改革の論理を明らかにし、またここから現代における学校制度改革の役割を見いだすことをめざしている。

　詳細については本文を読んでいただくとして、ここでは私自身が感じている学校制度研究の難しさとおもしろさを説明した上で、中国を研究対象とするに至った理由について述べておきたい。

　日本は戦後60年間、多少の例外はあるものの、6－3－3制を維持してきた。その間、しばしば学校制度改革が各方面で話題となり、様々な議論が繰り広げられてきた。現在も、多様な子どもに対処するには、学校制度の柔軟性が足りないといった指摘がしばしばなされている。しかし、そもそも学校制度というものは、そういうものといえる。つまり、すべての子どもに専属教員を用意できない以上、子どもたちそれぞれの違いを無視して、例えば年齢や

学力を根拠に、性質が近いと思われる子どもたちを無理矢理ひとくくりにしたものが学校制度である。まったく何も決めない、ということも含めて、とにかく何かに決定しなければならないのが制度の難しさであり、おもしろさということができよう。

　6−3−3制に関する議論でも、同じことがいえる。例えば、子どもの成長が早まっていることを根拠に、5−4−3制のような、小学校と中学校の接続時期を早めようとする主張がある。たしかに最近の子どもの心身の成長が早まっていることは事実のようであるし、学校段階は本来、子どもの成長段階と一致しているべきものである。しかし、それが小学校と中学校の接続時期を1、2年早めることの根拠とはならない。まず、6−3−3制を導入した際に、そうした根拠をもとに決定したとは到底思えない。また成長が早まっているとしても、それぞれの子どもはそれぞれのスピードで成長する。5−4−3制に変えることによって救われる子どもがいるとすれば、逆に変わったことで苦しむ子どもがでてくるはずである。さらに、数学的能力は早い時期に成長するが、体力的な部分は遅めに成長するといった具合に、個人の中でも分野によって成長のスピードには違いがある。そうした状況をすべてデータ化し、平均値を出すことは不可能といえよう。そもそも子どもの多様な成長の状況と、1年という単位がぴったりと当てはまることは期待できない。つまり学校制度は、そうした子どもの成長を意識はしているが結果的にはほとんどの場合無視して、何らかの理由をつけて決定しているのである。制度とはそういうものである。

　そうしたなか、現代においてあえて学校制度を変えようとする動きがあった国のひとつが中国であった。本文でも触れているように、結果的には変えない方向に落ち着いたものではあったが、一部の地域での実験的実施までいったその改革議論は、とてもリアルで、なまなましいものであった。これこそが、制度の難しさであり、おもしろさであると、改めて実感することができた。中国という想像もできないほど広大で、多様な人々が住む場所で、そもそも無理のある学校制度がどのように運用されているのかをみることは、教育が社会や文化や政治や歴史と密接に結びついたものであるということ、

そしてうわべだけの「教育的」な議論はまったく意味をなさないことを改めて教えてくれる、生きた教材ということができる。

　本書は、そうした教育や制度のなまなましい部分を含めて、中国という巨大で複雑な国における教育の状況を概観することもめざしている。あまりに広大で多様であること、変化が急速であること、そして筆者の力不足から、そのすべてを収めるには至らず、むしろごく一部にとどまってはいるが、筆者自身が圧倒されたそのパワーを少しでも感じていただけたらと思っている。

　なお本書は、日本学術振興会による平成21年度科学研究費補助金「研究成果公開促進費」の助成をうけて出版されるものである。

2009年1月

　　　　　　　　　　　　　　　　　　　　　　　　　　　　　筆者

目次／現代中国初中等教育の多様化と制度改革

はしがき ………………………………………………………… i
  図表一覧（ⅷ）
  写真一覧（ⅸ）

序章　現代における学校制度改革の役割 ……………………… 3

  1．学校制度の多様性と共通性（3）
  2．現代における学校制度改革の役割と中国（5）
  3．先行研究の検討（8）
  4．本書の構成（9）

第1章　世界の学校制度とその改革の論理 ……………… 15

  1．はじめに（15）
  2．学校制度の成立と学制の形成（18）
  3．諸外国における学制の変更（20）
  4．後発諸国における事情（29）
  5．学制改革要因の分析（32）
  6．おわりに（34）

第2章　中国の学校制度 ……………………………………… 41

  1．はじめに（41）
  2．中国の教育の歴史（中華人民共和国成立まで）（41）
  3．中国の教育の歴史（中華人民共和国成立から）（49）
  4．中国の教育の現状（55）
  5．中国の学校教育における改革の背景（63）

第3章　中国の学校教育における多様化と地方化 ………… 73

  1．はじめに（73）
  2．中国における教育行政の階層性（73）
  3．基礎教育カリキュラム改革におけるカリキュラムの多様化と地方化（76）
  4．高級中学進学試験（中考）の変化（79）
  5．中等教育修了資格試験（高中会考）の実施（88）

6．全国統一大学入試（高考）の多様化と地方化（90）
　　7．おわりに（98）

第4章　中国における義務教育制度の導入　　103
　　1．はじめに（103）
　　2．中国における義務教育制度（近代学制導入から文革終結まで）（104）
　　3．義務教育導入の目的（108）
　　4．義務教育普及における地方への権限委譲と地方への配慮（111）
　　5．実施計画における段階的導入と地方の対応（113）
　　6．21世紀における義務教育普及（117）
　　7．おわりに（123）

第5章　中国における6-3制と5-4制　　129
　　1．はじめに（129）
　　2．6-3-3制導入から文革終結までの学制の変遷（130）
　　3．文革終結後の学制改革の経緯（134）
　　4．5-4制が登場した意味（139）
　　5．上海市における5-4制の再評価（148）
　　6．おわりに（150）

第6章　中国における学校選択制と学区制　　159
　　1．はじめに（159）
　　2．国の方針としての初級中学進学試験の廃止と学区制の導入（160）
　　3．地方政府の役割と重点学校（163）
　　4．北京市における「就近入学」導入前後の状況（165）
　　5．上に政策あり、下に対策あり（169）
　　6．おわりに（172）

第7章　中国における小中一貫という発想　　177
　　1．はじめに（177）
　　2．中国における一貫制学校（178）
　　3．特別な学校における9年一貫制（179）
　　4．一般的な学校における連携型9年一貫制（184）
　　5．9年一貫制のもつ意味（185）
　　6．おわりに（189）

終章　中国における学校制度改革の論理……………………… 193

　　1．中国における義務教育段階の学制改革（193）
　　2．学制改革における格差への「配慮」（196）
　　3．中国独自の学校制度へ（200）

引用文献・参考文献 ………………………………………………… 205
あとがき …………………………………………………………… 215
附録　中国各地の学校と子どもたち ……………………………… 223
索引 ………………………………………………………………… 235

図表一覧

第1章
- 図1−1　世界で6−3−3制を採用している国や地域
- 表1−1　世界の義務教育年限と開始年齢、終了年齢

第2章
- 図2−1　1902年壬寅学制（欽定学堂章程）
- 図2−2　1904年癸卯学制（奏定学堂章程）
- 図2−3　1912年壬子癸丑学制
- 図2−4　1922年壬戌学制（六三三学制）
- 図2−5　1951年「学制改革に関する決定」における学校系統図
- 図2−6　小学校就学率の変遷（1952-2007）
- 図2−7　各学校段階在学者数の変遷（1949-2007）
- 図2−8　中国における現行学校系統図
- 図2−9　各学校段階卒業生の上級学校段階進学率の変遷（1990-2007）
- 図2−10　各学校段階粗就学率（1990-2007）

第3章
- 図3−1　中国における教育行政の階層性
- 表3−1　義務教育段階における理科の科目名と配当時間の変化
- 図3−2　高級中学物理の科目構成
- 図3−3　普通学校段階進学に必要な試験
- 図3−4　初等中等教育段階において進行する地方化

第4章
- 表4−1　義務教育普及に関する各省の対処

第5章
- 図5−1　6−3制と5−4制のカリキュラム比較（小学数学）
- 図5−2　6−3制と5−4制のカリキュラム比較（初級中学数学）

第7章
- 図7−1　4年制普通初級中学と9年一貫制学校の数と全体に占める割合（1989-2005）
- 図7−2　4年制普通初級中学と9年一貫制学校初中部の新入生の数と全体に占める割合（1989-2005）
- 図7−3　4年制普通初級中学と9年一貫制学校の卒業生の数と全体に占める割合（1989-2005）

写真一覧

序章
  序−1 小学校の授業風景（上海市）

第1章
  1−1 巨大なエントランスのある完全中学（北京市）
  1−2 小学校も兼ねる教室で識字教育を受ける大人たち（雲南省）

第2章
  2−1 小学校の授業風景（山西省）
  2−2 初級中学の授業風景（貴州省）

第3章
  3−1 中考試験の時間割（貴州省）
  3−2 大学入試会場と周辺の様子（北京市）
  3−3 北京市が援助しているラサ北京中学（チベット自治区）

第4章
  4−1 成人識字教室の様子（雲南省）
  4−2 空き教室で寝泊まりしている小学生（雲南省）
  4−3 「普通話（標準語）を話しましょう」という看板（貴州省）

第5章
  5−1 校内を移動する小学生（遼寧省）

第6章
  6−1 高級中学の授業風景（北京市）

第7章
  7−1 北京景山学校校門（北京市）

終章
  終−1 才能児実験クラスの様子（北京市）
  終−2 高級中学の教室（北京市）

附録
  中国各地の学校と子どもたち

現代中国初中等教育の多様化と制度改革

序章　現代における学校制度改革の役割

1．学校制度の多様性と共通性

　日本の6-3-3制は、教育改革の代名詞として「6-3-3学制の改革」といった言葉が使われることがあるように、6-3-3という区分自体が重視されるとともに、戦後日本の教育制度・学校制度全体を象徴するものとしてもみられてきた。このことはこの区分が学校教育全般と深く結びついており、教育活動全体に影響を及ぼしていることを示している。依然として日本の学制は6-3-3制であるが、近年、公立中高一貫校の創設や、6-3制の枠内での小中一貫制の実施、弾力的運用実践などにより、これまでの厳格さは薄れつつある。そこでは6-3-3という区分をどうするかという議論だけでなく、一部の例外を認めることは事実上の複線型学校体系を意味するのではないかという学校制度の理念に関する問題から、文部科学省と地方自治体、学校や校長の役割分担のあり方といった地方分権に関する問題まで含んだ、幅広い検討がなされている。ここからも6-3-3という区分が、学校教育の全般に影響を与えるものであることがわかる。本書ではこの6-3-3という学校段階の区分を中心に、これと密接に結びついた教育の段階制と接続関係を含めて学制と称し、議論を進めていく。

　世界に目を向けてみると、学校段階の区分だけでも多種多様の様相を示している。詳細にみれば国や地域の数だけ種類があるといえるが、同時にある程度の共通性を有していることも特徴的である。また同一国家、同一地域内においても、日本のように6-3-3制にほぼ統一されているところから、アメリカのように州によって形態がかなり異なるところもある。ただしそのアメリカでも大学入試の関係などにより初等中等教育の合計が12年という

ところで一定の統一がなされている。このように学制は国や地域にとって、統一しない、ということも含めて何らかの決定をしなければならないものということができる。またこうした学制改革は、その影響力の大きさから、国内外の、教育以外を含めた多種多様な要因に影響を受けている。

　こうした傾向は世界的に違いがないが、後発諸国に注目してみてみると、時期的に遅く近代化を始めた国は、他の国々から認められるために近代化に必要な制度一式を（形式的であれ）いち早く整備しようとする傾向がある。これには学校制度も含まれるが、その場合、旧宗主国や経済的・思想的に大きく影響を受けた国、エリートの留学先など、つまりは欧米の国々に倣って、学校制度や学制を定めていることが多い。その結果、概念上は整った制度を有していても、現実には経済的な理由などにより規定より年限が短い学校しか用意されていなかったり、都市部と農村部に大きな格差が存在していたりする場合が少なくない。また同一地域内であっても、資源が限られることにより、一部の学校に重点的に投入し、他の学校では十分な教育ができているとは言い難い状況がしばしばみられる。もちろん制度的に多様であること自体に問題はないが、明らかに地域間格差、学校間格差が生じている場合が少なくない。つまりこれは、概念上の制度と、現実にある制度の間にズレが生じているということができる。

　学制を国や地域の発展段階からみてみると、その国や地域に社会的経済的なゆとりがない段階では、都市部住民やエリート候補など一部の人材に必要な教育を提供していくことが現実的な対応といえる。その段階を超え、国民全体に一定のレベルの教育を提供する必要性が生じ、それを可能にするだけの見込みがたった場合に、概念上の制度と現実にある制度のズレを少なくしていく段階へと入っていくことになる。つまり現実にある制度を概念上の制度に近づけていくか、概念上の制度を改めて現実にある制度に近づけていくことによって、このズレを小さくしていくことが当面の目標となる。また、学制をどこまで統一し、どこまで柔軟な制度とするか、これをどこまで国が管理し、どこまでを地方や学校に権限委譲するかも重要な問題となる。こうした問題を解決し、概念上の制度と現実にある制度を近づけていく過程で、

その国なりの制度ができあがってくることになる。つまり後発諸国において概念上の学校制度と現実にある学校制度を近づけていく改革は、国家がある程度発展し、全ての国民に一定の教育を提供しようとする段階に入ってきたところで、おこなわれる改革ということができよう。

２．現代における学校制度改革の役割と中国

こうした後発諸国の中で、特に1980年代以降大規模な対外開放政策、経済体制改革により急速に発展しているのが中華人民共和国（以下、中国と表記）である。日本の26倍という広大な国土に13億以上の人口を抱える中国は、大多数を占める漢族の他に、55の少数民族を抱えた多民族国家でもある。このため、中央集権体制をしいてはいたが、中央の政策を全国に完全に行き渡らせることが難しいという事情もあって、地方に一定の自主権を与えていた。このことは各地の実情に応じた政策決定が可能になるという利点がある一方で、各地で地域間格差が拡がる原因にもなっており、教育についても例外ではなかった。

中国に近代的学校制度が導入されたのは清朝末期の1900年代初頭であるが、中華民国時代の1922年には、「壬戌学制」として当時アメリカで流行しつつあった6－3－3制を導入していた。それ以来、短期間の改革を無視すれば、この概念上の制度自体は基本的に維持されてきた。ただし、戦争、内戦、財政難、政治的混乱などにより、1980年代まで6－3－3制が現実にある制度として実現した地域はごく一部であった。その結果、北京市や上海市では先進諸国に匹敵する教育水準を達成している一方で、地方には家庭の貧しさや学校への遠さなどから小学低学年やそれ以下で学習を断念している子どもが少なくないという状況を生んでいた。また同一地域内においても、限られた資源を一部の学校に集中的に投入する政策がとられたことにより、重点学校と一般学校の間には厳然たる格差が存在していた。

こうした格差のある状況は、社会主義国を標榜し、平等理念を掲げる中華人民共和国にとって決して好ましいものではない。加えて今後も継続的に発展を続けるためには、学校教育を国の隅々まで普及させる必要がある。よっ

て改革開放政策、社会主義市場経済の導入などの大胆な改革の進行と並行して、1986年の「中華人民共和国義務教育法」施行によって義務教育導入が決定されるなど、全国的な教育の普及への取り組みが強化されてきた。つまりこの時点が都市部や一部のエリート候補に可能な教育を提供するという段階を超えて、全ての国民に一定の教育を提供しようとする段階へ入った時ということになる。その後小学就学率は1985年には95.9％であったものが、2007年には99.5％に達している。小学生だけで日本の総人口に匹敵するという莫大な規模、低くない退学率を考えると、まだまだ普及は途上にあると表現した方がよいかもしれないが、驚異的な成長をとげた経済と同様、教育面での発展もめざましいものであった。

　この全ての国民に一定の教育を提供しようとする過程において、たびたび学制改革が登場し、試行錯誤が続けられてきた。そこでは概念上の制度と現

写真序-1　小学校の授業風景（上海市）

実にある制度を近づけていく努力がなされてきたということができる。つまりこの1980年代から始まった学制改革は、他国の模倣から入った概念上の制度と現実にある制度を近づけていき、中国独自の学校制度を探る過程であったということができよう。この中国独自の学校制度を探る過程において、何が優先され、何が後回しにされたのかを考察することで、中国における学校制度改革の論理がみえてくると考えられる。またここから、現代における学校制度改革の役割を見いだすこともできよう。

このような点をふまえて、本書では以下の3点の課題を設定する。

第1の課題は、中国において義務教育の導入が決定され、すべての国民に一定の教育を提供しようとする段階で、どのような学制改革がおこなわれてきたのかについて義務教育段階を中心に明らかにすることである。中国における改革は学校制度に限らず、議論、実験的実施、全国的導入という経過をたどり、その状況によっては議論や一部の地域における実験的実施の段階で消滅してしまうものも少なくない。よって何がどこまで実施されたのか、それにどのような意味があったのかを把握する必要がある。

第2の課題は、全国的に根深く存在していた地域間格差や学校間格差に対して、一連の学制改革はどのように対処してきたかを明らかにすることである。概念上の制度と現実にある制度を近づけていくためには、こうした全国に存在する格差に対して、何らかの措置をとらなければならない。これについて、特に中央政府と地方政府（省レベル政府・県レベル政府）や学校との関係を含めながら考察する。また格差に対処する際、すべての地区、学校を最高レベルまで引き上げるのが理想的だが、これは現実味が薄い。実際には最高レベルにあるものはそのレベルを維持しながら、下位にある地区、学校を徐々に引き上げていくのが現実的といえよう。よって、義務教育の導入を始めとする改革で国民全体の底上げを図ると同時に、国の継続的発展に不可欠と考えられる一部エリート候補の育成もおこなわなければならないはずである。公平や平等が原則とされ、義務教育段階における重点学校も原則廃止とされる中で、現実的対応として、それまで最高レベルにあった地区や学校は、どのようにその優位性を維持してきたのか、そのために中国ではどのような

方策がとられてきたのかも探る必要がある。こうした分析により、格差の存在する状況に対して、学制改革が果たした役割を明らかにする。

　第3の課題は、概念上の制度と現実にある制度を近づけていくことによって完成する、中国独自の学制とはどのようなものになるのかを明らかにすることである。中国の学制改革はまだ完了してはいないが、一連の改革からそのめざす姿がみえつつある。そこには、国として学制をどこまで統一し、どこまで柔軟で多様なものにするか、ここに中央政府と地方政府がどのように関わっていくかも含まれる。

3．先行研究の検討

　わが国における中華人民共和国の学校制度に関する研究はあまり多くない。もちろん学校制度は教育の事柄を扱う際にまず触れなければならない事項であるため、ほとんど全ての中国の教育を扱った論文には学校制度に関する言及がある。しかしそれらの多くが紹介というレベルにとどまっており、これに関する分析はほとんどなされず、それを前提として議論を進めている場合が多い。初等中等教育段階における学校制度、特に本書で扱う学校段階の区分を中心とした学制に特化した研究は、文化大革命終結以前の論考として文部省[1]、齋藤[2]、笹島[3]などがあり、歴史学的研究では清朝末期の近代学校制度導入に言及した阿部の研究[4]や、清朝末期・中華民国時期の義務教育の実施過程を明らかにした朝倉の研究[5]、1922年の6－3－3制導入過程に注目した今井の一連の論考[6]、中華民国時期に言及した新保[7]、1956年から1964年の時期に注目した世良の論考[8]がある程度である。文化大革命終結以降の学制については田代の論考[9]や石井の論考[10]、楠山による一連の論考[11]の他は、阿部[12]や牧野[13]、王[14]、劉[15]のようにその著書の中で学制に関連する事項について言及している程度である。英語文献についても、学校制度に触れている文献は少なくないが、それ以上の分析がおこなわれたものは管見の限りみあたらない。

　一方中国においては、学校制度や学制に関する研究は比較的多い。それらには例えば教育制度の生成や変革について個人の利益尊重に注目しながら論

じた康[16]のような理論的研究や、韓・孫のような比較教育学的な研究[17]もあるが、龔[18]や加速推行"五四"学制的研究課題組[19]のようなある学制を推進する立場、あるいは周の一連の論考[20]のようにある学制に反対する立場で書かれた研究が少なくない。こうした現実の学制改革に直結する議論を展開した研究では、それぞれが様々な立場から、学制の教育的効果や効率性を、統計的分析、子どもの発達段階や心理学に関する分析などを加えて論じており、学制研究としてかなり詳細なものとなっている。このように、中国の学校制度、特に学校段階の区分を中心とした学制に関する研究は中国ではかなり多くみられるが、それは理論的な研究か、比較教育学的に他の国との制度比較を中心とした研究か、ある学制の是非を問う研究であり、その研究の性質上、なぜ学制改革がおこなわれたのか、どういった目的があったのかについての詳細な分析はほとんどおこなわれていない。

　なお、筆者の関連論文より後に発表されたものではあるが、劉・廖の論考[21]は短いながら6－3制と5－4制に関する論争を整理した上で今後への提案をしており、筆者と近い関心が伺え、大変参考になり、また勇気づけられたことを付け加えておく。

4．本書の構成

　第1章では世界の学校制度とその改革の論理について扱う。世界には様々な学校制度の形態があるとともに、それらはある一定の類似性を有している。またそれぞれの国内でも完全に統一されているところから多様なところまで様々であるが、同時に一定の類似性があることを示す。加えてこれまで先発諸国でおこなわれてきた学制改革では必ずしも教育的議論を優先して決定されてはこなかったことを示しておく。また後発諸国特有の問題も明らかにする。

　第2章以降は中華人民共和国の学校制度について扱う。第2章では中国の学校制度の概要を示す。清朝末期に近代学校制度を採り入れてからの学校制度の変遷について説明した後、現在の学校の状況を学校段階別に概説する。最後に中国の教育において長年取り組まれてきた改革の状況についても簡単

に触れる。

　第3章では、1990年代後半からの比較的最近の改革を題材に、教育の地方化について論じる。まず後の議論のため、中国の教育行政の階層性の特徴について説明する。その後、この階層的な枠組みの中で、基礎教育から大学入試に至るまで、地方や学校へ権限の下方委譲が図られていることを示す。具体的には、基礎教育カリキュラム改革により、義務教育段階の9年を一貫としたカリキュラムが作成されるとともに、地方や学校に一定の自主権が与えられたこと、高級中学入学試験や大学入学者選抜方法において、出題科目の決定、問題作成、試験実施などの権限が地方や学校へ下方委譲され、多様化する傾向が強まっていることをとりあげる。これらにより、地方や学校への権限委譲は現在まで続く、基礎教育から大学入試に至るまでみられる共通の現象であることを示す。

　第4章から第7章までは、1980年代から行われた、義務教育段階の学制改革の動向について扱う。第3章で扱った地方や学校への権限の下方委譲は、1980年代から続く、学制改革に共通する傾向であることを示す。

　このうち第4章と第5章では、義務教育の普及段階に関わる学制改革について言及する。第4章では地域間格差が存在している状況で義務教育を全国に導入するために、これまでの失敗経験をもとに国を3段階に分けて導入する方法がとられ、また各地方も独自に段階的導入を図ったことについて示す。第5章では、この義務教育の導入と時を同じくして、義務教育段階の学制に関する議論や実験がおこなわれたことに注目する。文化大革命期に短縮され5－3制となっていた小学と初級中学の学制を、文化大革命前の6－3制に「回復」する過程において、5－4制という制度が新たに登場し、一部で実験が進められた。これらは教育的に優れているという議論が展開されたが、実際には校舎不足の問題を解決するためであったり、当面普及が困難な地方への配慮であったりという面がみられたことを明らかにする。この2章の考察によって、地域間格差が存在する状況で、国が統一的に義務教育を全国に普及する（現実にある制度を概念上の制度）に近づける過程において、5－4制という普及に取り組みやすい制度を承認することで概念上の制度を現実にある

制度に近づける方策をとり、これによって普及を促進しようとしたと考えられることを示す。

　なお義務教育は当初から段階的な導入策が示されていたことからもわかるように、大きな地域間格差が存在しており、現在もその格差は完全には解消されていない。第6章と第7章では、義務教育の普及がある程度完了する見込みが立った地区を対象に、この教育を充実させる段階でおこなわれた学制改革について言及する。第6章ではそのひとつめの手がかりとして、義務教育普及過程において登場した日本の小学区制に近い制度である「就近入学」の導入をとりあげる。この「就近入学」制度は、それまで存在していた学校間格差の是正のために登場したが、旧重点学校の存在のためになかなかうまくいかず、結局格差を一部留保する形で続いていることを示す。第7章ではふたつめの手がかりとして、もうひとつの学校段階の区分ともいうべき小学と初級中学を一貫とする9年一貫制について検討する。この制度は実際には日本でいう連携型が主であり、小学と初級中学の間の進学試験を廃止し、連携をうまくいかせるための総合的な改革であったことを明らかにする。また同時にこの連携型が、旧重点学校も含めた学校間格差を是正する意味をもった改革でもあったことも示す。この2章の考察によって、学校間格差が存在する状況で、国が統一的に学区制を導入する（現実にある制度を概念上の制度に近づける）過程において、地方が学校間格差にやや強引な形で対処しようとする9年一貫制を導入する（概念上の制度を現実にある制度に近づける）方策をとり、これによって学校間格差に対処しつつ教育の充実を図ったことを示す。

　終章では以上の分析をもとに、概念上の制度と現実にある制度を近づけていく過程において、中国における学制改革の論理を明らかにし、特に格差の存在する状況に対して学制改革が果たした役割を明らかにする。またここでみえつつある新たな中国の教育の枠組み、中国なりの学校制度の姿はどのようなものかを示す。

　なお、本書では、便宜上最新のデータを使用している部分はあるが、対象は1980年代から2000年代前半までの改革に焦点を絞っている。変化が急

速な中国においては、本研究で扱った部分についてもすでに大きく変化しているものがある。本書はその期間に起こったことについて分析したものであることをご理解いただければ幸いである。

注

1 文部省調査普及局編『現代中国の教育事情－六・三・三制を中心として－』刀江書院、1949年。
2 ①斎藤秋男「新中国の社会・学校・制度－中華人民共和国初期の学制さだまる」『教師の友』3巻1号、日本学力向上研究会、1952年、20-24頁、②斎藤秋男「文化革命期・学制改革の方向－陸定一論文について」『教師の友』66号、教師の友の会、1958年、56-59頁。
3 笹島恒輔「中国学制の変遷に伴う学校教育の推移」教育史学会紀要編集委員会編『日本の教育史学』7号、講談社、1964年、57-79頁。
4 阿部洋『中国近代学校史研究－清末における近代学校制度の成立過程』福村出版、1993年。
5 朝倉美香『清末・民国期郷村における義務教育実施過程に関する研究』風間書房、2005年。
6 例えば、今井航「壬戌学制制定過程にみられる初等・中等教育段階の修正に関する考察」アジア教育史学会『アジア教育史研究』第13号、2004年。
7 新保敦子「中華民国時期における近代学制の地方浸透と私塾」狭間直樹編『中国国民革命の研究』775号、京都大学人文科学研究所、1992年、579-635頁。
8 世良正浩「社会主義の中国化と学制改革－1956年から1964年までの中国における学制改革の実験に関する研究」日本国際教育学会『国際教育』3号、1996年、24-46頁。
9 田代徹也「中国における義務教育制度の進展」『大阪城南女子短期大学研究紀要』32号、1998年、1-36頁。
10 石井光夫「中国の教育制度と教育改革の動向－経済発展戦略における教育－」中国研究所『中国研究月報』581・582号、1996年、64-65頁。
11 例えば、①楠山研「学校段階の制度的区分の成立と変更の国際比較－イギリス、アメリカ、旧ソ連、中国－」『アジア教育研究報告』第3号、2002年、第3号、59-70頁、②楠山研「中国における学校段階の制度的区分変更に関する考察－6－3制への回復と5－4制の実験－」日本比較教育学会編『比較教育学研究』第28号、162-178頁、③楠山研「中国における小中一貫制学校に関する考察」日本教育制度学会編『教育制度学研究』第9号、145-157頁、④楠山研「中国における小学校と初級中学の接続に関する考察」『京都大学大学院教育学研究科紀要』第49号、376-386頁、⑤楠山研「中国における大学入試改革の動向－地方・

大学への権限委譲に関する一考察－」『京都大学大学院教育学研究科紀要』第51号、128-141頁など。
12 阿部洋編『「改革・開放」下中国教育の動態－江蘇省の場合を中心に－』東信堂、2006年。
13 ①牧野篤『民は衣食足りて－アジアの成長センター・中国の人づくりと教育－』総合行政出版、1995年、②牧野篤『中国変動社会の教育』勁草書房、2006年。
14 王智新『現代中国の教育』明石書店、2004年。
15 劉文君『中国の職業教育拡大政策－背景・実現過程・帰結』東信堂、2004年。
16 康永久『教育制度的生成与変革－新制度教育学論綱』教育科学出版社、2003年。
17 韓家勛・孫玲主編『中等教育考試制度比較研究』人民教育出版社、1998年。
18 龔乃伝編『中国義務教育学制改革大思路』人民教育出版社、1995年。
19 加速推行"五四"学制的研究課題組『基礎教育学制研究』北京師範大学出版社、2000年。
20 ①周貝隆「談談基礎教育学制的幾個問題」国家教育委員会・中央教育科学研究所『教育研究』1992年第12期、7-11頁、②周貝隆「尽快結束紊乱、理順基礎教育学制・再提中小学5・4・3改制質疑」国家教育委員会・中央教育科学研究所『教育研究』1998年第2期、28-31頁。
21 劉遠碧・廖其発「"五・四"制与"六・三"制之争及其啓示」『河北師範大学学報・教科版』2006年第3期、29～33頁（中国人民大学書報資料中心編『複印報刊資料　教育学』2004年第12期所収）。

第1章　世界の学校制度とその改革の論理

1. はじめに

　世界には国や地域の数だけ学校制度があり、多種多様な様相を示しながらも、同時にある程度の共通性を有している。また同様に同一国家、同一地域内においても、日本のように6-3-3制にほぼ統一されているところから、アメリカのように州によって形態がかなり異なるところもある。ただしそのアメリカでも大学入試等の関係から初等中等教育の合計が12年というところで一定の統一がなされている。このように学制は、国や地域にとって、統一しない、ということも含めて何らかの決定をしなければならないものということができる。また同時に、国内外の、どちらかといえば教育以外の多種多様な要因に影響を受けている。これは学制を改革する際にもいえることである。

　試みに文部省大臣官房調査統計企画課編『諸外国の学校教育』欧米編、中南米編、アジア・オセアニア・アフリカ編[1]をもとに、88カ国・地域の世界の学校制度の違いを確認してみる。就学年齢は4歳のオランダから8歳のモンゴルまであるが、77.3％にあたる68の国と地域が6歳を基準（5歳や7歳を含む場合もある）としている。また各学校段階において最も多くの国・地域が採用している年限をみてみると、初等学校の就業年限は、初等学校のとらえ方にもよるが、3年のところから11年のところがある中、6年制を採用しているのが44.3％にあたる39の国・地域で最も多くなっている。同様に前期中等段階でも2～7年の幅があるが、3年制を採用しているのが42.0％にあたる37の国・地域で最も多く、後期中等段階でも1.5～5年の幅があるが、3年制を採用しているのが36.4％にあたる32の国・地域であ

り、これも最も多い。6-3-3制を採用しているのも全体の21.6％にあたる19の国・地域であり、最も多い組み合わせとなっている。つまり日本は数だけでみれば最もオーソドックスな学制を採用しているということができる。

> 日本、中華人民共和国、台湾、大韓民国、タイ、インドネシア、イスラエル、イラク、バーレーン、アラブ首長国連邦、カタール、サウジアラビア、シリア、ガーナ、ノルウェー、フィンランド、ギリシャ、キューバ、エクアドル

図1-1　世界で6-3-3制を採用している国や地域

　また義務教育の期間についても、9年制をとっている国・地域が最も多い。義務教育の年限を何年とするか、また何歳から始めて何歳で終わりとするかを決定する要因としては、財政的な問題、理念的な問題、習慣的な問題、対外的な問題などが考えられる。最近の日本の議論では、生涯学習社会という観点から高等学校までの全員入学、無償を訴える声もある一方で、教育はある程度受益者負担とするべきで、高校まで無償にする必要はないという声もある[2]。なお高校1年生までが義務教育となっているフランスのように、学校段階の区分と義務教育の終了が一致しない場合もある。

　なお世界各国の義務教育年限と開始年齢、終了年齢は**表1-1**の通りである[3]。

　また、同じ国内でも地域によって義務教育の年限や開始年齢、終了年齢が異なるところが、アメリカ、カナダ、ドイツといった連邦制国家以外にも少なくない。アメリカについてみてみると、6、7歳から16歳という場合が一般的であるが、開始年齢別では、5歳が11州、6歳が24州、7歳が17州、8歳が2州となっており、終了年齢別では、16歳が29州、17歳が8州、18歳が17州と多様であり、州の中でも複数の制度が並立している場合がある[4]。

　本書では現代中国における学校制度改革の論理について扱うため、まずこれまで世界的に学校制度、特に本書で扱う意味での学制がどのように作られ、これがどのような論理により改革されてきたかを確認する必要がある。本章

表1-1　世界の義務教育年限と開始年齢、終了年齢

年限	年齢	国
5年	6歳～11歳	ベトナム、バングラデシュ、イラン
6年	6歳～12歳	フィリピン、ジャマイカ、ペルー、マレーシア、シンガポール
8年	6歳～14歳	インド、ボリビア、チリ、トルコ
	7歳～15歳	ブラジル
	8歳～16歳	モンゴル
9年	6歳～15歳	日本、ドイツ（一部の州は6～16歳）、アメリカ（州により異なる）、オーストリア、スイス、（または7～16歳）、イタリア、ポルトガル、アイルランド、チェコ、スロバキア、エストニア、（または7～16歳）、ラトビア（又は7～15歳）、ロシア（又は7～15歳）、韓国、中国、台湾、香港、タイ、オーストラリア（または7～16歳）、メキシコ、キューバ、エクアドル、パラグアイ、ウルグアイ、エジプト、ギリシア
	7歳～16歳	スウェーデン、フィンランド、デンマーク、インドネシア、エルサルバドル、ルーマニア、ポーランド
10年	5歳～15歳	コロンビア、ベネズエラ、アルゼンチン
	6歳～16歳	アイスランド、フランス、スペイン、ブルガリア（または7～16歳）、リトアニア（または7～17歳）、カナダ（7～16歳など州により異なる）、ニュージーランド、ノルウェー
11年	4歳～15歳	ルクセンブルグ
	5歳～16歳	イギリス、イスラエル、バルバドス
12年	4歳～16歳	オランダ
	6歳～18歳	ハンガリー、ベルギー
義務教育制度なし		ブルネイ、ネパール、パキスタン、モルディブ

では、まず学校制度の成立について、学制に注目しながら欧米を中心に概観する。その後、イギリス、アメリカ、旧ソ連という学校制度の成立から改革において特徴的な過程を経た3カ国について、その学制が、実際にどのような経緯で、どのような理由によって変更されたのかみていく。こうした改革では、活発な教育的な議論を経ながらも、必ずしも教育的議論を優先して決定されてはこなかったことを示す。また外国の学制を模倣した多くの後発諸国がそれを自国の制度として機能させる過程においてどのような困難を抱えているのかを確認しておく。最後に以上の分析からみえてくる、学校制度改革の要因の分類を試みる。

2．学校制度の成立と学制の形成

本節では、学校制度の成立について、その段階性や接続制度がどのように形成されてきたのか、ヨーロッパの先発諸国の学制に注目しながら概観する。

12、3世紀頃、ヨーロッパでは新しい専門的職業への需要が高まって各地に学塾が発生し、これが大学の原型となった。これに、もともと独立した古典語中心の学校であったものが大学の予備門的な学校となった。ここに貴族子弟を対象とし、主に教養教育を与えようとする教育組織として「大学→中等学校」という学校系統（中等・下構型）が成立する。その後、大学への入学準備の必要から次第にその学年を下級段階に延長させていった。そこでは全修業年限は、大学における教育目標、教育的要求の水準が決定するものであり、この系統において就業年限をいかに区分するかは、子どもの発達段階と教育内容の観点から決定されるものであり、社会的経済的状況は問題とならなかった[5]。

またこれとは別に、一般大衆にとっても、流通圏の拡大とともに3R'sを中心とした実務的な能力の教育が求められるようになり、これが欧米諸国における17、8世紀の宗教団体や民間団体による教育普及運動、さらには19世紀中頃以後の近代国家における国民教育の法制化などとあいまって学校として発達していった。このような学校では当初はおおむね短期間の初歩的な3R'sの習得に限られていたが、やがて国民教育の普及政策に伴い、教育内容の拡大と学年制の発達が促されて、次第に就学期間が上級段階に延長されていった。さらに19世紀以後の資本主義諸国では自国の経済発展のために、従来ほとんど徒弟制に委ねられていた職業教育を学校教育として組織化するようになった。その結果、一般大衆子弟を対象とする学校として、初等教育をおこなう小学校の上に職業教育をおこなう職業学校が接続するようになり、「小学校→補習学校または職業学校」という学校系統（初等・上構型）が成立した。その修業年限は、一般大衆の社会的経済的状況によって決定されるものであって、子どもの発達段階や教育内容などはほとんど構成原理となっていなかった。ただ入学の始期の決定についてのみ、子どもの発達段階が問題となった[6]。

ここに複線型学校体系が誕生したことになる。その後このように下構型と上構型の2つの学校系統が複線的に存在していることは、社会の階級対立を再生産するものとして国家建設の障害になると考えられ、次第に統一されていく過程をたどることになる。第一次世界大戦前後に起こった統一学校運動などの高まりにより、中等教育をすべての国民に与える要求が出て、義務教育を前期中等教育段階まで延長することと、初等教育段階を統一することがめざされた。具体的には、すでに公立小学校に転化し一般大衆の子弟が通学していた上構型学校系統の第一段階を、国民すべての通うべき学校と指定する方法が採られた。そしてこれを中等教育への共通の土台として、その後エリートコースと大衆コース、あるいは進学コースと就職コースへと分岐することがめざされた。一方下構型学校系統の第一段階であった予備学校は廃止あるいは公立小学校に再編成されるはずであったが、予備学校側からの抵抗があり、この完全な達成には時間を要した。この時点で、初等学校の年限というのは全員が共通の教育を受け、また将来への可能性を探るのに必要な期間として定められていた。また初等学校段階と中等学校段階の区分には、子どもの将来への可能性を判断できる時期として選抜的な試験などが実施され、進学コースへ進むか就職コースへ進むかの分岐点という明確な位置づけがあった[7]。

このように複線的であった2つの学校系統が縦に積み上げられて段階となった後は、全員が共通の教育を受ける期間が次第に延長されていく傾向にある。このような状態になると、少なくとも初等教育と前期中等教育については全員が同じ教育を受けるということになり、初等学校段階と中等学校段階の区分には進学コースと就職コースの分岐点という意味が薄れることになる。また初等学校段階と中等学校段階との間に中間段階を設けようとする傾向もいくつかの国に現れてきている[8]。

以上、本節ではヨーロッパを中心に、学校制度の発達に伴って、学校段階の区分が形成されてきた過程をみた。歴史的に多様であった学校は社会の需要に合わせて次第に学校制度として組み立てられていき、大学の学習に合わせて子どもの発達段階と教育内容の観点から組織されてきた下構型学校系統

と、一般大衆の社会的経済的状況に応じて組織されてきた上構型学校系統が複線的に形成された。これが国家建設上の必要から次第に統一されていく過程で、全員が共通の教育を受けた後エリートコースと大衆コース、進学コースと就職コースに分岐する地点として学校段階の区分が設定された。

次節では、イギリス、アメリカ、旧ソ連の3カ国を例にとり、学校制度の改革、具体的には学校段階の区分の変更が実際にどのような論理に基づいて、どのようにおこなわれたのかを具体的にみていくことにする。

3. 諸外国における学制の変更

本節では、学制の変更が実際にどのような論理に基づいて、どのようにおこなわれたのかを探るため、学制の変更をおこなってきた例として、ヨーロッパにおいて典型的な形で複線型からの改革を経てきたイギリス、ヨーロッパの制度をもとに、学校段階を基礎として学校制度を発達させてきたアメリカ、ヨーロッパ型でありながら、社会主義革命に基づいた思想によって改革が進められてきた旧ソ連の3カ国について具体的にみていくことにする。

(1) イギリス

産業革命以前からイギリスに存在していた私立の文法学校はラテン語を中心に大学進学準備教育を主とする中等学校であり、その前段階に相当するプレパラトリースクールを加えて典型的な下構型学校系統を形成していた。学校教育は教育の民間主義（voluntarism）によってもっぱら私営学校にまかされていたが、19世紀中頃に一般大衆のための学校整備の必要から宗教系教育団体に対する国庫補助金の交付が開始され、これが拡大されて多くの私立学校へも交付されるようになって、次第に国家が教育に対する影響力を拡大していった。同じ頃、非宗派的な公営無償学校の設置や無償義務教育の制度化を求める運動が拡大し、また産業技術面での国際競争、選挙権の拡大と結びついた国民教育の必要性の認識、諸外国の国民教育の進展という刺激などがあった。これにより19世紀後期には大多数の基礎教育学校の無償化による全日制義務教育制度が全国的に確立していた。この基礎教育学校は一般大衆

の社会的経済的状況の向上によってその年限を次第に延長させていった。またそこを卒業したものの中等学校に入ることができず、なおも勉学することを求める青少年に、より高い知識・技術をつけさせる高等小学校や高等科がつくられて、典型的な上構型学校系統を形成した。このようにして20世紀初頭には複線型学校体系が確立していた[9]。

　欧州各地で学校体系の複線性の是非が問題とされる中、イギリスでも19世紀後半から初等学校の統一学校化が始まり、学校種類・形態の統一がおこなわれた。教育課程の統一までにはなかなか至らず系統間の連結には大きな問題があったが、一定の国庫補助金を受ける中等学校に入学定員の一部を学費無料定員として提供することを義務づけたことにより、いわば国庫補助金を媒介に連結が拡大された[10]。

　第一次世界大戦後の1922年トーニーによる「すべての者に中等教育を」という訴えは、いくつかの勧告を経た後、戦争による中断もあって、1944年教育法によってようやく実現した。これは初等学校では全員が共通の教育を受け、これが終わる11歳で受ける試験の結果により能力・適性が判断されて、グラマー、テクニカル、モダンの3種類の別個の中等学校に移行して教育を受けるという分岐型学校体系であった。この11歳試験の根拠は以下のような当時の能力観に基づいていた。人間はその能力・適性によって3種の精神の型（知的、技術的、実践的）に分類することができ、この能力・適性は生涯を通じてほぼ不変である。したがって、11歳の時点で知能テストにより十分に識別可能である。なぜなら、知能テストは受験者の獲得的な能力ではなく、生得的・内在的な能力を測定するからである[11]（筆者要約）。以上の考え方により子どもの興味や能力が明確になる年齢とされた11歳がその分岐点となった[12]。

　この1944年教育法などによって「すべての者に中等教育を」という目標は達成されたが、それは初等後教育の諸学校の教育目的や内容といった学校の性格に改革を加えることなく単に中等学校の名称を付与しただけのもので、11歳試験の性格ともあいまって、結局は以前の複線型と変わっていないという批判がなされた。11歳試験を支えた能力観も各種の調査などによって

生得的能力・適性と獲得的なそれは密接不可分であり、11歳試験はその時点で獲得された能力・適性を測定しているのであって、その結果は子どもの文化的経済的環境に大きく左右されること、また11歳という早い時期に将来の適性を判断できるとは限らないことが主張され、批判が高まった[13]。

これに対して1960年代に政府主導のもと、総合制中等学校が推進されることになる。これは初等学校卒業者全員が何の選抜も受けずにその地域の単一の中等学校である総合制学校に進学し、主に義務教育期間中は共通の教育を受け、その後用意された多様なコースに分化するというものであった。この総合制をイギリスで伝統的な一貫制中等学校[14]として実施するには大規模な校舎が必要となるため、当初は極めて好条件を備えた地域においてのみ設置されていた。また国は総合制の実現を地方に求める一方で、そのための特別な国家財源は用意しないという方針を示していた[15]。そこで多くの地方教育当局は前期段階にモダンスクールの校舎・設備・教職員などを利用し、後期段階にはグラマースクールのそれを利用するというような2段制を採った。このように地方教育当局が前期中等段階と後期中等段階を区分することなどによって国の推進する総合制理念の実現をめざした結果、総合制中等学校は1980年代には9割に達するほどの普及をみた[16]。

またこの総合制中等学校をめざす過程において、いくつかの地方教育当局によって8〜12歳、9〜13歳などそれまでの初等・中等学校段階の中間に当たるミドルスクールの導入が構想された。この構想を初めに提案したクレッグはミドルスクールを支持する理由として、初等学校で用いられている教育方法を12、3歳にまで延長できること、初等学校の校舎・設備の飽和状態が解消でき、学級規模の縮小が可能になることなどをあげ、校舎・設備が小規模であるなどの理由で総合制学校に適していない地域における最良の方式であるとしていた。また子どもの成長発達が早まっていることへの対処、全教科担任制から専門教科別担任制への漸次的な移行を可能にすることなどがその教育的利点とされた。ただしこの構想が実際に導入された場面においては前者の政策的な判断が先行し、理論的・実験的な検証・根拠付けの手続きが後追いするという形で普及が進んだ[17]。既存の校舎・設備・教職員の活

用といった、行財政的な観点からの理由が現実には先行していたことになる。一方で教育目的や実施目標、接続に適した年齢といった教育的な観点からの理由は経験的にも理論的にも極めて不足し、薄弱なものであったといわれている[18]。

つまりこの2段制総合制学校やミドルスクールは、国が総合制の実現を地方教育当局に求める一方で、そのための特別な国家財源は用意しないという方針のもと、地方教育当局が既存の校舎などに大きな変更を加えずに総合制の理念に接近するために採り入れたものということができよう。またそこには平等主義と業績主義の論争を中等教育の2段階化と分岐によって調節するという意味も含まれているという指摘もある[19]。

なお、エリート養成私学であるパブリックスクールとそこへつながる学校については、学校系統の統一に関して、現在までほとんど改革の手はつけられていない[20]。

このように典型的な複線型学校体系を保持していたイギリスでは、まず初等段階、続いて中等段階を、旧来の制度を何らかの形で継承しながら統一を図るという過程で学制が決定された。また地方政府は、地域に今ある校舎・設備・教職員を有効に利用できるように、国の政策意図を損なわない形で学制を柔軟に変更するという試みをしていた。このようにイギリスでの学校制度改革は、国家的社会的な動向に対して、旧勢力との融合を図ったり、地方政府が現実的な対応を図ったりするなかで作られたものであったということができる。制度的には現在も分岐型を維持するドイツよりは単線型に近く、しかしエリート養成校であったリセを含めて単線型へと移行したフランスよりは分岐型に近い構造ということができよう。

（2）アメリカ

ヨーロッパに比べて歴史的背景の浅いアメリカでは、学校制度は学校段階を基礎として発達してきた。はじめは未分化未組織だった教育機関が次第に学年や学級構成をもつ学校へと発展し、19世紀前半には8－4制を代表とするいくつかのタイプの学校系統が地域ごとに確立された。これらは、それ

ぞれの地域で自然発生的に、あるいは部分的にはヨーロッパ諸国の教育制度の影響を受けて発展したものであった[21]。

その後19世紀後半あたりから、初等教育期間中における中途退学者の増加や、留年によるカレッジ入学者の高年齢化、カレッジ進学者の準備教育不足による学力水準の低下などが問題となり、その対応策として全米教育協会（NEA）を中心として学制の変更が検討された。その結果、初等教育期間の短縮・中等教育の充実をめざした6-6制が提案され、また中等教育への進学者の増大を図るための6-3-3制が提案された。これは中等教育以上の教育を受ける機会の開放と均等化を図るために、ヨーロッパでは学校系統の統一をめざしたのに対して、アメリカでは学制の変更をおこなったものと理解されている[22]。その議論において中心となったのは人生の転換点、同じ学校に在籍する学年の組み合わせ、在学年数の長さ、全教科担任制から専門教科別担任制への漸進的な移行などの問題であり、教育的な観点に基づいた学制をめざすものであった[23]。

その後、1960年代中頃までにアメリカでは8-4制が減少し、6-6制、6-3-3制が増加していく。しかし教育的な観点に基づいて進められた議論とは対照的に、この区分の変更が実際におこなわれたのは、地方教育局が財政難の中で教育人口の爆発的増加に対処するためという極めて行財政的な観点によるものであった。この頃ベビーブームによる教育人口の増加と就学率の上昇により、各学校には教室不足、学級規模の増大、すし詰め学級、2交替制、教員不足という状況が生じていた。住民の教育費負担も大幅に増加し財政的にも苦しい状況にあった。資金が限られるなか、既存校舎の増設といった対症療法的手当が行き詰まったときの打開策として、それまで主流の8-4制について、まず8年制小学校の校舎に6年生までを収容し、①4年制ハイスクールを6年制に増設・移行し、6-6制へ転換する、②6-3-3制に再編成し、中間の3年制ジュニアハイスクールを新設することのどちらかがこの増加現象に対応する最も合理的な解決策とされた。その時期、7-5制や6-2-4制が増加したことも6-6制、6-3-3制への中間段階として理解できる。またその後、ベビーブームの収まりに伴って8-4制へ戻る

という動きもみられた[24]。

さらに1960年代中頃以降、ジュニアハイスクールに対して、個々の生徒への配慮なしに、あまりにも形式的で学問中心の知的な教育に偏りすぎるなど各種の批判が大きくなる。また子どもの成長が早まっているため、学制が子どもの発達段階に一致していないという意見も登場する。ここでも教育的な観点に基づく学制をめざした議論が展開され、初等教育と中等教育の間に位置するミドルスクールを含む、5－3－4制、4－4－4制などが提案された[25]。その後このミドルスクールも増加していくことになるが、その最も大きな設立理由は「他の学校での生徒数過剰を緩和するため[26]」というやはり行財政的な観点からの判断によるものであった。具体的には、小学校を増設せずにミドルスクールを新設して小学校高学年を組み込むなどの方法が採られた[27]。在学生数増加の理由としては、ベビーブームの波による人口の増加と義務教育の普及による就学率の増大、カレッジ進学熱の高まりによるドロップアウト率の減少傾向があげられている[28]。またミドルスクールのような新しい学校を設立することによって、人種の偏りを是正したり、新鮮な気持ちの教師・子どもによって新しい教育実践が生まれる土壌ができたりといったような、学制がただ単純に新しいこと、変わることによって生まれる物理的心理的な効果も期待されていた[29]。

このように早い時期から単線型の学校制度をもったアメリカでは、学制に関して教育的な観点に基づく議論が盛んにおこなわれたが、実際には財政不足の地方教育局が教育人口の増加に対処するために学制の変更を利用したという意味の強いものであった。

（3）旧ソ連

ロシア革命前のロシア帝国では、18世紀初頭ピョートル大帝の富国強兵政策によって教育の整備が進められ、のちにモスクワ大学とそれに附属するギムナジウムがつくられた。その後18世紀中期から商工業の発達、自由主義思想の拡大を背景に学校教育に対する要請が拡大し様々な学校が計画されたが、革命の起こった1917年時点で初等教育の普及率はいまだ50％を超

えていない状態であった[30]。

革命翌年の1918年10月、中等学校や職業学校、教会学校などを統一のとれた学校体系のもとに統括するため、「ロシア社会主義連邦ソビエト共和国統一学校令」とその「基本原則」が公布され、レーニンの妻クルプスカヤの『国民教育と民主主義』の思想に基づいた統一労働学校の制度が定められた。統一労働学校は8歳から17歳までの9年一貫制の学校とされ、初等教育段階5年と中等教育段階4年に分かれており、無償、義務[31]、男女共学の普通教育および総合技術教育による全面発達を目的とする単一の統一学校とされた。ここでは多くの基礎的な教科を共通に履修するとともに、主要な生産部門についての知識を理論と実践の上で授ける総合技術教育をおこなうことがめざされ、固定的な職業分化に結びつく閉鎖的なコース区分や、早期の職業準備教育は排除された。しかし当時の状況からしてこの統一労働学校計画の全国的な実現は当面不可能なものであった[32]。

当時国内は第一次世界大戦とそれに続く内戦・干渉戦により極度の貧窮にあえいでいたため、戦争終結後の平和的建設期には国民経済の復興が最大の課題となって、1920年代初頭から経済建設優先政策が採られた。これに呼応して、中級技術者の不足を補うため、統一労働学校の第8、9学年を専門的な職業技術学校テフニクムに改組する要望が登場し、普通・総合技術教育をめざす統一労働学校支持派との間に激しい論争を起こすことになった。結局1923年に妥協的な措置として新たに「統一学校規定」が制定され、統一労働学校は初等教育段階4年、中等教育段階5年（前期3年、後期2年）と組み替えられ、後期中等教育段階には職業準備教育的な性格も付与されることとなった。ここで初等教育段階が5年から4年となったことについては、戦乱や飢饉により財政が逼迫し初等教育段階の定着率が1920年の時点で20％ほどであった上に無償制が破られ、学校数・在学生数ともに減少する状況にあったことを考えると、初等教育段階の運営を容易にし、普及を促進するために年限を短縮したと考えるのが自然であろう[33]。

1920年代後半になると経済建設に必要な技術技能要員の養成を目的として、中等教育段階の急速な職業準備教育化が進行し、工場地区、農村地区な

どに統一労働学校から改組された学校が認められるようになった。他方、統一労働学校の後期中等教育段階は進学準備教育と職業準備教育との矛盾に悩まされており、1930 年にテフニクム型学校への転換がついに認められるとほとんどの後期中等教育段階の学校がテフニクムに改組された[34]。

その後、学校教育に対する様々な要請を同時に充足させるために学校制度全体の改革がおこなわれ、1934 年の改革によって統一労働学校の原則は修正されて 3 本立ての学校体系がつくられた[35]。その 3 本とは、①完全中学校（10 年制）、②不完全中学校（7 年制）、③小学校（4 年制）であり、地域の実情に応じて、都市部に①②、農村部に③（次第に②も普及）が設置された。なお、③の 4 年制小学校を卒業した児童は①または②に 5 年生として転入することになっており、複線型とは異なる。また 1943 年にはそれまで地方によっては実施されていた 7 歳入学を義務とし、1949 年には 7 年制義務教育の実施を決定した[36]。

1930 年代から中等教育段階は大学進学準備機関と化しており、1950 年代に大衆化や義務化が進行するに従って、卒業生の進路や職業準備教育との関連で深刻な矛盾を生じていた。またソビエト教育の目標である全面発達の教育理念からも、教育と生活の遊離という現実には問題があった。そこで 1958 年いわゆるフルシチョフ改革において、義務教育を 8 年とするとともに、普通教育中心の 10 年制学校の年限を 1 年延長して 11 年制とし、その増加分を総合技術教育に充てることとし、同時に高等教育改革もおこなった[37]。

しかしこの改革によって学校や生産現場には様々な困難が生じたため、1964 年には再改革がおこなわれることになる。理念としては共感を呼んだフルシチョフ改革であったが、この実現には学校、工場・農場双方に十分な準備が必要であったにもかかわらず不十分な状態で実施したことにより、社会や生徒・父母が時間の浪費として不満をもった。このため、11 年制学校は 10 年制に戻された[38]。またこの後も様々な重要決定がおこなわれ、その中で初等教育段階の年限を 1 年短縮して 3 年とすることが決められた。これは実験的研究の結果、学習内容の繰り返しの是正、教育内容の質の向上によって実行可能とされたためで、小学校の 4 年生を 1 年早く上級学校に入れ

1984年にはそれまでの実験研究をふまえ、入学時期を7歳から6歳へ早め、教育年限全体を1年延長することになった。これは先におこなわれた初等教育段階の年限短縮によって児童の負担が大きくなったという批判が高まったことによる[40]。なお、すでに幼稚園の最終学年を就学準備組として特別な教育をおこなっており、また幼稚園へ通えない子どものための学校付設の予備学級が法的に認められていた[41]ため、かつて初等教育段階が4年制を経験していたこともあって、移行に関して反対はあった[42]ものの、実際的な困難は少なかったものと思われる。

　このように旧ソ連における中等教育段階の制度的区分の変更については、普通・総合技術教育による全面発達という目標と、経済発展上必要となる専門的な職業準備教育の導入を融和させる過程の中でおこなわれてきた。また国が学制を定める際には、地方の実情へ配慮し、貧しい農村部でも対応可能な小学校を定めるなど、柔軟な対応をしつつ一定の影響力をもち続けるための施策がなされたといえよう。ただし、初等教育段階の年限延長については、小学校を置いている一部の農村部を除いては校舎も同一な初等中等一貫制の学校であり、その制度的区分は教育課程内容の編成上のものに過ぎなかった[43]ため、教育的な観点に基づいた改革がおこなわれていた。

　以上のように3カ国をみてきた。この3カ国は、形は異なるものの地方分権的な要素をもっており、特に初等教育段階について地方に一定の権限があったという共通性はあるものの、そこでの国と地方の学制の変更への関わり方には違いがみられた。その中で共通する傾向として、実際に学制が変更される場面においては、まず社会的な要求や財政上の問題があって、これを既存の校舎などを利用しながら解決するために、学制を決定するといった行財政的な観点からの理由が強かったことがあげられる。これに対して教育的な観点からの理由は、一貫制を採用していた旧ソ連における初等教育段階の年限延長を除いては、盛んに議論されている割には大きな影響力をもっていなかったということがあげられる。早くから単線型学校体系がひかれ、教育

的な観点に基づいた議論が盛んであったアメリカにおいても、その議論が学制の変更に影響を与えたことは間違いないが、実際に地方が制度を選択する場面においては、校舎や費用などの行財政的な観点からの理由が大きな意味をもっており、教育的な観点からの理由はそれほど大きな意味をもっていなかった。

4．後発諸国における事情

　ここまでみてきたように、ヨーロッパを中心とした先発諸国は歴史的に学校制度をつくりあげてきた。これに対して発展が遅かった国々では、そのような先進的な国の学校制度を模倣した場合が多い。そのため、形の上では先発諸国と同じような学制を実施しているが、後発諸国特有の困難を抱えている。本節ではこの後発諸国における特有の事情について検討する。

　後発諸国は国民を統一し、また発展を支える人材を急ぎ養成する必要があり、この役割を果たす教育に大きな期待を寄せている。そこでは先発諸国と同じような学校制度そして学制をもっており、一見それは整っているようにみえる。それは後発諸国の多くが、独立時などに旧宗主国や先発諸国の制度を参考にして、新しい制度を導入したからである。また植民地の中には、宗主国の判断で、宗主国の制度をそのまま導入せず、支配に都合のよい制度を別の国から移植させられたケースもある[44]。こうした場合、それまでにあった制度・施設を利用しつつも、ほとんど模倣に近いものであったと想定される。そしてその制度が根付くには大きな困難が伴う[45]。

　まず普及に困難がある。都市部には先発国に匹敵する豪華な学校がみられるが、その学校を利用できるのは一部の者に限られている。多くの一般大衆にとってはせいぜい初等教育などのごく初期の段階しか意味をもたないことが多い。その短い教育期間の内でも教育の重要性が認識されていないことなどにより長期休学や中途退学が多い。そしてこのような状況は特に農村部でよくみられるものであり、都市部との格差が非常に大きいことが後発諸国特有の問題といえる[46]。

写真1-1　巨大なエントランスのある完全中学（北京市）

写真1-2　小学校も兼ねる教室で識字教育を受ける大人たち（雲南省）

　また教育がある程度の発展をみせた場合でも、各学校段階のバランスに問題を抱えている。適当な数のエリートから訓練された大量の労働者まで、社会の求める人材は多様であるのに、各段階の卒業者数のバランスがとれていないことが多い。高等教育卒業者が多すぎて相応の就職先がない状況などはその典型である[47]。

こうなるのは、ヨーロッパなどでは歴史的に社会の需要に合わせてつくられた多様な学校を国が次第に関連づけ、制度化・段階化していったのに対して、後発諸国が外国の学校制度を模倣した場合は、最初に全体的・段階的構造が定められ、それに従って次第に個々の学校がつくられていくという順序になり、実態が制度に追いつかないこと、また教育の発展が経済の発展に先んじるため、社会の需要を予測しにくいことなどによるものと考えられる[48]。さらにこれに財政難と人口増加が追い打ちをかけることになる[49]。つまりこうした後発諸国では概念上の制度と現実にある制度の間に乖離が生じており、自国の制度としてしっかり機能していないといえよう。

　また植民地であった場合には、独立後も資源の不足により高等教育や教員養成を宗主国に頼らざるをえない状況が生じ、結局、宗主国の学校制度に連動させざるをえない場合がある。加えてナショナリズムが大きく立ちはだかる。後発諸国の建設に重要な役割を果たしうる学校制度が外国の模倣であるということは深刻な抵抗を招くことが予想される。またその模倣の対象となった国へ特別の感情を抱いている場合にはなお深刻となる[50]。

　このような後発諸国における学制の変更としては、単純に初等教育就学率を上げるための初等教育期間の短縮、一般大衆の就学年限を伸ばすための初等教育期間の延長、あるいは中等教育を開放するための中等教育期間の分割、低年齢化などがある。これらは先発諸国における発展過程でおこなわれてきたことであり、こうした改革も模倣しているといえよう[51]。

　このように、後発諸国では制度として外見は整っていても、都市部と農村部の大きな格差、各学校段階卒業者数のバランスの乱れなど模倣であるがゆえの困難が生じている。これに財政難や人口増加が重なって、教育に期待される、多様な国民の統一と発展を支える多様な人材の養成という役割が十分に果たせておらず、自国の制度として機能しているとは言い難い困難な状態にある場合が多い。

　この学制を国や地域の発展段階からみてみると、その国や地域に社会的経済的なゆとりがない段階では、都市部やエリート候補など一部の人材に必要な教育を重点的に提供していくことが現実的な対応といえる。その段階を超

え、国民全体に教育を提供する必要性が生じ、それを可能にするだけの見込みが立った場合に、概念上の制度と現実にある制度のズレを少なくしていく段階へと入っていくことになる。つまり現実にある制度を概念上の制度に近づけていくか、概念上の制度を改めて現実にある制度に近づけていくことによって、このズレを小さくしていくことが当面の目標となる。前者では、例えば義務教育の普及や初等教育年限の延長といったことが目標として設定され、この目標に向かって学校の建設・増設や普及が進むということになる。後者では、概念上の制度を実施することが直ちには難しい状況において、現実にある制度に近い目標を新たな概念上の制度として設定しなおすことなどが考えられる。実際の場面では、この両方が起こり、徐々に両者が近づいていくことになる。

　また、学制をどこまで統一し、どこまで柔軟な制度とするか、これをどこまで国が管理し、どこまでを地方や学校に権限委譲するかも重要な問題となる。こうした問題を解決し、概念上の制度と現実にある制度を近づけていく過程で、その国なりの制度ができあがってくることになる。つまり後発諸国において概念上の学制と現実にある制度を近づけていこうとする改革は、国家が発展し、全ての国民に一定の教育を提供する段階に入ってきたところで、おこなわれるものということができよう。

5．学制改革要因の分析

　ここまで欧米諸国を中心に学制の形成と変更を概観し、後発諸国が抱える事情もあわせてみてきた。これらをもとに学制の変更要因の分類を試みる。ここまでみてきた事例により教育的な観点と行財政的な観点に分けて考えていくことにする[52]。

　教育的な観点からは次のようなことがあげられる。まず①子どもの発達段階の問題がある。アメリカで盛んとなった人生の転換点やその早まりの問題などがこれにあたり、制度的区分をこれに合わせて変更する要望が出される。また発達段階の著しく異なる子どもを同じ学校で教育することの是非なども、大規模校舎や小規模校舎の長所短所などと関連して問題となる。また②教育

内容の問題がある。教育の時間的必然性[53]や旧ソ連で初等教育期間の決定の際話題となった量の配分、能率性などが不適当とされたり、アメリカのように上級学校からの要求に不適合とされたりした場合、制度的区分の変更が取りざたされる。さらに③教育方法の問題がある。これはイギリスやアメリカで注目されたように全教科担任制から専門教科別担任制へ徐々に移行していくことが求められて、制度的区分の細分化、中間段階の創設などの要求が登場する。

　行財政的な観点からは次のようなことがあげられる。まず④社会的な要求の問題がある。イギリスや旧ソ連で大きな課題となったように、経済発展のための業績主義や効率的な養成を望む声と、平等主義や教育開放、理想的な人間の形成などを望む声との調整をおこなう必要があり、選抜や職業準備教育導入の時期やその是非などをめぐって双方から訴えが出され、これを調整する過程において学制が変更されることがある。また学制は非常に目立つ象徴的なものであるため不満が集中することも多く、その制度的区分をただ単純に新しくするだけでも意味をもつ場合がある。例えば、後発諸国において旧宗主国の学校制度をそのまま模倣した場合などに独自の制度をもつ必要を訴えるナショナリズムからの要求が起こったり、政治家が政策として利用したり[54]、アメリカで教師や子どもに新鮮な気持ちをもたせることによって新しい教育実践が生まれる土壌となることが期待されたりする。そして⑤財政上の問題があげられる。アメリカのように資金不足によって学校の現状維持やそれ以上の普及が困難な場合、学制の変更がそれを解決する場合がある。またイギリスやアメリカでみられたように何らかの改革がおこなわれる場合に、既存の校舎・設備・教職員をうまく利用することで経費を節約することができるため、制度的区分の決定に大きな影響を与えることになる。

　そしてそれぞれの国また時代によって、これらの要因の重点の置き方が異なりまた錯綜することによって、今日に至るまで様々な学制が見られることになる[55]。

　これまでを総合すると、その錯綜の仕方にも一定の方向性がみえてきた。つまり、実際に学制が変更される場面においては、まず④社会的な要求の問

題や⑤財政上の問題があって、これを既存の校舎の利用などの⑤財政上の問題に当てはめながら解決するために学制を決定するという、行財政的な観点に基づく改革という意味が強いという傾向があった。教育的な観点からの問題は、本節で扱った中でも一貫制学校を採用していた旧ソ連における初等教育段階の年限をめぐる議論を除いては、実際の変更場面ではそれほど大きな意味をもっていなかった。

6．おわりに

　本章では、欧米を中心に学制の形成とその変更の要因について検討した。ヨーロッパを中心とした諸国では学制は、下構型、上構型学校系統それぞれが独自にその必要に応じて定めていた。その後この複線的であった学校体系が国家建設上の必要などによって次第に統一されていく過程で、初等学校段階と中等学校段階の区分は全員が共通の教育を受けた後に、進学コースと就職コースに分岐する地点として利用された。その後はこの全員が共通の教育を受ける期間が次第に延長されていく傾向にある。

　学制の変更の具体的な要因は、例えばイギリスでは旧来の制度や設備を何らかの形で継承・利用しながらより民主的とされる制度に変えていくためであり、アメリカでは財政難のなか、在学生数の増加に対応するためであり、旧ソ連では普通・総合技術教育による全面発達の目標と経済発展上必要な専門的な職業準備教育の導入とを融和させるためであった。実際に学制が変更される場面においては、まず社会的な要求や財政上の問題があって、これを既存の校舎などを利用しながら解決するために、学制を決定するという行財政的な観点からの理由が強いものであり、教育的な観点からの理由は、一貫制を採用していた旧ソ連における初等教育の年限延長を除いては、それほど大きな意味をもっていないという傾向があった。

　また後発諸国においては先発諸国の学校制度を模倣したために学制はほとんど同じであっても、模倣であるがゆえの困難に資金不足や人口増加が重なって、自国の制度として機能しているとは言い難い困難な状態にあるケースも少なくない。

よって後発諸国において概念上の学制を現実のものにしていく改革は、国家が発展し、全ての国民に一定の教育を提供する段階に入ってきたところで、おこなわれる改革ということができよう。本書で扱う、1980年代から2000年代前半の中国は、まさにこの時期にあることになる。

　以上の分析から、学制の変更要因として、教育的な観点から、①子どもの発達段階の問題、②教育内容の問題、③教育方法の問題、行財政的な観点から、④社会的な要求の問題、⑤財政上の問題、のように分類できた。

注
1 ①文部省大臣官房調査統計企画課編『諸外国の学校教育　欧米編』大蔵省印刷局、1995年、②文部省大臣官房調査統計企画課編『諸外国の学校教育　アジア・オセアニア・アフリカ編』大蔵省印刷局、1995年、③文部省大臣官房調査統計企画課編『諸外国の学校教育　中南米編』大蔵省印刷局、1995年。
2 文部科学省初等中等教育局初等中等教育企画課教育制度改革室「義務教育に係る諸制度の在り方について（初等中等教育分科会の審議のまとめ）」、2005年、文部科学省ウェブサイト内 http://www.mext.go.jp/b_menu///shingi/chukyo/chukyo0/toushin/05082301/007.htm より2006年12月20日ダウンロード。
3 文部科学省初等中等教育局初等中等教育企画課教育制度改革室「義務教育に係る諸制度の在り方について（初等中等教育分科会の審議のまとめ）」、2005年、文部科学省ウェブサイト内 http://www.mext.go.jp/b_menu/shingi/chukyo/chukyo0/toushin/05082301/019.htm より2007年12月20日ダウンロードを参照して作成。
4 二宮皓編『世界の学校－教育制度から日常の学校風景まで－』学事出版、2006年、120頁。
5 ①伊藤秀夫・吉本二郎編『改訂教育制度論序説』第一法規、1969年、163-164頁、②安藤堯雄『教育制度学総論』葵書房、1963年、172頁など参照。
6 ①伊藤秀夫・吉本二郎編、前掲書、164-165頁、②安藤堯雄、前掲書、172頁など参照。なお、安藤によれば入学の始期は、大体、幼児期の終わり、児童期のはじめ、すなわち満6歳が一般に就学の始期とされていた（安藤堯雄、前掲書、172頁）。
7 ①世界教育史研究会編『義務教育史』（世界教育史大系28）、講談社、1977年、248-290頁、②真野宮雄編『現代教育制度』第一法規、1977年、95頁など参照。
8 伊藤秀夫・吉本二郎編、前掲書、166-167頁。なお、中間段階の学校としてはアメリカやイギリスのミドル・スクールなどがある。
9 ①世界教育史研究会編『イギリス教育史Ⅱ』（世界教育史大系8）、講談社、1974

年、59頁、②D. ウォードル（岩本俊郎訳）『イギリス民衆教育の展開』協同出版、1979年、61-63頁、③世界教育史研究会編『義務教育史』、前掲書、90-111頁、127-157頁など参照。20世紀初頭には①独立学校、②公費補助・公立中等学校、③公営基礎教育学校の3本立ての複線型学校体系が確立していた（小山俊也『教育制度の形成・発展』明星大学出版部、1988年、271-272頁）。なお、初等教育と初等後教育の区分については、初等教育後の諸学校のなかから中等学校を明確に定義した1904年時に義務教育年限が7年であったため、それ以降その年齢12歳とされたものと考えられる（江幡裕「学校段階論の見直し－イギリスの中等学校体系を手がかりとして－」真野宮雄・桑原敏明編『教育権と教育制度』第一法規、1988年、195頁など参照）。

10 ①藤井泰『イギリス中等教育制度史研究』風間書房、1995年、119-135頁、②三好信浩『イギリス公教育の歴史的構造』亜紀書房、1968年、126-137頁など参照。

11 ①伊藤秀夫・吉本二郎編、前掲書、188頁、②望田研吾『現代イギリスの中等教育改革の研究』九州大学出版会、1996年、25-47頁、63-68頁など参照。

12 江幡裕、前掲論文、199頁。

13 ① Burrows, John, *The Middle School-High Road or Dead End?*, London, The Woburn Press, 1978, pp.14-15, ②世界教育史研究会編『義務教育史』、前掲書、334-335頁など参照。

14 British Information Services, *Primary and Secondary Schools in Britain*, New York, 1960, pp.1-2.

15 ①江幡裕、前掲論文、208頁、②望田研吾、前掲書、113-142頁など参照。

16 江幡裕、前掲論文、209頁。なお、11歳という年齢による接続については様々な議論がなされたが、1967年1月の中央教育審議会答申によって、どの児童にも妥当するような単一の接続年齢というものはありえない、とはいいながらも、あらゆる点からみて12歳での接続の方がバランスのとれた有利さを備えている、という判断がなされている（江幡裕「イギリスの中等学校制度改革におけるMiddle Schoolの意味（1）－その政策論的側面に限定して－」香川大学教育学部『香川大学教育学部研究報告 第Ⅰ部』54号、1982年、84頁）。

17 江幡裕（1982年）、前掲論文、93頁。

18 ①金子忠史「アメリカのミドル・スクール設立運動の背景と特色」文部省初等中等教育局教育研究開発室委嘱研究報告書『学校体系の区切り方と教育効果の関連についての研究』、1975年、41頁、②江幡裕（1982年）、前掲論文、61頁、93頁。

19 ①江幡裕（1988年）、前掲論文、218-219頁、② Keith, Evan, *The development and structure of the English school system*, London, Hodder and Stoughton, 1985, pp.127-128など参照。

20 仲新・持田栄一編『学校制度』第一法規、1967年、222頁。

21 金子忠史、前掲論文、25頁など参照。なお、その小学校の起源と発展において、「どんな学年構成が、子どもや青年の身体的、社会的、心理的および知的な発展

にとって最も優れているかに関する徹底的な研究によって影響を受けたというなんらの証拠も存在しない」としている（金子忠史、前掲論文、25頁）。
22 市村尚久『アメリカ六・三制の成立過程』早稲田大学出版部、1987年、256-264頁など参照。
23 ① George, Paul S. and Alexander, William M., *The exemplary middle school*, Fort Worth, Harcourt Brace Jovanovich College Publishers, 1981, pp.24-25、②大野雅敏「学校体系変更の主要因と変更過程－アメリカ60年代を中心とする事例」文部省初等中等教育局教育研究開発室委嘱研究報告書『学校体系の区切り方と教育効果の関連についての研究』、1975年、4-9頁など参照。
24 ①大野雅敏、同上論文、4-9頁、②阿部重孝『阿部重孝著作集』第六巻、日本図書センター、1983年、427-435頁、③ George, Paul S. and Alexander, William M., *op.cit.*, pp.24-25など参照。
25 山内太郎編『世界の教育改革』第一法規、1967年、276頁など参照。
26 金子忠史、前掲論文、35頁。
27 現代アメリカ教育研究会編『カリキュラム開発をめざすアメリカの挑戦』教育開発研究所、1998年、40-42頁。
28 金子忠史、前掲論文、35頁など参照。
29 George, Paul S. and Alexander, William M., *op.cit.*, pp.24-36.
30 小山俊也、前掲書、141-142頁、223-230頁。
31 ソ連では義務と同じような意味で「全般」という言葉を用いることがある。これについての説明は世界教育史研究会編『義務教育史』、前掲書、362-363頁に詳しい。
32 ①世界教育史研究会編『ロシア・ソビエト教育史Ⅱ』（世界教育史大系16）、講談社、1977年、93-97頁、②川野辺敏『ソビエト教育制度概説－増補版』新読書社、1976年、40-44頁など参照。
33 ①世界教育史研究会編『ロシア・ソビエト教育史Ⅱ』、前掲書、112-122頁、②山口喬「ソ連（現代社会主義国家と公教育）」伊藤和衛編『公教育の歴史』教育開発研究所、1988年、299-301頁など参照。なお、もともと14歳頃から若干のグループ分化ができるとなっていたことから、前期中等教育段階における技術的教育の拡大をねらったものとも想定できるが、テフニクムへの改組を主張したシュミット（ロシア共和国教育人民委員）は、中等学校を2年ずつに解体し、前半を初等と合体させて7年制学校として、後半をテフニクムに改組することを主張しており、初等教育の年限まで言及してはいない（世界教育史研究会編『ロシア・ソビエト教育史Ⅱ』、前掲書、113頁など参照）。
34 小山俊也、前掲書、302-304頁。
35 統一労働学校の名称も最終的に廃止された（小山俊也、前掲書、304頁）。
36 世界教育史研究会編『ロシア・ソビエト教育史Ⅱ』、前掲書、190頁など参照。なおテフニクムへの改組によってほとんど姿を消していた後期中等教育段階をもつ学校は、30年代を通じて急速に増加した（小山俊也、前掲書、305頁）。

37 なお、同時に不完全中等教育は7年制から8年制に改められた。8年制学校では1学年から社会的労働および労働教育を実施することになった。また後期中等教育段階のカリキュラムも総履修時間の3分の1が一般技術科目、生産教育、労働といった科目に割り当てられている（川野辺敏、前掲書、52-53頁など）。
38 カリキュラムも総合技術教育の時間が減らされ、別に1回6時間に及ぶ実習の時間を設けて効率化をはかった（川野辺敏、前掲書、72頁）。なお、1973年の「国民教育基本法」では条件が整っている場合には生産教育を後期中等教育段階でおこなえるものとした。その場合にはその教育をおこなう分だけ年限を延長することになっている（真野宮雄編、前掲書、第一法規、237頁）。
39 ①川野辺敏、前掲書、63-64頁、②川野辺敏編『増補版各年史／旧ソ連　戦後教育の展開』エムティ出版、1995年、85頁、92頁。なお前期中等段階の5年制については特別な実験はおこなわれていなかった（川野辺敏編、同上書、85頁）。
40 ①山口喬、前掲論文、318頁、②川野辺敏編、前掲書、214頁、③ Lawson, Robert F. (ed.), *Changing patterns of secondary education*, Calgary, The University of Calgary Press, 1986, p.131 など参照。
41 川野辺敏編『世界の幼児教育3　ソビエト・東欧』日本らいぶらり、1983年、165頁。
42 同上書、168-169頁。
43 日本教育学会教育制度研究委員会編『現代社会と学校制度』（教育制度研究委員会報告第1集）、1984年、35頁。
44 上田は植民地時期のインドに、日本の教育に関する情報が少なからぬ影響を与えたことを指摘している（上田学『日本の近代教育とインド』多賀出版、2001年）。
45 世界教育史研究会編『義務教育史』、前掲書、366-368頁など参照。
46 ① O.E.C.D. 政策会議報告（清水義弘監訳）『低開発国における教育投資の基本問題』アジア経済研究所、1964年、66-67頁、②顧明遠編『亜洲発展中国家的義務教育』人民教育出版社、1999年、446-447頁など参照。
47 ①小川利夫・江藤恭二編『現代学制改革の展望』福村出版、1982年、6-15頁、② O.E.C.D. 政策会議報告、前掲書、44-45頁など参照。
48 ①安藤堯雄、前掲書、170頁、②ユネスコ編（木田宏訳）『教育計画－その経済社会との関係－』第一法規、1966年、32-33頁など参照。
49 ①顧明遠編、前掲書、447-448頁、②斎藤泰雄「開発途上国の教育制度研究への予備的考察」『国立教育研究所研究集録』第5号、1982年、88-89頁など参照。
50 熊谷一乗『学制改革の社会学』東信堂、1984年、42頁など参照。
51 O.E.C.D. 政策会議報告、前掲書、47-49頁など参照。
52 熊谷一乗は、学制改革の要因を探るためには教育が個としての人間と人間の集合体として成り立つ社会の双方に関係して成立するものであることから、人間と学校制度の観点そして社会と学校制度の観点からみていく必要があるとしている。（熊谷一乗、前掲書、32頁など参照）。

53 安藤堯雄、前掲書、170 頁。
54 熊谷一乗、前掲書、42-44 頁など参照。
55 安藤堯雄、前掲書、170 頁。

第2章　中国の学校制度

1．はじめに

　これ以降は中国の学校制度について扱っていく。本章では、今後の議論を進めるための前提となる、中国の教育に関する基礎事項を整理しておく。まず中国の教育の歴史について、清朝末期に初めて近代学校制度が導入されて以降の動きを確認しておく。続いて中国の学校の現状について、学校段階ごとの学校の仕組みや科目編成などをもとに、中国の子どもが成長とともにどのような過程を経るのかを紹介する。また受験競争や「素質教育」改革など学校制度改革の理解に必要な事項についても簡単に説明しておく。

2．中国の教育の歴史（中華人民共和国成立まで）

　本節では、1980年代以降の中国における学校制度改革を論じる前提として、清朝末期の1902年に中国に初めて近代学校制度が採り入れられてからの教育の変遷を、初等中等教育を中心に論じておく。まず清朝末期から中華人民共和国成立までの、主に外国の学校制度を模倣していた時期についてまとめる。次に中華人民共和国成立後の教育について、適宜時期を区分しながら1980年代までの動きを追っていくことにする。近代学校制度が導入された清朝末期以来、中国における教育は外国の制度を模倣する形で進められてきた。中華人民共和国成立後しばらくしてからは、独自の社会主義国家づくりをめざすことになり、教育も制度やカリキュラム等に関して様々な実験がおこなわれ実践されたが、一方で政治的変動の影響を大きく受けてきた。

（1）近代学校制度の導入

　1400年前から官吏登用試験「科挙」によって一般民衆から官僚を選抜するなど、中国では古くから学問や試験への関心が払われてきたが、その対象がごく一部の人々に限られていたことはいうまでもない。一般民衆すべてに教育をおこなう必要性に政府が気づいたのは、清朝時代の19世紀にアヘン戦争など欧米列強の軍事力の脅威にさらされた頃であった。この時清朝が手本としたのは、当時欧米の制度を取り入れ富国強兵を図っていた日本であった。この取り組み自体は成功しなかったが、段階的な学校系統、教科を分けたカリキュラム体系、公立と私立が併存する学校体制、それぞれのレベルの政府が役割を分担する教育管理体制など、現在の中国の教育にもみられる特徴は、この時期すでに盛り込まれていた。まずこの時期から順を追ってみていくことにしよう。

　清朝末期のあい次ぐ対外戦争での敗戦により国力が弱体化した清国では、内乱が頻発するようになり、存亡の危機にあると認識された。その際、中国の伝統的な教育に疑問がもたれ、同時に西洋の教育に関心が注がれるようになった。ここには例えば、アヘン戦争の後、キリスト教の教会が運営する小学がつくられ、また西洋の考え方に基づいた中国人による学校もつくられて、一定の成功を収めていたという理由もあった[1]。

　1902年、清朝は新しい教育体系の設立を決定し、その際に日本の「学制」を範とした。日本が模範となったのには多くの理由があるが、最も大きな要因としては、日清戦争における黄海海戦（中国では甲午海戦と称する）において、日本海軍が中国海軍を壊滅させたことがあげられる。これにより、日本の明治維新の成功は教育も含めて西洋化を図ったからだという認識が中国でも強くなったのである。この新しい教育体系は「壬寅学制」（あるいは「欽定学堂章程」）と呼ばれ、4年制の蒙学堂、3年制の尋常小学堂、3年制の高等小学堂による10年制の初等教育に加え、中学堂、大学堂など高等教育までの段階制がとられていた。この学制自体は清朝内部の勢力争いの影響もあってすぐに廃止されたが、こうした考え方は次の癸卯学制に受け継がれることとなった[2]。

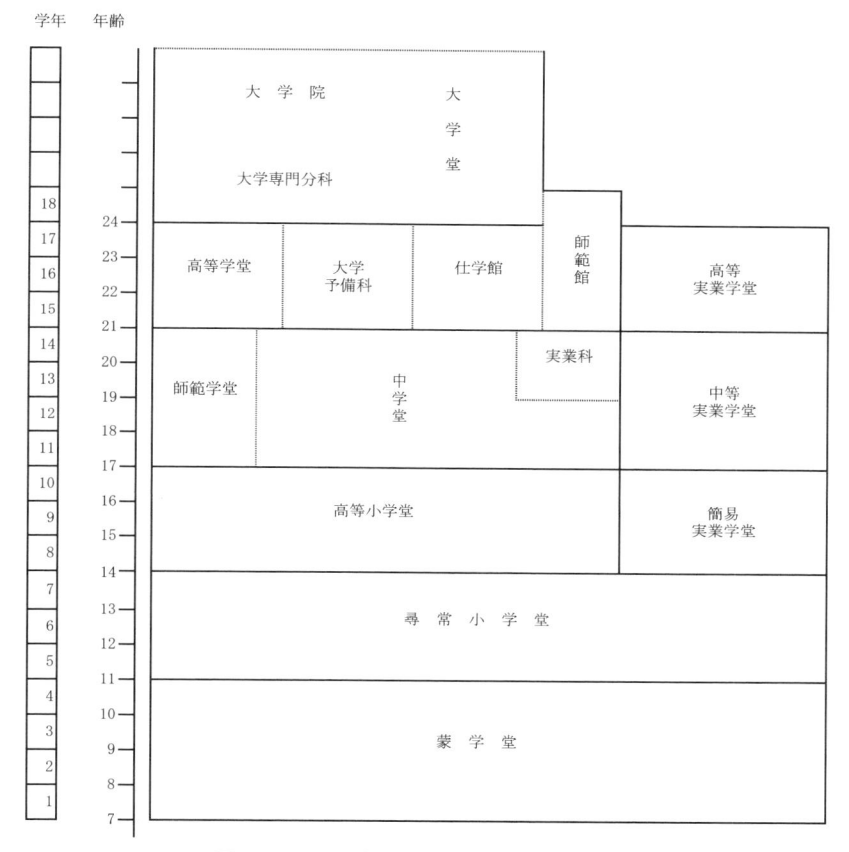

図 2-1　1902 年壬寅学制（欽定学堂章程）

出典：劉英傑主編『中国教育大事典（1840-1949）』浙江教育出版社，2001 年，12 頁にある図を主に参照して作成。

　この 2 年後の 1904 年には張之洞が中心となって「中体西用（中国の伝統や学問を主体とした上で、西洋の科学や技術を利用する）」を指導思想とした近代学校制度「癸卯学制」（「奏程学堂章程」とも呼ばれる）が公布された。ここでは 7 歳で入学する 5 年制の初等小学堂、4 年制の高等小学堂、5 年制の中学堂などが設けられていた[3]。

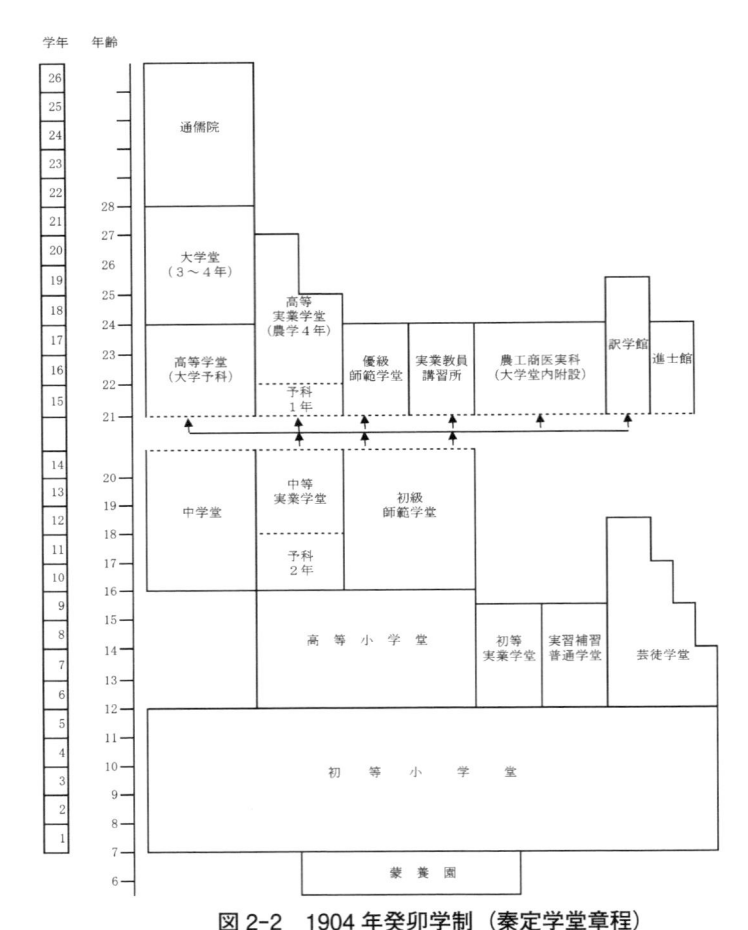

図 2-2 1904 年癸卯学制（秦定学堂章程）

出典：劉英傑主編『中国教育大事典（1840 − 1949）』浙江教育出版社，2001 年，13 頁にある図を主に参照して作成。

　この公布に続けて清朝は 1905 年に「科挙」試験を停止するとともに、就学を強制する義務教育の普及を進めようとし、学校創設に対して財政的な援助をおこなって、7 歳以上の児童はすべて入学するよう求めた。こうした政策は人々の需要とも一致し、5 年のうちに 5 万 83 校の初等小学堂と 438 校の中学堂がつくられ、各省都に 1 つ新しい学堂を設置するという目標も達成された。この新式学堂においては、西洋の考え方を中国に取り入れていくこ

とが指導思想とされたため、伝統的な四書五経は「読経講経」課にまとめられ、それまでの伝統教育にはみられなかった西洋の学科が多く組み込まれていた。子どもたちは学習の程度により学年別に分けられ、それぞれのクラスで時間割に基づいて授業を受けた。これも伝統教育において1人の教師が1つの部屋の中で教鞭をとっていたのとは大きく異なっていた。この新しい教育体系は、資金不足や、学校創設のための新税の導入が人々の反発を買ったこと、寺院が学校用に接収されたことなどによる暴動の頻発などにより、大きく広まることはなかった。しかし、こうした動きが辛亥革命を生み出す基礎となったことは間違いない[4]。

（2）中華民国における教育体系の確立

　辛亥革命によって成立した中華民国は、当初は清朝の制度を援用していたが、その後アメリカからの留学帰国者が要職に就くようになってアメリカの教育を参考にするようになった。当時アメリカで流行しつつあった6－3－3－4制もこの頃中国に導入されたが、その後の日中戦争や内戦などによって、その普及はあまり進まなかった。しかし、その6－3－3制が現在も基本学制として維持されているほか、男女平等の規定など、現在の教育への影響が少なくないこの時期の改革について確認しておくことにしよう。

　1912年に中華民国ができるとすぐに文部科学省に相当する教育部が作られ、教育体系の確立に努めることになり、まず清朝末期の教育体系の廃止を宣言した。ただし教科書はその作成が間に合わなかったことにより清朝末期のものを継続して使うことが許された。続いて1912年から1913年にかけて公布された新しい学校令により、新しい学校制度が宣言された。これは「壬子癸丑学制」と呼ばれている。この学制の特徴は、学堂の名称を学校へと改称したほか、初等小学が4年、高等小学が3年、中学が4年の合計11年に短縮したことである。また6歳で入学する初等小学の4年間を義務教育と明確に規定していた。新しい課程標準を制定し、「読経講経」課を廃止し、人格形成の助けとなるとされた音楽や美術などの教科が採用されたほか、男女が平等に教育を受ける権利が認められた[5]。

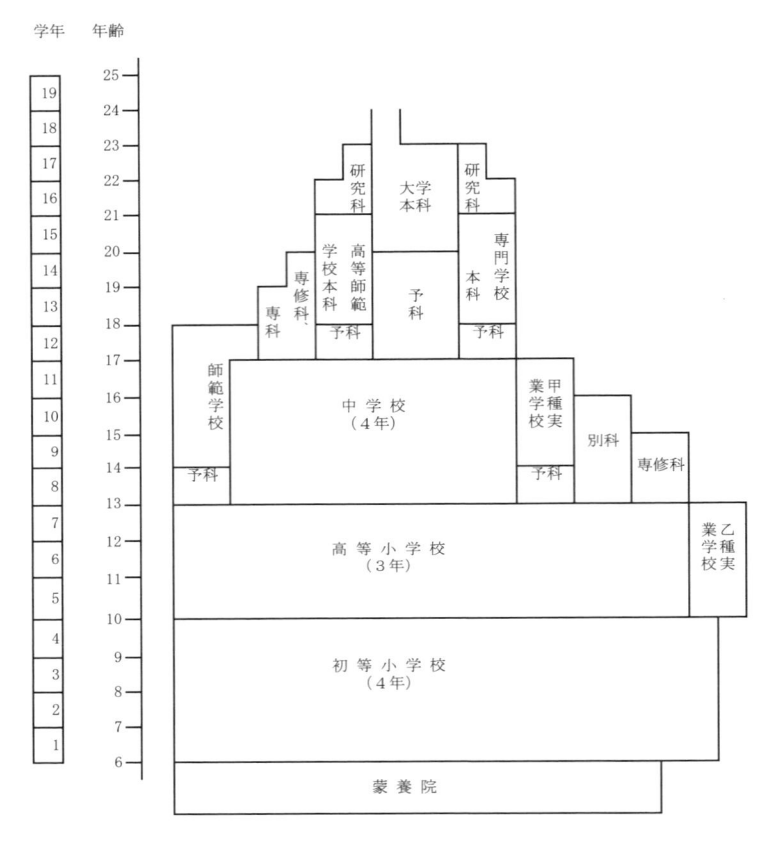

図 2-3　1912 年壬子癸丑学制

出典：王倫信『清末民国時期中学教育研究』華東師範大学出版社、2002 年、33 頁にある図を主に参照して作成。

　しかしその後、袁世凱政府が公布した「特定教育綱要」や「教育要旨」では四書五経が学校に復活している。またこの「壬子癸丑学制」自体が、海外の制度を模倣した清朝末期の学制をもとに、時間的な不足から十分な分析を経ることもなくつくられたものであったため、中国の実情に合わない面も多いものであった。とくに中学が１年減って４年になったことで、その上下の学校段階との接続がうまくいかなくなり、また普通教育のみで職業教育が実施されなかったため、中国社会の状況に適合しないなどの問題が生じた。ま

た学制に弾力性がなかったために、学制が施行されてすぐに各地、各学校が自主的に学制改革をおこない、政府もこれに目をつぶるしかなく、統一的な学校制度は形式的なものになってしまっていた。こうして各地で次々と学制改革がおこなわれ、短縮されていた中学の年限が延長されたほか、地区、社会、児童・生徒の需要によって文系理系の分科や職業教育的内容の増加、総合中学制の試行、単位制や分科選択制などが導入されていた。こうした個々の学制改革は結果的には次の学制へ向けた実験的準備となった[6]。

このように近代学校制度が導入されてはいたものの、全国的な普及にはほど遠い状態で登場したのが、6－3－3制であった。1922年の新しい学校制度「壬戌学制」はまたの名を「六三三学制」といい、6歳で入学する小学が6年（初級小学4年、高級小学2年、高級小学単独設置可）、初級中学が3年、高級中学が3年、高等教育が4年から6年であって、実際上アメリカで当時流行しつつあった新しい学制を採用したものであった[7]。

これを採用した理由としては、第一次世界大戦やロシア革命を契機として世界の新思想・諸潮流に人々の関心が向かうようになったこと、また日本留学経験者に代わってアメリカ留学帰国者が要職につくようになって、アメリカの教育学者ジョン・デューイやポール・モンローらが招かれるなど、次第にアメリカの教育理論・方法が影響力をもち始めるようになったことなどが推測される[8]。加えて1919年の五四運動によって、日本を模倣したそれまでの学校制度、学校教育への批判が高まったことも要因のひとつといわれている[9]。

1912年の「壬子癸丑学制」との違いは初等教育を1年短縮し、中等教育を2段階に分け、2年延長したことであり、これは初等教育の普及を進め、中等教育のレベルを向上させるねらいによるものとされている[10]。また子どもの発達段階の観点から学制や教育計画を考える視点が示されるとともに、6－3－3制を固定せず、地方の状況によって変えてもよいとしていた[11]。他にも小学と初級中学では普通教育を実施するが、地方の需要に応じて初級中学で職業教育をおこなえることなど、それまでの失敗の経験をもとにするとともに、アメリカの影響が大きくうかがえるものとなっていた。結局その後

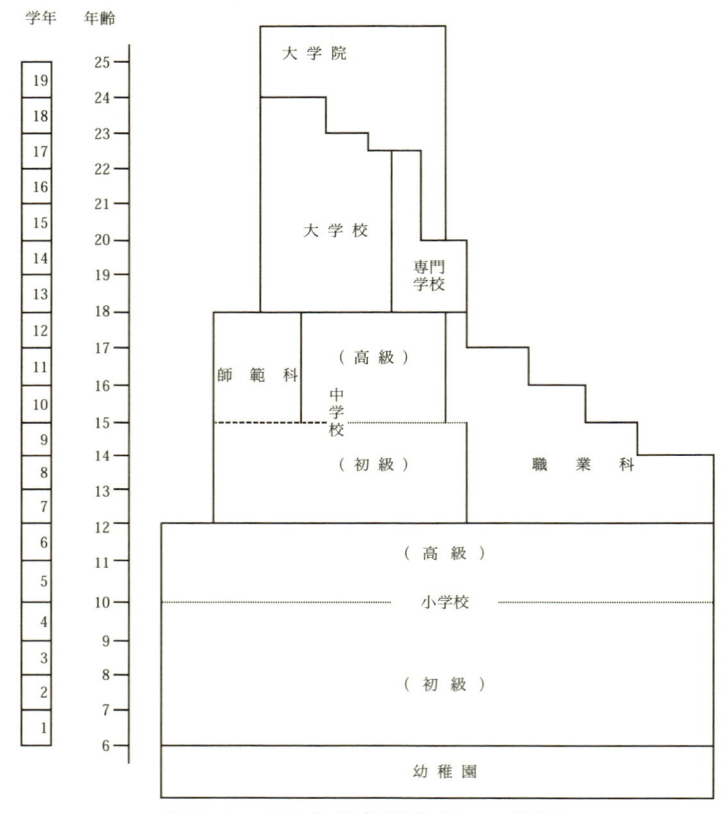

図 2-4　1922 年壬戌学制（六三三学制）

出典：李国鈞・王炳照主編『中国教育制度通史』第 7 巻、山東教育出版社、2000 年、51 頁にある図を主に参照して作成。

戦争が続いたこともあって学校教育の普及はそれほど進まなかった[12]が、この 6－3－3 制自体は紆余曲折がありながらも現在まで中国の概念上の基本学制として存在し続けることになった。

　このように中華人民共和国成立前の中国では近代学校制度の導入以来、日本、そしてアメリカの制度を模倣する形で学制が決定された。初等学校の年限を短縮するなど普及への努力はみせたが、単純な模倣であることに加え、国内外の混乱が続いたために、ほとんど効果は表れなかった。

3．中国の教育の歴史（中華人民共和国成立から）

　近代学校制度導入当初は日本、その後アメリカの学校制度を模倣する形で進められてきた中国の教育は、模倣であるがゆえの不適応に加えて、国内外の混乱により、大きな効果をもつものにはならなかった。中華人民共和国成立時の小学学齢児童就学率は20％程度であり、全人口の80％以上が非識字者であったといわれている[13]。このように教育の普及に大きな課題を抱えた状態で、中華人民共和国はスタートを切ることになったのである。

　中華人民共和国成立後、教育は一貫して重視されていたが、それゆえに政治的混乱に大きく左右されてきた。ここでは1980年代までの教育の動きを主に政治的変化に合わせながら分類して論じていく。

（1）中華人民共和国成立時のソ連に学ぶ時期

　日中戦争、国民党と共産党の内戦などの長い混乱の末、1949年10月に中華人民共和国が成立した。この時の非識字者の割合は8割以上ともいわれており、社会主義を浸透させるためにも、教育の普及は最重要課題のひとつであった。同年9月に制定された臨時憲法の性格をもつ「中国人民政治協商会議共同綱領」には「中華人民共和国の文化教育は新民主主義的、つまり民族的、科学的、大衆的文化教育である。人民政府の文化教育事業は、人民の文化レベルを向上させ、国家建設に役立つ人材を育成し、封建的、買弁[14]的、ファシスト的な思想を粛清し、人民の思想発展を主要な任務とすべきである」と規定されている。つまり対象者が実質的に一部に限られていたそれまでの教育を改め、労働者大衆のための社会主義国家建設をめざした学校づくりがおこなわれることになった。ここで中国が範としたのは社会主義の先輩である当時のソ連であり、ここから一時期はソ連の制度を模倣し、ソ連の各種の学校教材を採用し、カリキュラムを整えていくことになった。1949年に中華人民共和国が成立すると、社会主義教育体系の建設が進められた。その教育建設方針は「旧解放区の新教育経験を基礎とし、旧教育の有用な経験を吸収し、ソ連の経験を借りて、新民主主義教育を建設する」ことであった[15]。

　この時期はあらゆる面においてソ連の教育の過程を全面的に学ぶ方式がと

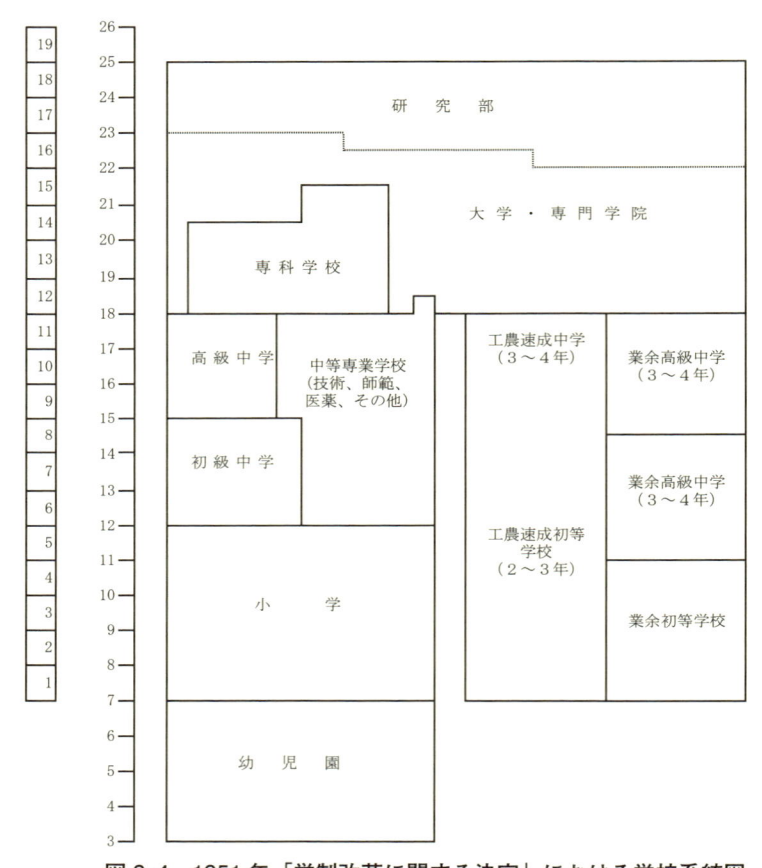

図 2-4　1951 年「学制改革に関する決定」における学校系統図
出典：卓晴君・李仲漢『小学教育史』海南出版社，2000 年，45 頁にある図を主に参照して作成。

られ、学校教育制度、カリキュラム、教材を参照し、教育方法、学校行政管理制度を模倣し、教育理念を移植した。こうした一連の活動により、中国はソ連式の教育体系となった。まず旧体制下に存在していた公立学校と教会学校を接収し、新しい教育の主体となるよう整備し、外国資本の学校と私立学校は 1956 年までに全て公立学校に変更された。またカリキュラムにおいても、「党議」、「公民」、「童子軍訓練」といった国民党期の色合いの濃い内容

が廃止され、「政治常識」課が新設された[16]。

　学校制度については1951年に政務院が「学制改革に関する決定」によって新しい学制を公布した。ここではそれまで小学が高級と初級の2段階に分かれていることが、労働人民子女が完全な初等教育を受けることを妨げていると批判されて、7歳入学の5年一貫制となった。ただしこの小学5年一貫制については、全国に普及させるには困難が多かったためすぐに取り消されている[17]。

　こうしたソ連からの教育の移植は、中国の教育をスタートさせる際には大きな力となったと考えられる。しかし全面的に外国の制度を移植したことで、中国の実情に合わない部分も多く、次第に問題が表面化するようになった。例えば小学5年一貫制は、中国の児童の学習や心理の発達レベルに適合せず、カリキュラムや教材の内容は中国の現状に適合せず、教育方法は機械的で学習課程における子どもの主体性や積極性を奪ったとされている[18]。こうした問題に加えて中ソ関係が悪化したことにより、ソ連に全面的に学ぶ体制は終わり、中国独自の社会主義教育体系の設立がめざされるようになった[19]。

（2）中国独自の教育をめざす時期

　ソ連をモデルとした第1次5カ年計画（1953-57）が終わる頃、ソ連との関係が悪化したことなどにより、中国は次第に独自の社会主義国家づくりに取り組み始めた。まずおこなわれたのは大躍進政策であり、大衆を大量に動員することによって、鉄鋼や穀物生産を短期間のうちに急激に増産させようとした。教育分野でも学校と工場・農場が併設されて、授業と並行して労働がおこなわれたり、学校が無理に増設されたりするなどした。この大躍進が人々の混乱や自然災害の発生により失敗に終わると、今度は調整期として、量より質を重視することになり、学校数や在学生数が軒並み減少するなど、混乱が続くことになる。このように次第に政治に翻弄されるようになった教育の姿を確認しておく。

　第2次5カ年計画によって、中国の基礎教育は独自の発展をめざす動きに入ることになった。しかしこの時期は大躍進運動によって、小中学校が

過度に増加するなど、教育の質に問題を抱えることになった。1958年には中国共産党中央委員会・国務院「教育工作に関する指示」において、3から5年内に全国で基本的に非識字者をなくし、小学教育を普及することなどが要求された。こうした一連の政策によって、1958年に小中学校は急激に増加し、学校数と入学者数は激増した。例えば1957年の小中学生の就学率は61.7％、在校生数は4986万6千人であったが、1年後の1958年には就学率は80.3％になり、在校生数も6886万4千人へと急増した。こうした急増は、教育経費や教員の増加を伴ったものではなく、質の低下が問題とされた。また学校へ通う子どもが増えたことで労働力が激減し、農業生産へも深刻な影響を与えることとなった[20]。

これにより中国政府は1961年から調整政策をとるようになり、就学率は大きく降下した。一方で1962年には教育部が「重点となる全日制中、小学の実施に関する通知」を出し、各省、市、自治区に対して、優れた指導幹部のもと、教師、設備、校舎などの条件を整えた全日制小中学校を重点学校として選定し、ここに集中的に資源を投入し、その後条件が整ってから一般の学校の数を拡大していくことを要求した。これにより中国における重点学校制度が定着することになった[21]。

こうした動きと並行して、中国に適した社会主義教育を探索するためとして、小中学校において学制、教育方法や教育方式に関する、全国的で大規模な改革実験がおこなわれた。例えば学制については、主なものだけでも小学5年一貫制、中学5年一貫制、中小学7年、9年、11年制、中学4－2制、3－2制、2－2制、4年制などがあり、全国的に様々な実験が展開された[22]。

その後共産党内部の権力闘争の激化から、全国各地を大混乱に巻き込んだ文化大革命が開始される。文化大革命中は学校の年限が短くされ、教材が批判され、教師が批判されて、中等教育段階の学校の増加などはあったものの教育の質は全面的に低下し、教育現場に大混乱を引き起こした。

文化大革命中においては、毛沢東の「五七指示」において提示された「学制は短縮されるべき」という方針から、学校は続々と年限を短縮し、短ければ短いほどよいという風潮がみられた。しかも全国的な統一学制といったも

のは決められなかったため、全国各地に様々な学制が登場した。また政治的な混乱とともに学校現場も混乱し、通常の学校教育にはほど遠い状態が続いた[23]。その結果1973年までに全国の大多数の小学が5年一貫制に改められ、初級中学と高級中学は都市部では3-2、農村部では2-2に短縮された[24]。これは労働者階級の教育は集約されて短くあるべきだという理念とともに、それが農村部への教育普及に有利であるという実際的配慮によるものでもあったと考えられている[25]。ただし、この時期の教育を量的拡大の点だけからみると、高等教育部門は荒廃していたものの、初等中等教育部門の児童・生徒数は増加を続けていた。もちろん、すべての学校が閉鎖されていた時期もあり、学生数が増加してはいても、実際の授業日数や内容が維持されていたとは考えにくい[26]。

(3) 文化大革命終結後から現在まで

このように中華人民共和国成立後、政治的変動に大きく影響を受けて右往左往してきた教育は、1976年の文化大革命終結後、中華人民共和国史上初めて義務教育が導入されるなど長期的視野に立った計画が立てられて、徐々に立て直されていくことになった。

当初は社会をリードしていく少数のエリートを養成することに力が入れられて、大学入試の復活と高等教育の回復、同時にそこまでに至る進学教育と選抜をおこなう重点学校の整備がいち早く進められた。その後国民全体の底上げも重要な課題と認識され、1985年中国共産党中央委員会公布の「教育体制改革に関する決定」および1986年公布の「中華人民共和国義務教育法」により、初等学校と前期中等学校の9年間を義務教育として普及させることが決まった。その後も教育に関連した多くの法律・制度が公布されて、学校教育の整備は着々と進んでいるが、同時に新しい課題も登場してきている。

文化大革命終結後の社会の変化は急激であり、教育もその影響を抜きにして語ることはできない。特に社会主義的計画経済の行き詰まりから、改革開放政策がとられ市場原理が導入されるようになったことは、年平均10％の

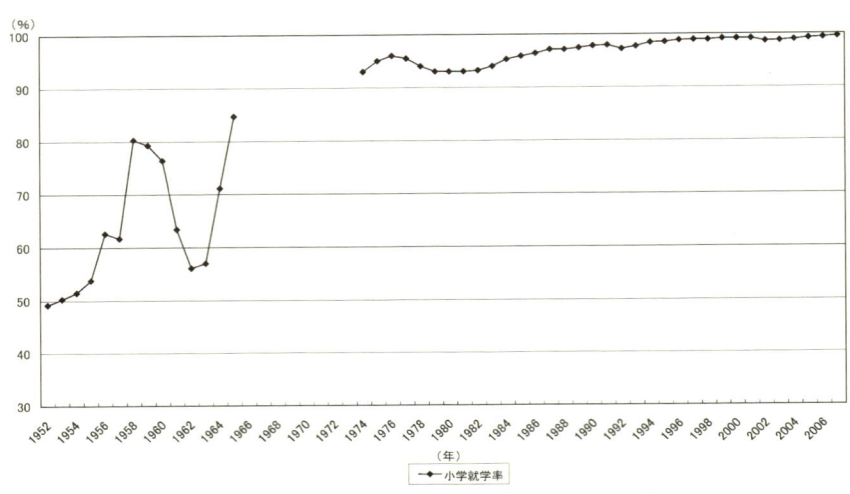

図 2-6　小学校就学率の変遷（1952 － 2007）

図 2-7　各学校段階在学者数の変遷（1949 － 2007）

出典：中国教育年鑑編集部編『中國教育年鑑 1949-1981』中国大百科全書出版社、1984 年；教育部発展規劃司等編『中国教育統計年鑑』人民教育出版社、各年版；中国教育部ウェブサイトを参照して作成。

経済成長を引き起こしたような経済面の影響にとどまらず、社会全体に大きく影響を与えた。先に豊かになる者がでることを否定しなかった鄧小平の先富論の力も得て、拝金主義、個人主義、自由主義的な考え方が広まり、地域間、階層間の格差は拡大した。教育についても、教育財政が大幅に増加すると同時に、教育行政からカリキュラム編成、徳育の問題まであらゆる面において大きく影響を受けている。

4．中国の教育の現状

次に中国の教育の現状を学校段階の順を追ってみていくことにしよう[27]。中国の普通学校段階は、小学、初級中学（日本の中学校に相当）までの9年間の義務教育、高級中学（日本の高等学校に相当）、大学へと続いており、基本的に6－3－3－4制となっている。以前から都市部を中心に初級中学と高級中学が併設された完全中学が多くあるが、現在は小学と初級中学を併設した9年一貫制も一部でみられている。近年は義務教育期間である9年間を一貫したものとする考え方が広まっており、カリキュラムも9年間の一貫性を重視して組まれている。

ただし中国は広大な国土に多様で膨大な人口を抱えており、経済的、文化的な発展状況にも大きく差があるため、学校教育の普及状況も直轄市や省、自治区ごと、さらにはその中の都市部や農村部などによって様々である。例えば1985年に「教育体制改革に関する決定」のなかで9年制義務教育の普及が決められた際も、発展の程度によって国を3つにグループ分けし、段階的に普及させていく方針がとられている（第4章で詳述する）。以下に示す各学校段階の様子は特に断りのない限り普及が進んでいる地区の状況である。

（1）就学前教育（託児所・幼児園ほか）

中国では共働きの家庭が多いことに加えて、経済の急速な発展や一人っ子の増加により、1人の子どもにかけられるお金が増えたことから、幼児園を中心とした就学前教育の充実は都市部を中心にめざましいものがある。書店に就学前教育関連の本が並べられ、早期教育の必要性をあおっている風景は

日本と変わらない。

　就学前教育は例外もあるが基本的には3歳未満の子どもが通う託児所、3歳以上の子どもが通う幼児園、就学前1年（あるいは2年）の子どもが通い、小学附属であることが多い就学前クラスの3種からなっている。大中の都市部では幼児園に3年通う子どもが多く、農村部でも就学前1年間の教育の確保がめざされており、小学附属の就学前クラスが多く設置されている。

　幼児園には、政府教育部門が開設する環境の整ったものもあるが、多くは企業・団体が職員の子どものために開設したものや、住民の自治組織が開設したものなど私的要素が強いものであり、これらに政府が援助するという形をとっている。その形態には都市部で一般的な全日制のほか、親の職業形態に応じて半日制、寄宿制、農繁期のみに開かれる季節制、巡回制など様々なものがある。全寮制のような形で週末のみ親元に帰るという形態は親の職業上の理由だけでなく、子どもの自立性を育むという教育的理由によっても支持されており、珍しいものではない。

（2）初等教育（小学）

　中国の小学の就学率は99.5％（2007年）であり、その在籍児童数は1億人を超えていて、日本の総人口に匹敵する規模を有している。そのため現在国の方針としては6歳入学、6年制を基本としてはいるものの、従来の7歳入学からの移行に大きな困難を抱える地区や、5年以下の小学が多い地区もある。この改善は急務ではあるが、過去に中央の方針に地方が無理に従った結果、地方の教育が悪化した苦い経験があるため、法令等には「…も可能である」、「無理に…に変える必要はない」といった地方へ配慮した表現がしばしば登場しており、初級中学を延長して5－4制とすることで9年間の義務教育を確保しようとする試みもある（第6章で詳述する）。山岳地帯など家が分散している地区には簡易小学や教学点と呼ばれる学校が置かれ、状況に応じて科目数を減らしたり、教育レベルを下げたりすることなどが認められている。こうした地区では、まず学校をつくり子どもが通う習慣をつけてから、徐々に質の向上を図ることになる。

第２章 中国の学校制度 57

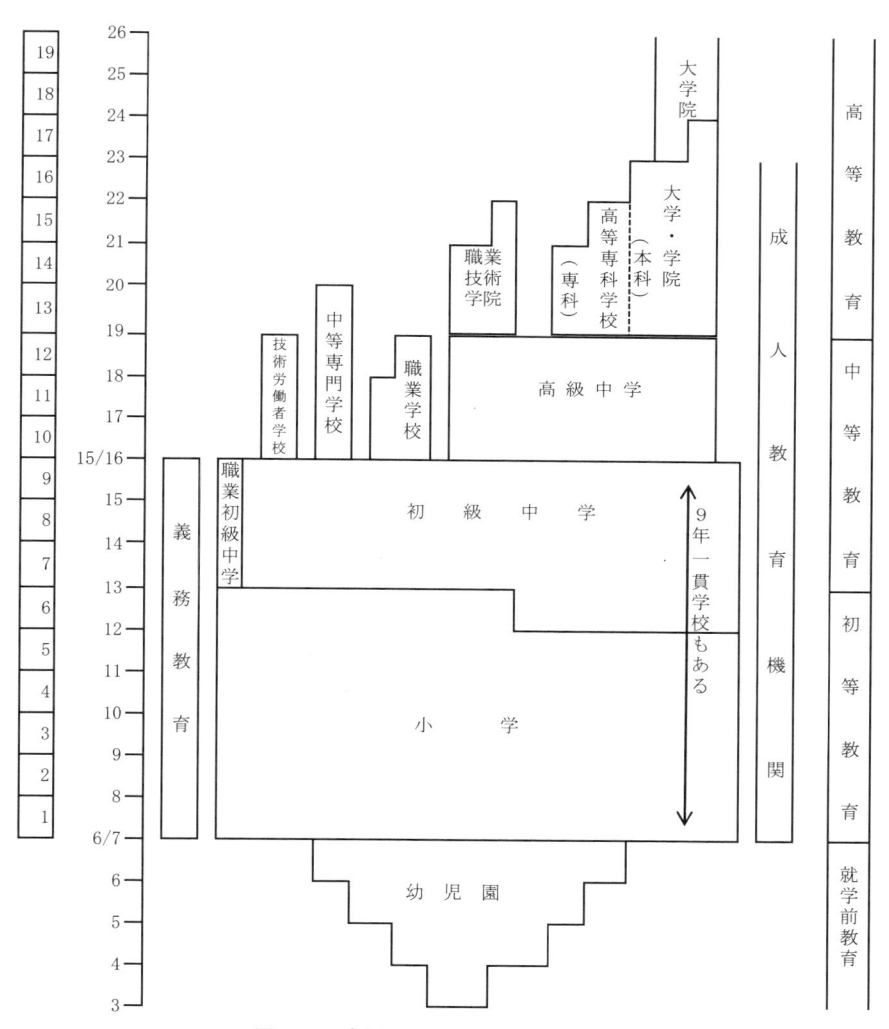

図 2-8 中国における現行学校系統図

出典：文部省編『諸外国の外国教育 アジア・オセアニア・アフリカ編』大蔵省印刷局，1996年，17頁にある図を主に参照し、筆者の得た情報を加味して作成。

学校教育については教育部（日本の文部科学省に相当）の示す大きな方針に従って、「地方負責、分級管理（地方政府が責任を持ち、段階に分けて管理する）」が原則になっており、小中学は省の下にある県以下のレベルの人民政府が管理運営にあたることになっている。義務教育は無償であるが、教材費などの名目による雑費が徴収されており、地方政府や学校の財政状態の悪化により雑費が高くなって、貧しい家庭の子どもが学校に通えないといった事態もしばしば報告され問題となっている。

中国の新年度は9月に始まり、通常2学期制で、1995年から土日が休みの週5日制を実施している。1時限は通常40分で低学年は35分にするところもあり、毎日ラジオ体操の時間が20分、目の体操の時間が2回、各5分とられている。教室の前方中央上部には中国国旗、後ろの黒板には中国の歴史や各年のスローガン、成績優秀者の名前（近年はあまりみられなくなった）が書かれている、というのが中国でよくみられる教室の様子である。

中国では小学から専門教科別担任制がとられている場合が多い。小学の課程には、低学年では品徳と生活、語文（国語）、数学、体育、芸術（あるいは音楽、美術）があり、中学年から品徳と生活が品徳と社会となり、科学、外国語、総合実践活動が加わる。なお外国語は主に英語であり、3年生から開始することになっているが、1年生から英語教育をおこなっている学校も少なくない。品徳と生活、品徳と社会は、それまであった思想品徳（道徳的な内容に社会主義の思想政治的な内容を加えたもの）に理科的内容、社会的内容が加わった、道徳と思想と現代社会を結びつける教科である。この他、以前は労働という、マルクス主義の重要な原則である「教育と生産労働の結合」を実践するための4年生から配当される教科があったが、現在は規定がなくなっている。

小学では全課程の約40％が漢字の学習を中心とした語文に配分され、数学も約25％を占めており、定期試験や卒業試験でも語文と数学が重視される。この試験の結果によって進学が決定し、留年や飛び級も小学から存在する。カリキュラムの配分は国が出す課程標準（日本の学習指導要領に相当）によって決まっているが、地方や学校が当地の実情に応じて教科の配分を決定

できる部分が残されている。例えば、家庭では母語、学校では標準語を話す少数民族の多い地区などではその母語や文化の学習といった時間に利用されることもあり、また外国語のレベルを選択できるなどの改革も進行中である。

教科書は、従来は国定制であり、国全体で同一の教科書を使用していたが、現在は日本の検定制に近いものとなっている。これまで国定教科書を作成してきた人民教育出版社のほか、地方政府などが独自の教材を作成しており、都市部向け、農村部向け、辺境地向けなどにタイプ分けされたものを地方政府が選択することになっている。

中国では徳育的要素を含んだ団体活動の時間が課内にも組み込まれており、その代表的なものに少年先鋒隊がある。少年先鋒隊は共産党などの指導のもと学校ごとに組織され、課内および課外の時間に活動する、全国規模の団体である。7歳から14歳の子どもが審査を経て入隊を許され、学校の教師や校外教育施設の教師、民間の指導員などのもとで、演劇や書道、美術などの芸術活動やスポーツ、ボランティア活動などに取り組んでいる。また学校ごとの組織を超えて各種のテーマ集会や交流会、コンテストなどもおこなわれる。これらの団体活動を通じた徳育面での教育の役割も担っている。少年先

写真2-1　小学校の授業風景（山西省）

鋒隊員となった子どもは、隊の象徴である紅領巾（紅いネッカチーフ）をつけることが許され、国旗掲揚時に敬礼をおこなうことができるようになるなど、子ども心にあこがれや晴れがましい気持ちをもたせることになり、愛国・共産主義教育の導入としての効果が期待されている。

（3）中等教育（初級中学・高級中学ほか）

かつて初級中学への進学には選抜試験があったが、これは原則として廃止されている。現在は初級中学の普及がある程度進んだ地区では日本のように家に近い学校に通う「就近入学」がおこなわれることになっているが、その完全な実施には様々な困難がある（第6章で詳述する）。初級中学は高級中学と併設されて完全中学となっているところも多く、設備や教師の共有により効率的な教育がおこなえるようになっている。

初級中学の課程には、思想品徳、語文（国語）、数学、外国語、科学（あるいは物理、化学、生物）、歴史と社会（あるいは歴史、地理）、体育と健康、芸術（あるいは音楽、美術）、総合実践活動が含まれている。

前期中等教育段階ではごくわずかながら職業初級中学に通う者もあるが、基本的には義務教育である初級中学までは普通教育がおこなわれている。ただし高級中学進学者が多くない地区では普通初級中学でも職業教育が重視されており、短期の職業指導科が開講されるほか、初級中学3年間が終わった後の1年間、学校や工場、農場において職業教育をおこなう「3＋1」制もある。

また初級中学卒業後の進学先としては、普通教育をおこなう高級中学のほかに、職業教育をおこなう学校もある。中等専門学校は通常3年制で4年制のところもあり（高級中学卒業者は2～3年）、教員養成をおこなう中等師範学校の他、工業、農業、林業、医薬など様々な職業教育を目的としている。技術労働者学校（原語は技工学校）は中級技術労働者養成が目的であり、3年制（高級中学卒業者は2年）である。農業・職業中学は2～3年制であり、職業教育の専門性を低くして普通教育の割合を高めた教育をおこなっている。いずれにしても普通教育をおこなう高級中学に進学しなければ、高等教育機

関への進学の道は限られてくることになる。経済発展には様々なレベルの専門家や技術者が必要となることから、この職業教育をおこなう学校は数が少ない高級中学に進めない生徒の受け皿であるとともに、社会の人材配分の役割も担っており、普通教育と職業教育の比率は国家の政策上重要なポイントとなっている。現在後期中等教育段階における普通学校と職業学校の生徒数の比率は 56：44（2007 年）である。

　高級中学へ進むには、初級中学の卒業試験も兼ねる選抜的な進学試験を経なければならず、それは完全中学であっても基本的に同様である。その試験科目は語文、数学、外国語に加えて文理別の総合科目が課されるのが一般的である。高級中学では、必修科目の他に、様々な内容やレベルを分けた選択科目が用意されており、単位制など、生徒が自分の興味や関心に応じて履修するシステムが整ってきている。

　普通高級中学においては、主に大学進学を意識した課程が組まれており、普通高級中学を卒業した者で、大学などの高等教育機関に進学できるのは70.3％（2007 年）である。また同時に、普通高級中学を進学重視、進学・就職準備、芸術体育などにタイプ分けする試みが進行中である。なお高中会考（中等教育修了資格試験）は省レベルで統一的におこなわれる修了認定のための試験であり、大学に進学しない生徒の学歴認定に利用される他、大学入試の際の選考に利用されることもある（第 3 章で詳述する）。

（4）高等教育（大学など）

　大学進学は一部の独自試験を実施している地方を除き、毎年 6 月（2002年までは 7 月[28]）に実施される全国統一試験によって決定される。試験科目は 1980 年代初頭から 6 〜 7 科目で定着していたが[29]、その後 5 科目（語文・数学・外国語の共通科目に、文系は歴史・政治、理系は物理・化学）となり、現在は「3 ＋ X」方式の導入が進んでいる。3 つの共通科目に加えて、X の部分には文系理系の科目をあわせた総合科目を導入する省が多い。合格定員は各大学の各学部が各省各地区に人数を割り当てるという特殊な方法をとっているため、学生の居住地によってははじめから合格枠がないということもある

（第3章で詳述する）。

　厳しい競争を経て入ることができる大学には、就業年限4～5年の学士課程に相当する本科と2～3年の短期課程である専科がある。また大学院教育についても学位制度や管理制度の整備が進められており、学生数でみると日本を上回る規模を有している。

　中国における高等教育は高度な専門能力を有し、科学技術の進歩と社会発展に重要な役割を果たす人材を育成するために、改革開放政策下でも一貫して重視されてきた。そのため大学はこれまで学費無料、全寮制が原則であったが、現在は原則として学費を徴収するようになっており、自宅から通学する学生も増えてきている。ただし現在もほとんどの学生は学内にある寮で生活しており、ショッピングセンターや映画館まであるところもあって、学内で生活上必要なすべてのものが揃うようになっている。

　カリキュラムは教育部が規定する計画に沿って各学校が配当することになっており、日本と比べて学生の選択肢はあまり多くはない。全学生に必修となっている公共基礎課程には、外国語、コンピューター応用、体育の他に政治理論、労働、軍事訓練の時間が含まれる。

　大学卒業後の就職は、従来は国家計画に基づいて大学の各専攻の定員を決めていたため、就職も国家によって省庁や国営企業に分配され、学生に選択権はなかった。現在は一部の奨学金を得た学生を除いて、基本的には日本のように学生が自ら就職先を探すシステムになっている。

　大学院は文化大革命終結後からいち早く整備・拡充が進められ、学位制度も整備されているため、大学卒業後の有力な選択肢となっており、すでに日本の大学院生数を上回っている。一旦就職してから大学院へ進学する人も多く、研究者養成の他に学校教員などのための現職教育やMBA（経済学修士）のような資格取得、生涯教育などにも利用されている。

（5）成人教育

　成人教育機関が重要な役割を果たしており、普通学校体系に匹敵する規模を有していることも、中国の教育における重要な特徴である。現職者の再教

育や職業訓練、生涯教育、学校に通えなかった人々のための識字教育など、様々な目的の様々な学校段階の成人教育機関が発達している。それらは普通学校に付設のものや独立した学校のほか、テレビ大学や通信教育学校もある。文化大革命等で教育の機会を奪われた人々も多く、また大学入試には2001年まで年齢制限が設けられていたため、これを補完するために、成人教育機関において高等教育をうける機会を与えたり、検定によって学歴にかかわらず大学卒業を認定する高等教育独学試験制度も実施されたりするなど、学校数が少ないことを補うための様々な教育政策がとられている。

このように主要なルートがある一方で、他のルートがつくられて救済する道を残していることは、中国における政策において全般的にみられる傾向であり、特徴であるといえよう。

以上みてきたように、中国の教育は制度が整備され、普及が進んできている。以下では、今後の議論に関連する問題や改革の動向について、簡単に説明を加えておく。

5．中国の学校教育における改革の背景

中国では学校教育の普及と充実が同時に急速に進んでいるため多くの様々な改革が実施されているが、ここでは1980年代から長期的に取り組まれており、全ての学校段階に関連する改革として、受験競争、「素質教育」改革、教員に関する改革、政府の財政難と地方への権限の下方委譲を付け加えて説明しておく。

（1）受験競争

改革開放・市場経済導入により発展著しい中国であるが、それに伴って教育に関しても都市部を中心に多くの問題が取りざたされている。

現在高等教育機関の粗就学率は23.0％（2007年）となっており、1970年代に1％以下であった頃に比べるとその増加には目をみはるものがあるが、依然として厳しい受験競争が存在している。文化大革命終結後、国はまず少数の優秀な人材の育成を急務と考え、高等教育機関に重点的に投資するとと

もに、各地に重点学校をつくらせた。これは優秀な教師、十分な設備を整えた学校に少数の選抜された子どもを集めて高度な授業をおこなう実験的で模範的なエリート教育の役割をもつ学校であり、大学進学には実質的にこの学校への進学が重要な意味をもつため、重点学校進学のための受験競争がクローズアップされてきた。

現在は義務教育段階における重点学校は認めないことになっているが、実質的にはそれに相当する学校が存在しており、幼児の段階から日本の「お受験」のような状況が中国でもみられる。このように重点学校や大学への進学者を増やすことは親や本人のみならず学校にとっても学校経営上重要な関心事であり、このことから進学一辺倒の「応試教育（試験のための教育）」が学校教育の中心となってしまっていることがしばしば批判の対象となってきた。

また一人っ子の増加も「応試教育」に拍車をかけている。1979年に開始された一人っ子政策は、一部の農村部や少数民族などの例外を除き、都市部を中心に厳格に実施されてきた。現在はその最初の世代がすでに社会の中堅的役割を担う時期に入っており、学校現場では一人っ子ばかりの環境ができあがっている。経済発展の影響もあり、1人の子どもにかけられるお金が増加した結果、両親、両祖父母に囲まれた一人っ子は「小皇帝」と呼ばれ、期待を一身に背負うようになって、家庭教師や塾などで勉強を続けている。現在この政策は緩和される方向にあるが、子どもの教育に多くの投資をする傾向には当面大きな変化は起こらないであろう。

このような状況の改善のために、大学生数を増加させるとともに、塾を禁止するなどの対策がとられてきたが、本質的な改善には至っていない。受験勉強の悩みから親を殺害するなどの事件も報じられて社会問題化しており、子どもの負担を軽くするために、宿題の量や家庭学習の時間を制限したり、通学鞄の中身の重さを制限したりするなどの方策もとられたことがある。

（2）「素質教育」改革

現在初等中等教育で最も力が入れられているもののひとつに「素質教育」がある。これは「応試教育」による進学一辺倒の傾向や体力の低下、徳育の

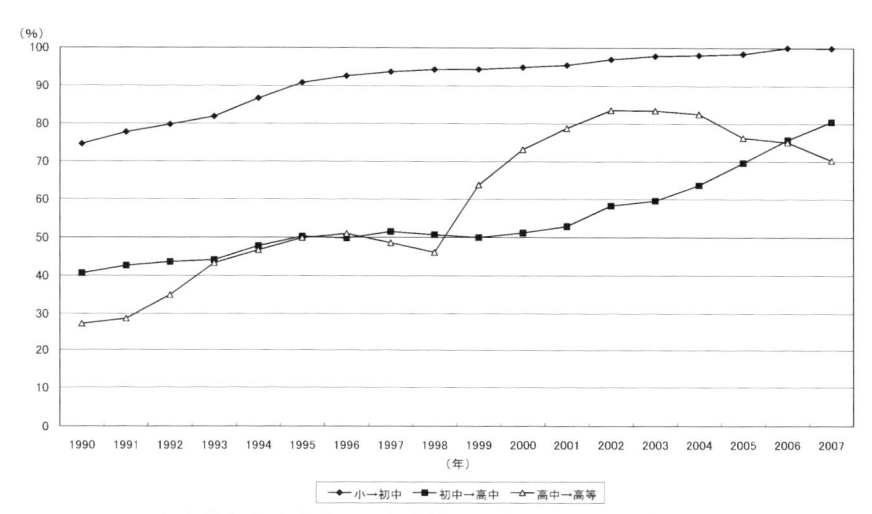

図 2-9　各学校段階卒業生の上級学校段階進学率の変遷（1990 － 2007）

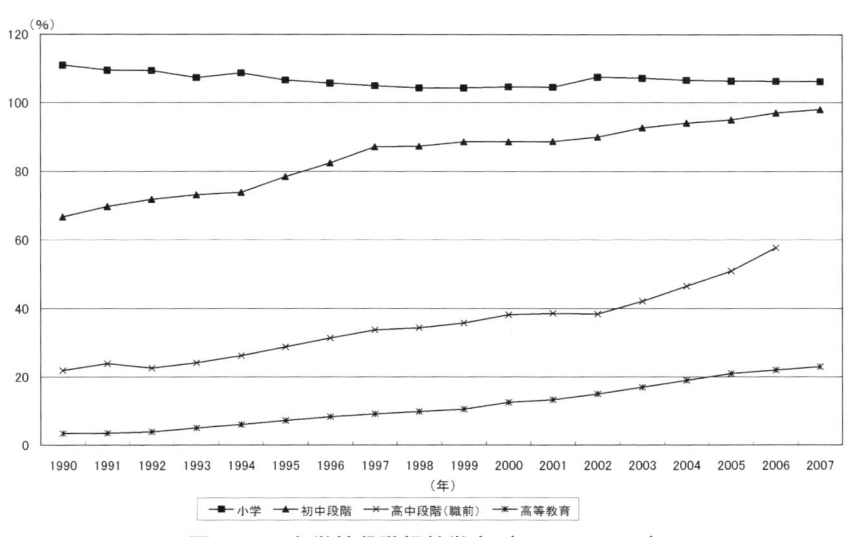

図 2-10　各学校段階粗就学率（1990 － 2007）

出典：教育部発展規劃司等編『中国教育統計年鑑』人民教育出版社、各年版；中国教育部ウェブサイトを参照して作成。

低下を改め、バランスのとれた子どもをつくりだす教育をめざそうとする、多くの分野にまたがった総合的な改革である。

1999年6月制定の中国共産党中央委員会・国務院公布の「教育改革の深化と、素質教育の全面的推進に関する決定」ではこの「素質教育」はすべての学校段階においてとり入れるべきものとされ、徳育、知育、体育、美育などがバランスよく教育活動に盛り込まれることが重要であるとしている。

このような目標を達成するため、すでに述べた「就近入学」による進学試験の廃止や改革、通学鞄の重さや宿題を制限するなど子どもの負担を軽くするための方策の他にも学校・教師・子ども・親の自覚を促すとともに、必修科目を減らして選択科目を増やしたり、創造性を高めたりするような活動の促進など、カリキュラム、教材、指導評価制度・試験制度、教員養成制度など教育全般にわたって改革が進められている。

このうち徳育については、道徳的側面と思想政治的側面から教育をおこなうために実施されてきた思想品徳（政治）が現実生活と乖離し、形式的となって、子どもが現実のものとしてとらえられていないことが課題となっている。それはすなわち中国がめざす社会主義国家と、現実社会との乖離も意

写真 2-2　初級中学の授業風景（貴州省）

味し、国家にとって深刻な事態ということができる。

これに関して近年小学における思想品徳を、理科、社会と結合させた「品徳と生活」、「品徳と社会」という教科に変える改革が実行された。改革開放政策や市場経済化と社会主義との整合に苦心している中国にとって、日本の生活科や総合学習の時間に徳育を盛り込むような形で思想品徳を現実生活とむすびつけようとするこの教科の開発は一教科の問題にとどまらない。中国社会全体のあるべき姿を探る道として、今後の動向が注目される。

(3) 教員に関する改革

学校教育の充実には優秀な教員の採用が不可欠である。しかし文化大革命中にブルジョア知識人としてさげすまれたことや低い給与などによって、中国における教師の地位は低く、就職先としての人気も低かった。これを改めるため様々な教師の地位向上策がとられてきた。

教員の資格制度はなかったが、1993年の「中華人民共和国教師法」などによって整備が進んだ。小学の教員になるには中等師範学校以上の学歴が必要であり、初級中学、高級中学の教員もそれぞれ、高等師範専科学校あるいはその他の大学専科卒業以上、高級師範院校本科あるいはその他の大学本科卒業以上の学歴が必要となる。つまり高級中学の教員資格をもつ者は自動的に小学・初級中学で教えることができ、また小学校から教科ごとに教員が異なるため、日本のように小学の教員免許が特別視されていることとは異なる。

また教員の職務には高級教師、一級教師、二級教師、三級教師のように段階があり、待遇や職務に差をつけている。昇格は学歴や学位、経験、試験、審査などによって決定される。

なお農村部を中心に教員不足を補うために採用した無資格の教員が存在する。彼らは学校や自治組織が給与を払っており、教員のなり手がいなかった農村部での教育に大きく貢献した。「中華人民共和国教師法」により資格制度が確立してからは減少傾向にあり、国家は通信教育や短期研修等によって教員資格をもつよう勧めている。

この他にも9月10日を教師の日を制定して優秀な教師を表彰したり、給

与を上げたりするなどして教師の地位向上には大きな努力が払われてきた。その結果、男性がお見合い相手として希望する職種の1位に、高給で安定している教師があがるなど、一定の効果はあらわれているようである[30]。

(4) 政府の財政難と地方への権限の下方委譲

　中国は中央集権的な要素が強い国という印象があるが、初等中等教育に関しては中華人民共和国成立当初から、国が大まかな方針を定めた後は、実際の管理運営に関しては地方政府の教育部門にある程度の裁量が認められていた。これについては広大な国土に多様で莫大な人口を抱え、すべてにわたって国が介入できるほどの財源や方策をもたなかったためであり、これまで地方政府教育部門が「実情に応じて」おこなうようにというような指示はしばしばみられてきた。

　これが近年は法的根拠も含めて明確に、急速に地方への権限の下方委譲をおこなうようになってきている。そこでは地方政府や各学校の自主性を認めるとともに、多様な資金集めを認めるなど、地方の状況にあわせた教育をおこない、地方や学校の活力に期待する改革がおこなわれている。

　既述の通り、初等中等教育は従来から地方に管理運営が任されていたが、近年の改革によって国家がおおまかな制度や基準、方針を定め、地方がこれに則って個別の計画を立て、管理することが明文化され、それまで学校運営に関わっていなかった農村部の末端レベルも関与するようになった。また地方下級政府が教員人事、学校財務などの権限を学校に与え、教員の給与をその能力や実績によって校長が管理するという、学校への権限の下方委譲という動きも広がっている。

　高等教育についても、カリキュラム編成や教員人事、学校財政や独自の収入確保、入学定員などについて、高等教育を管理していた中央各部門から地方政府へ、政府から各学校へと権限が下方委譲されている。

　なお、国から地方政府へ、地方政府からより下の地方政府、あるいは学校へという権限の下方委譲を進める一方で、政府や上級地方政府が地方政府や学校が国の法律や政策方針に合わせた運営を行っているかどうか監督、検査、

評価するための視学制度や評価制度も整備されてきている。

　こうした教育行財政に関する下方委譲がおこなわれた背景には様々なものがあるが、やはり一番大きいのは中央政府・地方政府の財政難である。1980年代には校舎の崩壊、その後は教員の給与の遅配などがおこり、中央も教育関係の支出を積極的に増やす方針を出してはいたが、このような状況を改善できるだけの余裕をもってはいなかった。そこで様々な方法で、教育費の不足を補う努力が続けられてきた。それには地方が徴収し、使用用途を教育に限定した教育税（教育費付加）の導入、学校や大学による企業経営、児童生徒学生からの雑費や納付金収入、寄付金の徴収などがある。ただしこれらにも問題が生じており、例えば雑費があまりにも高くなり、学校に通えない子どもが出ている、寄付金が強制的に割り当てられるために主に農民の負担が過重となっている、といった問題がしばしば報告されている。また教育と生産労働の結合が主な目的であった学校の企業経営も、近年では収入源としての意味が強くなってきている。こうした中で、公立学校がその設備や教師といった資源を利用して民営学校を経営するという現象も起こっている。

　現在財政難を補う方策として期待されているのは、改革開放および市場経済化によって増加している民営学校である。1992年頃から都市部で増加し始めた民営学校は、国家レベルでの奨励も手伝って、順調に増加を続けている。2007年の時点でその在学生数比は小学から高級中学まで約4～9％程度に達しており、経済発展や一人っ子政策によって教育にかけられる費用が増加していることもあり、今後もその伸びは期待されている。高額な学費を必要とする「貴族学校」や営利優先主義、進学重視の教育や徳育の軽視、学校の倒産など問題も少なからず抱えているが、地方へも拡がり始めたこの民営学校は中央地方の政府のなすべき役割を肩代わりしてくれるものであり、今後義務教育の普及や教育の充実に大きく貢献する可能性を有している。

　以上、中国の教育制度・学校制度について、まず清朝末期に初めて近代学校制度が導入されて以来の動きを確認し、続いて中国の学校の現状を確認した。また学校段階ごとの学校の仕組みや科目編成など中国の子どもが経験す

る学校の状況について触れた後、受験競争や「素質教育」改革など学校制度改革に関連する事項について説明した。

注

1 黄書光主編『中国基礎教育改革的歴史反思与前瞻』天津教育出版社、2006年、5-7頁。
2 同上書、5-7頁。
3 劉英傑主編『中国教育大事典（1840-1949）』浙江教育出版社、2001年、12頁。
4 黄書光主編、前掲書、8-9頁。
5 李国鈞・王炳照主編『中国教育制度通史』第7巻、山東教育出版社、2000年、9-30頁。
6 同上書、30-33頁。
7 龔乃伝編『中国義務教育学制改革大思路』人民教育出版社、1995年、64-65頁。
8 同上書、64-65頁。
9 斉藤秋男『中国現代教育史－中国革命の教育構造』田畑書店、1973年、22頁。
10 王炳照・閻国華編『中国教育思想通史』第六巻、湖南教育出版社、1994年、199頁。
11 「児童の心身発達時期により各段階の教育計画を決める」、「初等教育の進学進級には弾性制を用いる」（王炳照・閻国華編、同上書、198頁）。なお、「弾性制」とは地方が状況に応じて、教育内容をしっかりと消化できる年限に定めてよいとする制度のこと（卯厚実「論弾性学制」国家教育委員会・中央教育科学研究所『教育研究』1987年第11期、26-30頁など参照）。
12 ①龔乃伝編、前掲書、45頁、②文部省調査普及局編『現代中国の教育事情－六・三・三制を中心として－』刀江書院、1949年、3頁。
13 中国教育年鑑編集部編『中國教育年鑑1949-1981』中国大百科全書出版社、1984年、78頁。
14 買弁とは、外国商人が貿易の仲介人として雇った中国人のこと。ここでは、外国の手先というような意味で使われていると考えられる。
15 高奇『新中国教育歴程』河北教育出版社、1996年、12頁。
16 ①卓晴君・李仲漢『中小学教育史』海南出版社、2000年、19-25頁、②高奇、前掲書、11-17頁。
17 高奇、前掲書、17-22頁。
18 政務院「関於整頓与改進小学教育的指示」（1953年11月）、中国教育年鑑編集部編、前掲書所収。
19 卓晴君・李仲漢、前掲書、74-83頁。
20 中国教育年鑑編集部編、前掲書、91-92頁。

21 同上書、92-93頁。
22 ①卓晴君・李仲漢、前掲書、131頁、②李文長編『基礎教育改革的回顧与前瞻』人民教育出版社、1998年、109-110頁など参照。
23 中国教育事典編委会編『中国教育事典・初等教育巻』河北教育出版社、1994年、110頁。
24 ①周全華『文化大革命中的教育革命』広東教育出版社、1999年、169-172頁、②王炳照・閻国華編、前掲書、81-84頁。
25 溝口貞彦「中国」伊藤和衛編『公教育の歴史』(講座公教育体系2) 教育開発研究所、1988年、352-353頁。
26 ①溝口貞彦『中国の教育』日中出版、1978年、57頁、②中国教育年鑑編集部編、前掲書、123頁など参照。
27 第2章第4節および第5節についての主な参考文献は以下の通り。
天児慧他編『岩波現代中国事典』岩波書店、1999年。
大塚豊「中国の教育」石附実編『比較・国際教育学』東信堂、1996年、163-181頁。
本間政雄・高橋誠編『諸外国の教育改革－世界の教育潮流を読む　主要6か国の最新動向－』ぎょうせい、2000年。
牧野篤『民は衣食足りて－アジアの成長センター中国の人づくりと教育』総合行政出版、1995年。
中国人民大学書報資料中心編『複印報刊資料　中小学教育』各年各月版。
中国人民大学書報資料中心編『複印報刊資料　教育学』各年各月版。
なお統計資料は主に、中華人民共和国教育部ホームページ (http://www.moe.edu.cn/) 内の「2007年教育統計数拠」(2009年6月20日ダウンロード) による。
28 真夏に試験をおこなうことは受験生の負担が大きいという配慮によって変更された。
29 大学入試が再開された1977年は、文系が政治、語文、数学、史地 (歴史地理) であり、理系が政治、語文、数学、理化 (物理化学) の4科目ずつであった。翌1978年から文系が政治、語文、数学、歴史、地理、外国語となり、理系が政治、語文、数学、物理、化学、外国語の6科目ずつになった。その後、1980年に農学系、医学系については生物が含まれ、翌1981年から理系全体に生物が課されるようになって、文系6科目、理系7科目の試験が定着した (北京教育考試院編『北京普通高等学校招生改革与発展：1977-2002年』北京師範大学出版社、2005年、1-136頁)。
30「教師こそ理想の妻？－好待遇・高学歴に男性殺到」『朝日新聞』1999年9月25日付。

第3章　中国の学校教育における多様化と地方化

1．はじめに

　中国では文化大革命終結後、全国的な教育の普及・充実に取り組んできており、現在まで一定の成果をあげている。こうした中で、教育全体で急速に進められているのが地方や学校への権限の下方委譲である。

　本章では、1990年代後半からの比較的最近の改革を題材に、教育の多様化と地方化について論じる。まず後の議論のため、中国の教育行政の階層性の特徴について説明する。その後、この枠組みの中において、地方や学校へ権限の下方委譲が図られていることを示す。具体的には、基礎教育カリキュラム改革により、義務教育段階の9年を一貫としたカリキュラムが作成されるとともに、地方や学校に一定の自主権が与えられたこと、高級中学入学試験や大学入学者選抜方法において、地方や学校へ権限が下方委譲され、多様化する傾向が強まっていることをとりあげる。これらにより、地方や学校への権限委譲は大学入試に至るまでみられる共通の現象であることを示すとともに、第4章以降で議論を進めていく、1980年代、1990年代を中心とした権限の下方委譲は、その後も続いている現象であることを示す。

2．中国における教育行政の階層性

　日本の文部科学省に相当する国の教育行政部門は教育部[1]である。日本の内閣に相当する国務院の序列では5番目に位置しており、教育は国家の中でも特に重視されている分野のひとつである。教育部は中国共産党中央委員会や国務院の方針に従って、国家レベルでの教育政策・教育計画を策定し、地方教育行政部門へ指示を伝える。また特に困難を抱える貧困地区や少数民族

地区に対しては、直接的に援助や指導をおこなうことがある。

この教育部の指示を受け、実際に具体的な策を講じるのが地方教育行政機関である。まず日本の都道府県に相当する省・自治区・直轄市レベル(以下、省レベルと表記)の人民政府があり、その下に市・県・区などのレベル(以下、県レベルと表記)の人民政府、さらにその下に郷・鎮レベル(以下、郷レベル政府と表記)の人民政府があるという3段階構造(北京市や上海市などの直轄市には市・区の2段階構造もある)になっている。教育行政部門は省レベル、県レベルと一部の郷レベル[2]人民政府に設置されており、教育庁、教育局、教育処、教育委員会などと呼ばれている。

また、中国における行政組織の特徴として、あらゆるレベルにおいて、教育行政部門でなくても、関連する他の行政部門が教育に深く関わっていることがあげられる。例えば職業教育に関しては、労働、人事、農業、財政などの行政部門が、時には教育行政部門と共同せずに法規を制定したり、学校を設置したりすることがある。また現在は減少しているが、教育部以外の中央省庁が大学などの学校を直接管轄している場合もある。

1995年制定の「中華人民共和国教育法」では、教育事業に関わる最下級単位は県レベル教育行政部門としており、特に初等中等教育に関しては、特別なものを除いて、通常県レベル政府が設置運営をおこなうことになっている。

9年間の義務教育を核とする基礎教育については、国のマクロ指導のもと、

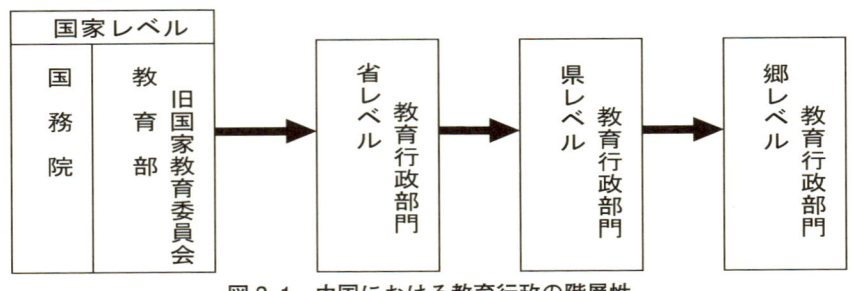

図3-1 中国における教育行政の階層性

地方が責任をもち、レベルごとに分けて管理する体制をとることになっている。現在具体的には以下のような権限の分割がおこなわれている[3]。

　国家教育部は基礎教育の法規、方針、政策および総合的な発展計画と基本学制を制定する責を負う。また貧困地区、民族地区、教員養成を補助する専門の基金を設立する。地方教育当局の事業に対しては、監督指導等を行う。
　省レベル政府はその地区の基礎教育実施事業に責任をもつ。そこにはその地区の基礎教育発展計画と小中学校の教学計画の制定、義務教育の評価と検査を組織することを含む。貧困地区、少数民族地区の補助に用いる専門の基金を建立し、県レベルの財政教育事業費に困難がある地区には補助を行う。
　県（市、区）レベル政府は義務教育の実施に関して主要な責任を負う。そこには教育経費の統一的な計画配分管理と、小中学校の校長、教師の配分と管理、小中学校教育の教学事業の指導等を含む。
　郷レベル政府は管轄地区の義務教育の執行事業の責任をもつ。

こうした責任は財政面にも及んでいる。国や省からの交付金や義務教育普及などの特別な目的をもった交付金をもとに、従来は実質的には郷レベル政府、現在は県レベル政府の責任のもと、運営される。財政的にも地方の自立性が高まったことは、地方がより柔軟に弾力的に教育を運営することを可能にした。ただし一方で最も財政的基盤の弱い県、郷レベル政府が義務教育の責任を負うことは、各地の格差を拡大させる結果も引き起こしている。
　またこの「地方負責、分級管理（地方が責任をもち、段階を分けて管理）」という方法については、これによりかえって国家のマクロな監視体制が強まったという見方もあり[4]、たしかにそういった面も存在する。ただしそれまで口も出すが金も少々出していた国が、金をほとんど出さなくなったことで、国が決めても、それを採用するかどうかについては地方政府教育部門に決定が委ねられる部分が多くなっていることは確かといえよう。

3. 基礎教育カリキュラム改革におけるカリキュラムの多様化と地方化

　中国では1999年頃から2000年代半ばにかけて幼児園から高級中学まで、カリキュラム改革が進行した。これまでの知識偏重、教師から子どもへの知識の伝達という一方的な教授方式を改め、子どもが積極的で主体的な学習態度を形成できるような教育をおこなうことがその目標である。

　このカリキュラム改革における象徴的な変化は、わが国の学習指導要領に相当する「教学大綱」を「課程標準」へと転換する方針が明確になったことである。これまで厳格な規定として学校・教師を直接的に指導する役割を果たしてきた「教学大綱」に対して、「課程標準」は比較的柔軟な規定となっており、具体的な授業計画案を盛り込むなど、現場での授業実践を意識したつくりとなっている。ここでは、カリキュラム改革の具体的な方針を示した教育部の「基礎教育課程改革綱要（試行）」（2001年6月、以下、「綱要」と略記）およびこれを具体化した「課程標準」と前回のカリキュラム改革時（1992年）の「教学大綱」とを比較しながら、その変化の様子を確認する[5]。

　まず、「綱要」が総合的な科目を低学年に積極的に採り入れるよう指示しているのにあわせて、科目構成が変化している。例えば理科に関しては、これまで小学では「自然」、中学校、高級中学では「物理」、「化学」、「生物」が配当されていた。これに対し新課程では、小学1、2年生に科学、品徳と社会、総合的な実践活動を総合した「品徳と生活」、小学3〜6年生に「科学」が配当され、中学校では総合的な「科学」を開設するか、それとも分科の「物理」、「化学」、「生物」それぞれを開設するかを地方、学校が選択することになった。高級中学ではこれまで通り「物理」、「化学」、「生物」が配当されている。なお、地学的内容は「地理」や「物理」等に分散しており、独立した科目は作られていない。このように地方、学校が選択する部分が増えたことが、この改革の大きな特徴ということができる。

　例えば管理に関しても、国だけでなく、地方、学校が現地の状況に応じて柔軟に対応できるようになっている。地方でも教科書が作成できるようになったことにあわせて、教材編集者や学校、教師が柔軟に対応できるような配慮が随所になされている。例えばこれまで各科目の授業時数等は教育部が

表 3-1　義務教育段階における理科の科目名と配当時間の変化

学年	小1 (1年)	小2 (2年)	小3 (3年)	小4 (4年)	小5 (5年)	小6 (6年)	初中1 (7年)	初中2 (8年)	初中3 (9年)	総時数
1992 課程計画 (試行)	自然①	自然①	自然①	自然①	自然②	自然②	生物③	物理② 生物②	物理② 化学③	自然272 物理170 化学 96 生物170
2001 課程設置 実験方案	(品徳と生活)	(品徳と生活)	科学	科学	科学	科学	科学 (or 物理、化学、生物)			(666.5-857.0)
			9カ年総時数9522時限のうち7〜9％（週平均2.7〜3.5コマ）							

出典：国家教育委員会「関於九年義務教育全日制小学、初級中学課程計画（試行）」、1992年8月6日、および教育部「義務教育課程設置実験方案」、2001年11月19日より作成。なお1992年は6・3学制用を利用し、○内は週平均時数。2001年の週平均時数は9カ年分の7〜9％を、科学等が配当される小3〜初中3までの7年間で単純計算した。

詳細に規定していたが、新課程では小中9年間のうち、全体の7〜9％を理科的科目に充てるようにという指示があるだけで、具体的な配当学年、時数等は地方、学校が決定することになっている。また通常の科目以外に、地方、学校が科目、内容を自由に決定できる時間が全体の16〜20％へと大幅に増加（それまでは地方のみ週1、2時限程度）している。特に学校が独自に準備するカリキュラムには注目が集まっており、学校の周囲の問題やSARSの問題など、地域性、時事性を重視したカリキュラムの開発が期待されている。

　また子どもの選択肢を増やすことも重要な取り組みのひとつとされている。これまで高級中学では、それぞれの科目において、必修科目と受験対応の選択科目の2つが用意されているだけであった。新課程では単位制を基本とし、生徒の興味関心や進路に合わせるため多様な選択科目が用意されている。例えば物理では、必修の「物理1」、「物理2」に加えて、目的別に3つの系列（事実上、就職希望者向け、大学文系進学者向け、大学理系進学者向け）に分かれ、それぞれが難度・深度の異なる2〜5段階に分けられた計12科目（すべて2単位）が用意されている（図3-2参照）。例えば大学の理系進学を希望する生徒は、2つの必修科目のほか、理系進学者向け系列のうちの最も難易度が低いものを1つ選択必修として学習し、その他は大学での専攻や他の科目との兼ね合いも考えながら選択して履修することになる。3年間で必修116単位と、地方・学校指定の選択科目（最低6単位）を含めた選択科目28単位、合計144単位を取得すると卒業資格が与えられる。

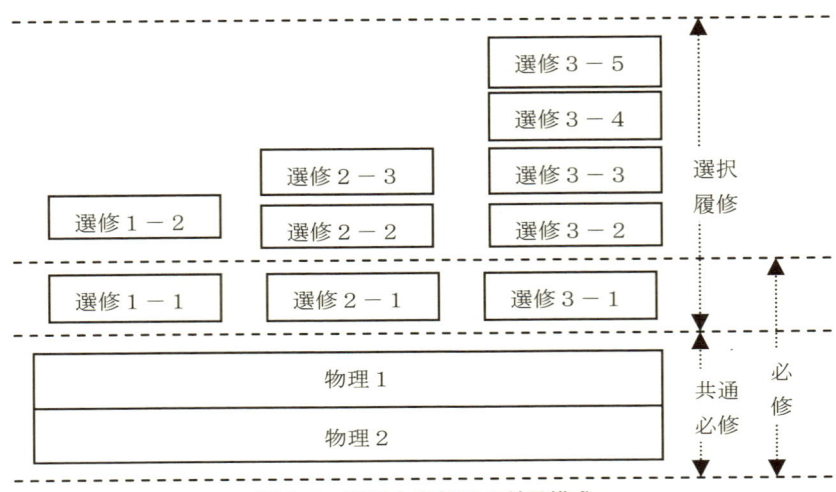

図 3-2　高級中学物理の科目構成

　当然のことだが、教育内容・教育方法の改革も重視されている。特に多すぎると批判の多かった知識量は、身近にあるもの、現代社会と関連の深いものに絞るなどして減らされている。例えば初級中学化学の「教学大綱」では身につけるべき知識と実験技能があわせて 128 項目指定されていたが、「課程標準」では知識、技能、観念などあわせて 100 項目に減らされており、その分、実験実技や実際の生活に関連した研究などの項目が増やされている。またこれまで知識や実験の結果のみを重視してきたことを改め、その過程や方法を重視し、同時に自主的な活動を増やそうとしている。例えば金属に関して「教学大綱」では、「鉄の物理的性質」、「さびの発生と防止」などを理解することが主題であったが「課程標準」では「金属材料生産の、生活と社会発展における重要な作用を知る」ことが目標となり、「金属材料の利と弊」について調査研究や討論をおこなうことなどを提示している。テストにおいても、「問．酸性雨は空気中の（　　）が多すぎることから引き起こされる」といった穴埋めで知識を問う問題を減らし、「問．実生活における酸性雨の形成、害と防止について、自分の意見と評価を書きなさい」といった問題に変えることを求めている。

上記の内容と関連して、教育目標や教育評価にも大きな変化がみられる。これまでの筆記テスト第一主義を改め、教師の評価と同時に、自己評価や級友の評価、家族の評価、専門家の評価なども加えて評価主体を多様化して、多角的な評価をおこなうことを提示している。

なお既述の通り、教科書については1980年代から多様化が進行している。教科書は、従来は国定制であり、国全体で同一の教科書を使用していたが、現在は日本の検定制に近いものとなっている。よってこれまで国定教科書を作成してきた人民教育出版社のほか、地方政府などが独自の教材を作成しており、都市部向け、農村部向け、辺境地向けなどにタイプ分けされたものを地方政府が選択することになっている。

このように、このカリキュラム改革では、これまでの中央集権的な傾向から脱し、地方や学校が選択・決定する部分の増加および児童・生徒の選択性の増加という傾向がみてとれる。中央集権的な中国において、初等中等教育については以前から地方にまかされている部分が多くあったが、カリキュラムに関しては中央がかなりの影響力をもっていた。この部分について地方への権限委譲という傾向がみられたことはとても興味深い変化ということができよう。

4．高級中学進学試験（中考）の変化

中等教育は、その成り立ちからして大学進学を目的としたエリート養成教育と、国民全体の底上げを目的とした民衆教育の狭間にあり、進学の際の選抜方法や教育内容などで問題の多い、扱いの難しい段階である。また大学入試と同じような厳しい選抜がおこなわれる場合でも、子どもたちの発達の状況や将来性に配慮した試験であることが求められる。欧米からある程度完成した形の学校制度を導入した後発諸国においても、こうした相反する目的をもった教育をひとつにまとめていくことには大変苦心している。

中国では、前期中等教育段階にあたる初級中学卒業生の主な進学先には、重点高級中学を含む普通高級中学と、職業教育系学校（中等専門学校、技術労働者学校、職業高級中学）がある。特に重点学校を中心とした普通高級中学へ

の進学は、門戸の狭い大学入試に匹敵する厳しい関門ということができる。

　その一方で前期中等教育段階と後期中等教育段階の接続は、普通教育と職業教育の主たる分岐点と位置づけられてきた。計画経済体制下においては、国の総合的計画に基づいて算出された割合・人数が職業教育に配分されていた。例えば中等専門学校の卒業生は大学卒業生と同様に政府が主導して計画的に職場に分配された。しかし、改革開放政策や経済体制改革の進展などにより、国が卒業生の進路を決定する意味は薄れ、分配制度も基本的には廃止された。また、地方への権限の下方委譲が進んだことにより、普通教育と職業教育の比率は、国の目標設定に沿う形ではあるものの、事実上地方政府がそれぞれの状況に応じて決定するようになっている。これにより、後期中等教育段階の職業教育が抱えていた問題点が次々と表出しており、職業教育を拡大させる政策がとられているものの、職業教育在学生数が全体に占める割合も当初国が計画していたものを下回っている。大学進学者数の増加により大学進学が多くの者にとって現実的なものとなってきており、普通教育志向の傾向は今後も強まっていくと考えられる。

　こうした重点高級中学と一般高級中学、普通教育学校と職業教育学校への進学者を選抜する役割を果たしてきたのが、中考と略称される初級中学卒業・高級中学進学試験である。この試験は従来、大学入試のミニチュア版として、高級中学進学者を選抜することを最大の目的として機能してきた。その後断続的に改革がおこなわれてきたが、多くは大学入試改革と類似しており、中等教育段階における接続部分であることがあまり意識されていなかった。しかし、初級中学卒業者の増加、職業教育の拡大政策を背景に、9年制義務教育の修了を認定し、初級中学とそれ以降の学校を接続するという機能も徐々に重視されるようになった。その結果、試験方法や問題、さらに実施主体についても、中等教育段階であることを意識した改革がおこなわれるようになってきている。

　本節では、中国における初級中学と高級中学の接続に関する考察として、1990年代後半から全国的に進行してきた初級中学卒業・高級中学進学試験、中考の改革の様子を概観・分析する。特に試験に関する権限が下方委譲され

ていることに注目しながら、中等教育における卒業・進学試験のあり方について考えていく。

（1）従来の中考

　従来中考は、単純に後期中等教育段階への統一進学試験であったが、その後初級中学卒業試験を実施する地区が増加したことで、この両方を兼ねて省・自治区・直轄市レベルにおける統一試験として実施されるようになった。普通高級中学だけでなく、中等専門学校、職業高級中学、技術労働者学校も含めて、省が新入生募集を統一的に管理し、統一的に出願し、統一的に問題作成し、統一的に試験を実施し、それぞれの学校が採用する方法であった[6]。後で述べる大学入試と比べると、実施主体に国と省という違いはあるものの、その実施形態は極めて酷似しており、いわば大学入試のミニチュア版といえるものであった。

　一般的な試験の流れは次の通りである。受験生は志望校を重点学校と非重点学校それぞれ3校申請し、語文（国語）、数学、外国語、物理、化学、生物の6科目を受験する。この試験結果をもとに、まず重点学校が、受験生の得点に調査書の内容も加味しながら選考し、定員を満たす。続いて非重点学校が残った受験生の資料をもとに選抜をおこなう。同様に職業系学校もこの試験の結果をもとに選抜をおこなっている。

　こうして卒業試験と進学試験を1回でおこなう中考は、それまでばらばらにおこなわれてきた試験に比べて統制がとれており、普職比率の調整などマクロなコントロールが効きやすいものでもあった。教育行政部門にとっては、問題作成、試験実施、採点などにおける資源投入や負担を減らすことができ、効率的であった。受験生にとっても、試験が1回であることは負担が少ないと考えられていた。ただし大学が十分にない状況にあっては、重点高級中学への進学が大学進学のための唯一の道といえるため、この高級中学進学試験は大学入試と並ぶ、あるいはそれを超える難関とも理解されており、「1回の試験が人生を決める」という言葉も盛んに用いられていた[7]。

　またここにはこの試験が構造的に抱えるもうひとつの大きな問題があった。

それは、この1回の試験が、9年制義務教育の修了となる初級中学卒業の学歴認定と、後期中等教育段階の各学校の合格者選抜の両方の役割をもっていることである。つまり、初級中学の卒業認定試験として大多数が合格できる問題にしなければならない一方で、優れた生徒を選抜する問題も入れなければならないことになる。

　一般に、初級中学卒業試験は95％以上の合格率が要求されている。その結果、試験問題は平易な問題が多く配置されており、残ったごくわずかの「難問」によって重点中学進学者を選抜しなければならない状況となる。こうした設問構成になると、試験のポイントは、どれだけ問題を解けるかではなく、どれだけミスをしないか、というものとなってしまう。その結果上海市のある区では連続して上位10人のうち9人を女子生徒が占めるという不自然な結果となったという報告がある。初級中学卒業試験と高級中学進学試験を兼ねる中考は、全体的な底上げと選抜という中等教育が抱える難しい立場そのものを表すものとなっていた[8]。

（2）大学入試改革に追随する中考改革

　こうした問題を解決するために、1990年代後半から、各地で様々な中考改革がおこなわれた。それらの多くは、当時進行していた大学入試を範としたと思われるものであった。

　代表的なものが、初級中学卒業試験と高級中学進学試験を別々におこなうという方法である。これは1980年代中盤に、大学入試の科目数を減らすこと、高級中学の教育の質を向上させることを目的として上海市で開始された、高級中学修了認定試験試験（高中会考）と同様の性質をもつもので、初中会考と称されることもある。この卒業試験と進学試験の分離は上海市が1995年に一部の区や県で実験を開始し、2000年から全面的に実施しており、その頃全国各地でもおこなわれるようになった。1999年の教育部「初中卒業、進学試験改革に関する指導意見」には、2つの試験を一緒に実施しても、分離して実施してもよいこと、分離して実施する場合には、卒業試験を徐々に初級中学が自ら問題作成および試験実施する方向へと進めていくこと、とい

う意見が出されている。2001年時点において3割程度の地区で、卒業試験と進学試験を分離している[9]。

初級中学卒業試験と高級中学進学試験を分離している地区では、一般的に以下のような手順で新入生募集がなされる。まず地区内統一の初級中学卒業試験（初中会考）が課される。これは義務教育の修了認定試験として基礎的な問題設定がなされ、これにより初級中学の卒業、修了、不合格等の判定がなされる。この結果に応じて、重点学校や師範学校については卒業認定者に、その他については卒業あるいは修了認定者に受験資格が与えられ、その後、発展的応用的な問題を解ける力をみる統一高級中学進学試験や技能試験、口頭試問などが課されることになる。なお初級中学卒業試験は、職業学校の入学試験を兼ねる場合もあり、また高級中学進学試験の際に参考にされることもある[10]。

このように卒業試験と進学試験を分離したことによって、それまでの中考が抱えていた試験問題の構成や「1回の試験が人生を決める」状況が改善さ

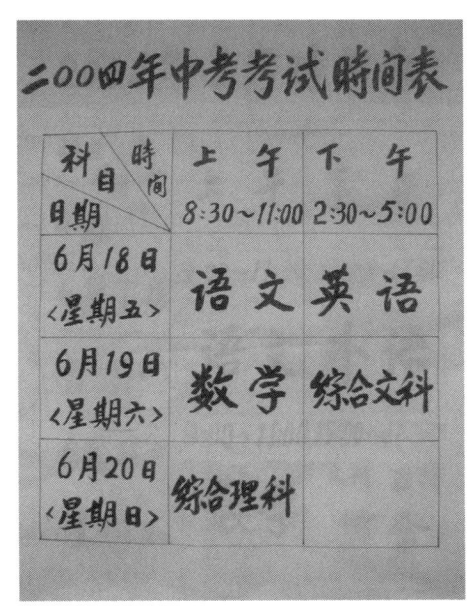

写真3-1　中考試験の時間割（貴州省）

れることになった。

　ただし、中等教育修了資格試験（高中会考）が、現在もその地位を完全には確立していないのと同様、この分割試験の評判は上々とはいえない。この原因は視点を教育行政部門の立場にもっていくと、みえてくることになる。地区の教育行政部門にとって、計画に基づいて的確に普職分離を実行し、また優秀な生徒を自らの地区の普通高級中学に入れておくことは、その地区の大学進学率を高めるために重要なことである。ここにこそこの制度の意味があることになる。こうした観点からみると、卒業試験と進学試験を同時におこなう状況は、問題構成の問題や男女比の問題からうかがえるように、大学入試において高い点数をとれる優秀な生徒をしっかりと把握するのに適した状況とはいえない。試験を2回に分け、難度や傾向の異なる2度の試験を経て、生徒を的確に普職分離し、優秀な生徒を確保するために最適な制度ということになる。実はこうした状況は大学入試と高中会考においてもみられるものである。高中会考によって一度生徒を選別し、高考受験者を限定することで、高級中学の大学進学率があがることになる。結局こうした分割試験は、生徒の負担を増やしてしまうものということもできる。「一発勝負」ではなくなったといっても、受験生は結局2度の試験に全力を投じる必要があるからである[11]。

　また分離はしなくても、大連市が2000年から導入した方式のように、試験問題をA巻（卒業試験問題）、B巻（進学試験問題）の2つを作成し、両方を解かせた上で、進学試験の資料としては、A巻の点数の50％とB巻の点数を合わせたものを得点として出す、というようなところもある。これも試験は1回だが、発想は同じといえよう[12]。

　他にも、1990年代後半から中考改革にみられる現象は、大学入試を意識したもの、模倣したと思われるものが多くある。

　現在大学入試では、試験回数やその種類を増やす「多次」「多種」試験が試行されており、受験生の成功のチャンスを増やすものとして採り入れられている。中考でもこうした流れがあるが、少々状況が異なる場合がある。例えば、分離試験を実施することは、卒業試験だけで職業学校への進学が内定

することもあるなど、受験機会を増やしたもののひとつということができるが、それは普通教育と職業教育の狭間にいるような生徒にとっては、1回目の普職分離試験となることを意味する。つまりこの試験に失敗することは、普通高級中学への進学の道を閉ざされることを意味している。中考において受験機会を増やすことは、成功の可能性を増やすとは限らず、減らす可能性もあるのである[13]。

　また遼寧省が2001年から採り入れたのは「3＋X」、つまり語文（国語）、数学、外国語の基本3科に加えて、「理化綜合」という、物理、化学およびその両方の内容を含む問題が8：6：1程度の割合で構成される試験科目と政治が課されるものであった。また2001年から広東省広州市の一部では「4＋X」、つまり基本3科と政治に加えて、物理もしくは化学を受験生が選択して受験する方式が導入されている[14]。

　「3＋X」という言葉は大学入試で盛んに用いられている用語であり、この改革は、大学入試において各地で採り入れられている基本3科に加えて文科綜合、理科総合、文理綜合を志望校の指定により選択して受験する方式を模倣したものといえる。

　しかし初級中学卒業という早い段階において、試験科目を限定してしまうこと、特に理科偏重の傾向から、理系科目が主な試験科目となって、社会科系統が入れられていないことには問題が指摘されている。専門的な学習を始めるための選抜である大学入試においては合理性があるとしても、初級中学卒業の段階での科目の偏り、特に極端な理科系偏重は、生徒の学習や考え方に偏りが生ずる危険があると考えられる[15]。

　このように、もともと大学入試のミニチュア版といえた中考改革は、1990年代後半から全国的に新たな改革が実施されてきたが、その多くがやはり大学入試改革を意識し、模倣したと感じられるものであった。その結果、様々な問題点が指摘されており、その原因のひとつとして、教育行政部門の視点からの改革という意味が強く、受験する子どもたちの将来性に配慮する必要がある、という視点が欠けていたことが指摘できよう。

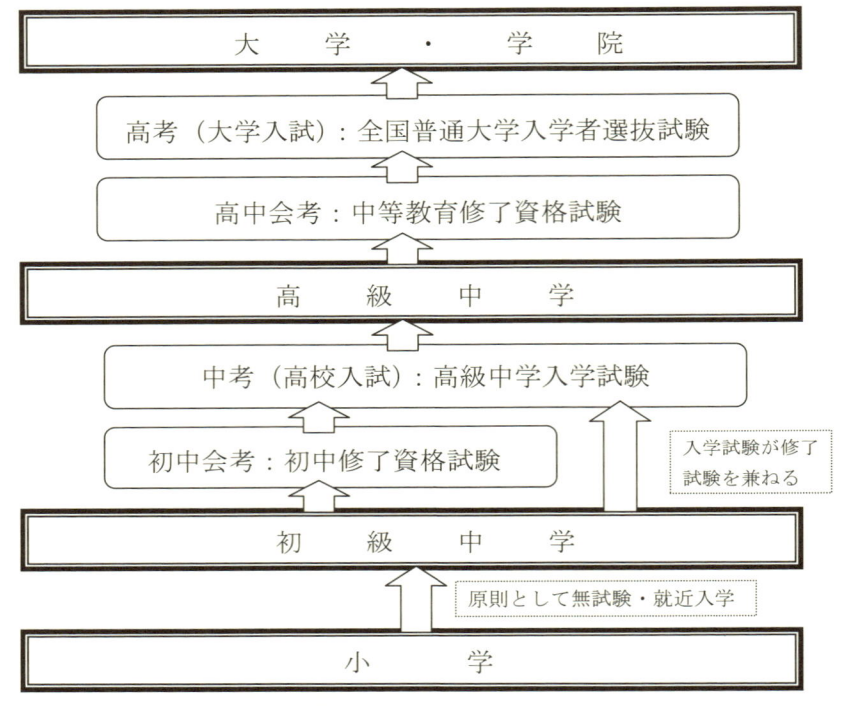

```
            ┌─────────────────────────┐
            │   大 学 ・ 学 院          │
            └─────────────────────────┘
                      ↑
         ┌──────────────────────────────────┐
         │ 高考（大学入試）：全国普通大学入学者選抜試験 │
         └──────────────────────────────────┘
                      ↑
         ┌──────────────────────────────────┐
         │ 高中会考：中等教育修了資格試験          │
         └──────────────────────────────────┘
                      ↑
            ┌─────────────────────────┐
            │   高 級 中 学            │
            └─────────────────────────┘
                      ↑
         ┌──────────────────────────────────┐
         │ 中考（高校入試）：高級中学入学試験      │
         └──────────────────────────────────┘
                      ↑              ┌──────────────┐
         ┌──────────────────────────┐│ 入学試験が修了 │
         │ 初中会考：初中修了資格試験   ││ 試験を兼ねる   │
         └──────────────────────────┘└──────────────┘
                      ↑
            ┌─────────────────────────┐
            │   初 級 中 学            │
            └─────────────────────────┘
                      ↑       ┌──────────────────┐
                              │ 原則として無試験・就近入学 │
                              └──────────────────┘
            ┌─────────────────────────┐
            │   小     学             │
            └─────────────────────────┘
```

図 3-3　普通学校段階進学に必要な試験

（3）カリキュラム改革実験区の動向

　2000 年前後から全国的に進行してきたカリキュラム改革において、その実験区に指定されいち早くカリキュラム改革を実施した地区においては、当然のことながらいち早く卒業・進学の時期を迎えることになる。この地区での卒業試験・進学試験の実施方法をみることは、全体の動向を占う上で重要といえよう。この改革では、これまでのような大学入試改革の丸写しとはやや状況が異なり、9 年制義務教育の修了地点、中等教育段階における接続部分であることを意識している様子をうかがうことができる。

　カリキュラム改革実験区では、試験の点数のみで合格者が決まってしまう状況を改めることを主目的として次のような方法を採用している[16]。

第 3 章　中国の学校教育における多様化と地方化　87

　まず教育行政部門が初級中学卒業生学業試験を実施する。この結果は点数ではなく、等級で表される。また初級中学は生徒の総合資質評価をおこなう。これは、道徳性、公民素養、学習能力、交流と協力、運動と健康、審美と表現の 6 項目を基礎として日常の様子から実証的に判定し、総合的なコメントと等級をつけるものである。高級中学は原則としてこの試験と評価をもとに入学者選定をおこない、必要に応じて、追加試験をおこなうことができることになっている。その試験は生徒の創造性や実践力、知識を総合的に運用し問題分析・解決能力をみることを主とし、面接や口頭試問といった方法もとることができる。

　この方法がどの程度予定通りおこなえているのかは不明であるが、得点による序列からの脱却という意味だけでなく、内申のようなものをより重視しようとしていることなどから、大学入試の丸写しという状況からは脱しようとしている様子がうかがえる。

（4）試験実施・試験問題作成権の下方委譲

　こうした初級中学と高級中学の接続における試験方式の改革が進行すると同時に、試験実施主体の下方委譲も進行している。従来は省レベルにおいて統一的におこなわれてきたが、現在はその下の地域市レベルにおいても多く問題が作られている。例えば北京市は 2000 年から試験実施主体を区や県に下方委譲している。全国的にも 2002 年において試験問題を作成している部門数は 140 を超えており、かなりの省が問題作成権を下方委譲している様子がうかがえる。このように問題作成権を下方委譲することは、現地の生徒の実際の状況に応じた問題作成ができるという利点がある一方で、市レベルではまだ問題作成の経験も少なく、人材も足りない状況では当然のことだが、試験問題の質が低いことが報告されて問題となっている[17]。

　このように現在の動向としては、問題作成権は上級教育行政部門の指導のもと徐々に下方委譲を進める方向にある。ただし進学試験についてはその科学性や公平性、公正性を特に重視する必要があるので、省レベルでおこなうか、省レベル教育行政部門が認めた地区から下方委譲していくことになって

いる。また省レベルが中心的な問題を出題し、地域市レベルがそれを補充する形で現地の状況にあった問題を出題する方法もあり、すでにいくつかの地域で実施されている[18]。

卒業試験については、今後も卒業生が増えていくような地区では統一卒業試験を維持するが、すでに義務教育の普及が完了している地区では、卒業試験の実施権を徐々に下方委譲しており、最終的には初級中学が実施する方向にある。試験内容についても、辞書や参考資料の持ち込みを許可する試験を採り入れるなど、暗記型、客観題型の試験からの脱却を図ってい5[19]。

以上のように、大学入試のミニチュアであった高級中学進学試験は、その後、大学入試改革のミニチュアといえる改革が全国的に実施されている状況にある。その要因は普通教育と職業教育の主要な分岐点、義務教育の完結点という中等教育の抱える大問題を、教育行政部門からの視点で改革しようとしたことが大きいと考えられる。

こうした流れの中、現在すべての学校段階において実行され、中国の教育の姿を大きく変えるきっかけになるとみられているカリキュラム改革の実験区では、こうした部分を意識して、選抜という役割を果たしつつ、子どもの将来性や選択の余地をもった改革が試みられている。子どもに近い下級レベル政府や学校が試験の実施主体になろうとしていることも、こうした改革の方向性と一致しているということができよう。

9年制義務教育の普及がかなりの程度進行してきた現在、子どもたちにとって最初の関門となる高級中学進学試験において、こうした配慮がなされるようになったことは、今後の中国の教育を考えていく上で大変重要といえよう。

5．中等教育修了資格試験（高中会考）の実施

高級中学の修了認定には、進学試験である大学入試とは別に、省レベルが統一的に実施する中等教育修了資格試験、高中会考がおこなわれる。この試験はそれぞれの科目の学習が終了した時点で実施する方法がとられており、高級中学1年で受験する科目もある。

この高中会考は 1983 年から上海市と浙江省で試行が始まった。浙江省では 1983 年に重点中学において試行が始まり、1985 年には全ての重点中学が参加した。その後も自主的に試行を開始した非重点中学を含めながら拡大し、1988 年には全省のすべての中学で導入された。この浙江省と上海市の試行は高級中学卒業生の修了試験と大学入学者選抜試験を区分するものであり、高級中学での教育の質を上げ、また優秀な学生を選抜して大学に進学させることに優れていると考えられていた[20]。

　国家教育委員会はこの成果をもとに検討を進め、1989 年 7 月に「普通高級中学卒業会考制度の試行に関する意見」を発表した。この意見において、高中会考の性質を、国家が認可する省レベルの試験であるとし、学習レベルを判定する試験であって、選抜試験である大学入試とはその性質が根本的に異なることを示した。また高中会考は高級中学段階の教育についての検査、評価でもあり、高級中学卒業生の学習が合格レベルに達しているかを調べるひとつの手段であるとしており、そのための具体的な方法についても示している。高中会考の科目は試験科目と考査科目に分けられている。試験科目は教学計画に規定された 9 つの科目であり、労働技術と物理、化学、生物の実験などは考査科目として、実際に手を動かす能力を重視する。試験科目はその科目の教育が全て終了するごとに、ひとつひとつ実施する。高中会考は省、自治区、直轄市が統一して問題を出題し、統一的に組織し、統一的に採点し、統一的に高中会考証書を発行する。高中会考成績が合格に達しなかった者については追試を実施する。高中会考の成績が合格レベルに達しており、思想品徳の表現、社会実践、体育成績の平均が卒業レベルに達した生徒に高級中学卒業証書が授与されることになる。高級中学総合改革実験校および地方教育行政部門の審査を経て認められた優秀な学校については、会考に参加しないこともできる[21]。

　これに多少の修正が加えられて 1990 年 8 月に「普通高級中学が会考制度を実行することに関する意見」が公布され、1990 年から 2 年間の全国的な試行を経て、1993 年から全国で高級中学卒業会考制度が実施された。既述の通り生徒の負担を減らすために、学習が終了した科目から実施する方式を

写真 3-2　大学入試会場と周辺の様子（北京市）
（「試験会場付近自動車通行禁止」「受験生のために、お静かに」という看板）

とっており、通常は高1で1科目、高2で5科目、高3で3科目と労働技術の試験がおこなわれ、不合格の場合は同年中に再試験が実施されている[22]。

このように、大学入試と中等教育修了資格試験は分離され、高級中学修了試験については、国の認可のもと省レベルで統一的に実施されている。このように分離されて実施されていること、また高中会考は省レベルが、学習が終わった科目から実施する方法をとっていることは、子どもへの配慮ということもできるが、子どもにとっては事実上、大学入試が高級中学1年生から始まっているということもできるため、プレッシャー等の点で問題点もある。

6．全国統一大学入試（高考）の多様化と地方化

全国統一大学入試、高考は成人高等教育機関を除く大学の入学者の大半を決定する一発勝負の重要な試験である。かつてはその名の通り、全国で同一

の試験問題を用い、同一の時間に同一の科目の試験を実施していた。しかし現在は基本的に6月7日から10日の間に全国各省で試験が実施されるものの、試験科目の設定は省ごとに異なっており、独自に試験問題を作成している省もある。また中央が作成する全国版試験問題も複数種となるなど試験問題の多様化が進んでいる。さらに大学が独自に審査・選考をおこなうことができる自主募集枠の創設、12月や1月に試験をおこない、春に入学する春季高考の実施など、全国統一と銘打ってはいるが、かつての画一的な試験とは様相が大きく変化してきている。

　本節では中国の大学に関する地方・大学への権限委譲についてまとめた後、中国のこれまでの大学入学者選抜方式の概要を説明し、現在進行中である高考改革の動向を手がかりに、大学入学者選抜方法の多様化と地方化について論じる。

(1) 大学入試の変遷

　ここで中国の大学入試の概要について説明する。中国では6月に実施される全国統一入試によって、大学の本科（基本は4～5年制、日本の大学学部に相当）、専科（基本は2～3年制、日本の短期大学に相当）のほとんどの合格者が決定する。受験生は本籍のある地区で受験（事情により別の地区で受ける場合もあるが、出願は原則として本籍地を通じておこなう）する。各大学の各専攻の募集人数は各省の人口、大学所在地、専攻の特殊性などを鑑みて省ごとに配分されており、受験生はその振り分けられた枠をめぐって、省内の別の受験生と争うことになる。志望大学を記入する志望票は高考受験前に提出する省、高考受験後点数が判明する前に提出する省、高考の成績が判明した後に提出する省がある。試験の結果により各省において定員や点数、志望人数に応じて定員の1.1～1.2倍程度の余裕をもたせた合格資格ライン（原語は最低録取控制分数線）が定められる。この合格資格ラインは省によって異なり、6種や8種のところもあるが、最も一般的なのは次の4種に分ける省である。それらは主に軍、警察、公安部に関係する学校に入るための優先合格資格ライン、主に国家重点大学に入るための第1期校合格資格ライン、主に一般大学

の本科に入るための第2期校合格資格ライン、主に専科大学と一般大学の専科コースに入るための第3期校合格資格ラインであり、上のクラスにある大学から順に合格者を決定していく。各学校の各専攻は定員から多少の余裕をもたせた合格資格ラインを設定する。この合格資格ラインを上回っている受験生の資料は大学側に提供され、大学は徳智体を含めた全面的な審査を経て、合格者を決定する[23]。

　この中国の高考において、最も特徴的であり、常に問題点が指摘されながら、頑として変化の兆しがみられないのが、各大学の各専攻の入学定員を各省に配分するという方式である。つまり高考の試験自体は全国統一の方式をとっているが、各大学の各専攻の入学定員は各省に配分されており、受験生はその省内の受験生と合格枠を争うことになる。北京大学や清華大学などの特別な大学はその定員を全国的に配分し、その他の大学はその所在地の省に定員の多くが配分され、残りはその周辺の省に配分される。この方式により、広大な国土に住む学生が、その大学に赴いて受験しなければならないという事態を避けることができ、また貧しく教育条件の悪い地区や少数民族の生徒が大学に進学する道を保障するなどの配慮もおこなうことができ、中国にとって現実的で合理的な制度ということができる。

　ただしこれには大きな問題が指摘されてきた。省別に定員を配分することから、高考で同じ点数をとったとしても、ある省の受験生は大学に入学することができ、ある省では入学できないという事態が当然発生する。同じ大学の同じ専攻に入ったのに、高考の成績は全く違うということにもなる。これに対する不満の声は少なくない。例えば山東省は毎年合格資格ラインが高く、大学入学の競争が最も激しい省のひとつと認識されている。この山東省の受験生が、少数民族地区など教育情況の悪い地区で合格資格ラインが低いことには納得がいくとしても、教育環境に恵まれている北京市の合格資格ラインがとても低いことは不公平であると考えることは自然といえよう。事実、北京市は大学の数が多いことにより、大学からの募集人数もその人口に比べて多く配分されている。その結果、チベット自治区や新疆ウイグル自治区、青海省といった教育条件が最も悪く、高い点数をとる受験生が少ないため、合

格資格ラインが低くなっているグループと同程度の点数で、北京市の受験生は大学に入学することができる。対照的に教育熱心で、しかし人口に比べて省内に大学が少ない山東省のようなところでは合格資格ラインが高くなる傾向がある。参考のため2001年に北京市と同じ試験問題を利用した山東省、河北省、チベット自治区の重点大学の合格資格ラインを以下に示す。北京市（文科系454点、理科系488点）、山東省（文科系580点、理科系607点）、河北省（文科系537点、理科系572点）、チベット自治区（文科系440点、理科系450点）。つまり教育条件などがトップクラスと考えられる北京市の受験生は、山東省や河北省の受験生の約100点下の点数、教育条件が最低の部類に入るチベット自治区の受験生と同じ程度の点数で重点大学に入ることができるのである。それどころか北京市の最低点では、河北省の一般大学本科の合格資格ライン（文科系510点、理科系533点）さえはるかに及ばない。つまり同じ点数であったとしても、北京市では重点大学に入ることができ、河北省では一般大学本科にさえ入れないということが現実に起きているのである[24]。

この合格資格ラインの違いを利用して、「高考移民」と呼ばれる、本来の戸籍を不法に移動させる受験生や、北京市に戸籍のある子どもが、高級中学は教育条件の整った河北省の学校に通い、高考は合格資格ラインの低い北京市で受験するといった事例も登場している。「高考移民」に対しては年々厳しい措置がとられており、受験資格を与えない、合格を取り消すなどの処分をおこなったことが新聞などで報じられている。しかし省ごとに配分される入学定員の数に大きな偏りがあるという根本的な問題が解決していないため、こうした例はあとを絶たない。

（2）中央から地方、政府から大学への権限委譲

このような問題を抱えつつも全国統一で試験が行われてきた高考であるが、近年その高考を多様化するような動きが進行中である。現在高考改革は、制度改革から試験問題の内容に関する改革まで様々なレベルで展開されている。ここでは権限関係の下方委譲に注目し、中央から地方への権限委譲として扱えるものを中心に扱う。

写真3-3　北京市が援助しているラサ北京中学。卒業生の多くが大学等に進学する
（チベット自治区）

　特に大学入試改革に関して、中央から地方への権限委譲として扱うことのできる、高考出題科目の多様化、省独自の問題作成を中心にとりあげる。従来は全国で同一の試験問題を用い、同一の時間に同一科目の試験が実施されていたが、現在各方面で多様化が進行中である。

①出題科目の多様化
　文化大革命終結後復活した大学入試は、文化大革命開始以前の全国統一モデルでおこなわれた。その科目は文科系が政治、語文（国語）、数学、歴史、地理、理科系が政治、語文、数学、物理、化学であった。後に外国語（文科系、理科系）、生物（理科系）が加わり、文科系6科目、理科系7科目が課されていた。この方式は多くの科目を課すことで幅広い学力を身につけさせることに役立っていたが、数日間で6、7科目を受験することで受験生の負担

が大きいこと、早期の段階から文科系、理科系へと分かれてしまうため学力に偏りが生じることなどが問題とされていた[25]。

　高考復活10年後の1987年、上海市が高級中学卒業資格認定試験、高中会考を行った上で、「3＋1」方式の出題を行うことを決めた。高中会考において、政治、語文、数学、外国語、歴史、地理、物理、化学、生物の9科目すべてに合格した者に「会考合格証書」を発行し、これを取得した者に高考受験資格を与える。その上で高考では受験科目数を「3＋1」の4科目に減らすという試みである。その「3」は語文、数学、外国語の基本3科目であり、「1」は政治、歴史、地理、物理、化学、生物から大学の要求に基づき1つを受験するというものである。この高中会考は1993年までに全国で実施されるようになった[26]。

　また上海市に続いて1990年から国家教育委員会が雲南省、海南省、湖南省において高考科目改革実験を実施した[27]。これをもとに、「3＋2」、つまり基本3科目に加えて、文科系は歴史、政治、理科系は化学、物理を受験する方式が採用され、1995年までに上海市を除くすべての省で実施された[28]。

　こうして省レベルで行う高中会考によって高級中学における9科目の学力を保証し、高考では文科系、理科系ともに「3＋2」の5科目で行うという形が全国に広まった。ところがこの時点で次のような問題が認識されていた。それは高考が全国統一の画一的な状況から脱していないこと、文科系と理科系とが明確に分かれており、総合的な能力を測るのに適していないこと、地理と生物が高考の試験科目からなくなったため、大学の地理学専攻、生物学専攻に必要な人材の募集ができないこと、5科目の合計点のみで合否を判定するため、各専攻の特色を出した選抜ができないこと、これらの理由により大学が求める人材が確保できていないことである[29]。

　ここで1999年に広東省が「3＋X」方式を導入した。これは基本3科目に加えて、不定の「X」、つまり大学の要求に応じて、物理、化学、生物、歴史、地理、政治の中から、あるいは文科綜合、理科綜合、文理綜合、専科綜合から1あるいは複数の科目を選んで受験するものであった[30]。

　その後この「3＋X」方式は「X」の部分の形を変えながら全国に広まっ

ていくことになる。広東省は前年の方式では選択された科目に偏りが大きく、実質的に「3＋1」の試験となっていた反省から、2000年から「3＋文理綜合＋1」方式を採用した。文科系と理科系の枠を超えて総合的な問題を出題する「文理綜合」問題に加えて「1」、つまり物理、化学、生物、地理、歴史、政治から1つを大学が指定する方式である。同じ2000年には山西省、吉林省、浙江省、江蘇省が「3＋文科綜合あるいは理科綜合」方式を採用した。広東省のような文科理科の枠組みを超えた総合的な問題を「大綜合」と呼び、山西省のように文科系は政治、歴史、地理の3つを合わせた文科綜合、理科系は物理、化学、生物を合わせた理科綜合を受験する方式を「小綜合」と呼んでいる。教育部は2002年から「3＋2」を廃止し、「3＋X」に変えるよう指示したため、多くが「3＋文科綜合あるいは理科綜合」つまり「小綜合」を採用した[31]。

2003年時点では、「3＋文科綜合あるいは理科綜合」の「小綜合」を採用しているのが23省・市・自治区、「3＋文理綜合＋1」の「大綜合」を採用しているのが6省・市、江蘇省が「3＋2」、広西チワン族自治区が「3＋1＋1」となっている。この「X」の存在は、その不確かさによる受験生のとまどいや負担増、各分野の問題を寄せ集めただけの総合問題など課題も指摘されているが、この方式により地方だけでなく大学側にも試験問題を指定する権利が与えられるようになったこともあり、各方面で概ね好意的にとらえられているようである[32]。教育部としては、「X」の部分に柔軟性をもたせ、大学と受験生の選択の幅を拡げることを要求している[33]。

こうした高考に関する試験科目改革は、教育部の主導で行われた部分も大きいが、それまで完全に全国統一で行われていたことを考えると、地方に試験科目の決定という選択権が徐々に移っているということができる。高級中学の卒業資格を認める高中会考が完全に地方単位で実施されていることも含めて、中央から地方へ権限が下方委譲されている一例ということができよう。

②省独自の問題作成

この高考の試験問題に関して、中央から地方への権限委譲をさらに進めて

いるといえるのが、教育部試験センターの作成する全国統一版の試験問題を利用せず、省が独自に問題を作成するという方式である。1980年代から独自出題を開始していた上海市に加えて、2000年に北京市が続き、2004年にはさらに9の省、市（天津市、遼寧省、江蘇省、浙江省、福建省、湖北省、湖南省、広東省、重慶市）が独自出題を開始し、合計11の省・市が独自の出題を行った。このうち北京市、天津市、上海市、江蘇省は語文、数学、英語に加えて総合的な問題や物理、化学、生物、政治、歴史、地理の問題を独自に作成し、その他の7省・市では語文、数学、英語の基本3科目のみ独自の問題を作成し、その他の科目は教育部試験センターの作成する問題を利用している[34]。なお2000年から広西チワン族自治区では本科と専科の試験を分離し、専科については省独自の試験問題を作成している[35]。

また教育部試験センターが作成する全国向けの問題についても、2004年から科目ごとに4パターンが作成されている。これは複数作っておくことによって、問題用紙が盗難に遭った際に対応できるなどの理由が示されているが、実際には難易度を変えて作成され、各地の教育条件に合わせて配分されているようである。どの問題がどこに配布されたのか、どのパターンが難しいのかということは公表されていない[36]。

つまり2004年の高考では、11の省・市の独自作成問題および4パターンの教育部試験センター作成問題、あわせて全国で15種類の問題が用意されたことになる。

その後も独自の出題をする省は増えており、2006年は、北京、天津、遼寧、上海、湖北、福建、四川、陝西、江蘇、浙江、安徽、山東、湖南、広東、重慶、江西の16地区が独自の試験問題を使用した。なお、そのうち、湖北、福建、陝西、浙江、湖南、江西は文科綜合および理科綜合に全国巻Ⅰを利用し、陝西はさらに語文（国語）を全国巻Ⅰ、安徽は文科総合のみ全国巻Ⅰを利用した。この結果、2006年には、全受験生のうち約3分の2が地方自主作成問題に取り組んだことになる[37]。

これにより、特に問題視されていた、合格資格ラインの高低を省ごとに比較する意味は薄れてきている。試験科目が多様化し、問題が多様化したこと

で、省ごとに点数を比べる意味がなくなったからである。むしろこうした試験問題の多様化によって、それまで問題となっていた省ごとの合格資格ラインの差が覆い隠されてしまう可能性がある。現実として北京市や上海市などに配分される募集定員は受験生に対して多く、大学入学が有利な状況に変化はない。この定員の配分を含めた大学入試の公平性については様々な議論があるが、既述の通り、中国にとって合理的な面もあり、悩ましい問題であり続けている。

7. おわりに

以上みてきたように、高考や高中会考において省ごとに多様化が進むということは、その省内の小学、初級中学、高級中学の教育においても現在大規模に進行中の基礎教育カリキュラム改革も加わって独自化、多様化が大きく進むことを意味している。高考の改革はその省全体の教育改革に直結しており、今後の中国の教育に大きな影響を与えると考えられる。

本章では、1990年代後半からの改革、特に基礎教育カリキュラム改革の動向と、基礎教育の大きな目標のひとつといえる高級中学および大学の入学者選抜方法の改革を題材に、教育の多様化・地方化について論じた。中国の教育行政の階層的な構造という枠組みの中で、基礎教育カリキュラム改革により、義務教育段階の9年を一貫としたカリキュラムが作成されるとともに、地方や学校に一定の自主権が与えられたこと、義務教育普及の最終段階において県レベル政府の努力がみられるとともに、省レベル政府の責任が重くなっていること、高級中学入学試験や大学入学者選抜方法において、地方や学校へ権限が下方委譲され、多様化する傾向が強まっていることを示した。これにより地方や学校への権限の下方委譲は大学入試に至るまでみられる共通の現象であることを確認した。加えて今後第4章以降で議論を進めていく権限の下方委譲は、その後もみられる現象であることを確認した。

また大学入学者選抜においては、これまで入学定員を各省に割り振るという独特な方法ゆえに、定員配分の不公平や合格点の差が不満を呼んでいた。これに対し教育部がとった方法は、この定員配分方式は変えずに、地方政府

が試験問題の組み合わせや内容を決定するという方法であった。これは基礎教育カリキュラム改革とも連動した地方への権限の下方委譲、入試の多様化と評価できるが、見方によっては、定員配分や学校の地域的偏りといった状況には手を加えず、それを覆い隠す可能性をもっている。つまり地方への配慮、地方の独自性の尊重という動きのなかで、地域間格差の残存を許容することにもつながるものといえる。こうした現象も、文化大革命終結以降の学制改革にも共通してみられるものであった。

ここでは、地方や学校への権限委譲が、大学入試に至るまでみられる共通

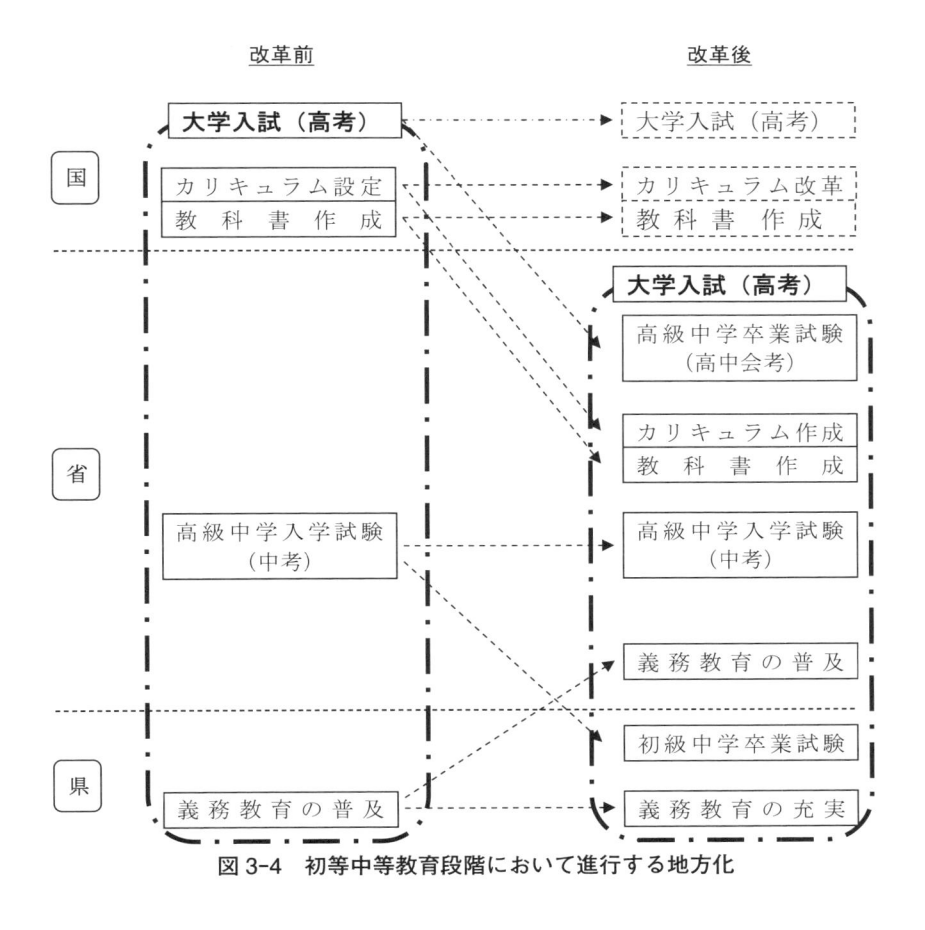

	改革前	改革後
国	大学入試（高考） カリキュラム設定 教科書作成	大学入試（高考） カリキュラム改革 教科書作成
省	高級中学入学試験 （中考）	大学入試（高考） 高級中学卒業試験 （高中会考） カリキュラム作成 教科書作成 高級中学入学試験 （中考）
県	義務教育の普及	義務教育の普及 初級中学卒業試験 義務教育の充実

図 3-4　初等中等教育段階において進行する地方化

の現象であり、その方向性が続いていることを確認した。こうした現象は、文化大革命終結後から本格化した義務教育の普及ならびに充実の過程における学制改革においても、みられるものである。次章からはやや時代をさかのぼり、改革開放政策が本格化した1980年代からの学制改革について、共通した現象がみられることを示す。

注
1 1985年から1998年まで、国レベルの教育行政機関は国家教育委員会という組織になっていた。本章では、基本的には当時の名称で表すが、両者を含めて国家教育行政部門を表す場合は教育部と表記する。
2 近年の権限の下方委譲の流れや、農村での教育を重視する傾向から、学校を多く抱える中規模以上の郷・鎮レベル人民政府の中には、教育行政部門を設置する例がみられる。
3 「中国的基礎教育」（2002年11月）、中国教育部ウェブサイト http://www.moe.edu.cn/ より2006年12月20日ダウンロード。
4 石井光夫「中国　中央集権体制の変容－地方や大学の権限拡大－」『教育と情報』465号、1993年、25頁。
5 ①中華人民共和国国家教育委員会『九年義務教育全日制小学（各科目）教学大綱（試用）』人民教育出版社、1992年、②中華人民共和国国家教育委員会『九年義務教育全日制初級中学（各科目）教学大綱（試用）』人民教育出版社、1992年、③中華人民共和国教育部『全日制義務教育（各科目）課程標準（実験稿）』北京師範大学出版社、2001年。
6 袁運開主編『簡明中小学教育詞典』華東師範大学出版社、2000年、435頁。
7 王鋼「関於中考改革的幾点思考」天津市教育招生考試院『考試研究』編輯部編『考試研究』2002年第1期、天津人民出版社、2001年、103-104頁など参照。
8 葛大匯「升学考試面臨的問題－上海高考、中考問題調査研究報告之一（摘要）」『中小学管理』2000年第6期、16頁など。
9 袁運開主編、前掲書、435-436頁など。
10 王鋼、前掲論文、104頁など。
11 張遠増「我国中考招生与管理制度改革設想」天津市教育招生考試院『考試研究』編輯部編『考試研究』2003年第1輯、天津人民出版社、61-64頁など参照。
12 国家教育行政学院編『基礎教育新視点』教育科学出版社、2003年、129頁。
13 王鋼、前掲論文、104頁など。
14 国家教育行政学院編、前掲書、125-126頁。
15 王鋼、前掲論文、106-107頁。

16 教育部「関於基礎教育課程改革実験区初中卒業考試与普通高中招生制度改革的指導意見」（2005 年 1 月）、中国教育部ウェブサイト http://www.moe.edu.cn/ より 2006 年 12 月 20 日ダウンロード。
17 王鋼、前掲論文、101-109 頁。
18 同上論文、105-106 頁。
19 同上論文、106-107 頁。
20 卓晴君・李仲漢『中小学教育史』（中華人民共和国教育専題史叢書）海南出版社、2000 年、432-434 頁。
21 同上書、432-434 頁。
22 ①卓晴君・李仲漢、同上書、432-434 頁、②康乃美・蔡熾昌など『中外考試制度比較研究』華中師範大学出版社、2002 年、14-17 頁。
23 課堂内外雑誌社編『2006 高考必読－全国高考考生報考実用手冊』重慶出版社、2006 年、169 頁など。
24 「2001 年全国各地高考録取分数線」人民日報ウェブサイト内 http://edu.people.com.cn/GB/8216/4240715.html より 2003 年 10 月 20 日ダウンロード。
25 ①国家教育行政学院編、前掲書、134 頁、②中国教育事典編委会編『中国教育事典　高等教育巻』河北教育出版社、155-156 頁、③大塚豊「中国－壮大な全国統一入試－」中島直忠編『世界の大学入試』時事通信社、1986 年、634 頁、④北京教育考試院編『北京普通高等学校招生改革与発展：1977-2002 年』北京師範大学出版社、2005 年、1-136 頁。
26 中国教育事典編委会編、前掲書、169 頁。
27 ここでは、「語文、外国語」を基本として「政治、歴史」あるいは「数学、物理」を選択するタイプと、「数学、外国語」を基本として「化学、生物」あるいは「語文、地理」を選択するタイプが試された（馬文卿・劉文超『中国高考走向』山東人民出版社、2002 年、29 頁）。
28 ①姚啓和主編『90 年代中国教育改革大潮叢書　高等教育巻』北京師範大学出版社、2002 年、88 頁、②国家教育行政学院編、前掲書、135 頁、③東方・岳龍編『追問「３＋Ｘ」』福建教育出版社、2001 年、3 - 4 頁。
29 ①東方・岳龍編、同上書、4 頁、②姚啓和主編、前掲書、89 頁。
30 国家教育行政学院編、前掲書、135 頁。
31 ①東方・岳龍編、前掲書、4 頁、②姚啓和主編、前掲書、89 頁、③国家教育行政学院編、同上書、135-136 頁。
32 金龍哲「『３＋Ｘ』が教育を変えられるか－中国の大学入試改革の理念と現状－」『内外教育』2003 年 3 月 18 日号、4 頁。
33 国家教育行政学院編、前掲書、136-137 頁。
34 中国教育報編『2004 年高考資訊』高等教育出版社、2004 年、34 頁。
35 国家教育行政学院編、前掲書、135 頁。
36 『中国青年報』2004 年 6 月 7 日および 2004 年 7 月 25 日や筆者の調査による。
37 「高考改革分省命題回眸」『中国教育報』2006 年 9 月 27 日、http://www.jyb.cn/gk/

gksx/200609/t20060927_39985.htm より 2007 年 1 月 10 日ダウンロード。

第4章　中国における義務教育制度の導入

1．はじめに

　義務教育は、近代公教育の3原則のひとつとされ、19世紀後半から多くの国が採用してきた。この義務教育の目的には時代や国・地域によって様々な考え方があるが、普及が完成していない国や地域にとっては、それまで教育の対象が一部に限られてきた状態から、全国民を対象としたものに変わることが重要な要素となる。概念上の制度を設定し、これに現実にある制度を近づけていこうとする改革ということができよう。

　中華人民共和国は、社会主義体制をとってきたこと、莫大な人口を1つにまとめる必要があることから、義務教育は有効な手段と思われる。しかし1980年代までは、教育の普及は強調されてきたものの、義務教育が施行されることはなかった。ここには様々な要因があるが、国内に大きな格差が存在していたこともそのひとつである。中国に義務教育が導入されたのは共和国成立から35年以上経った1986年であり、地域間格差にいかに対処していくかが最大の課題といえた。

　ここでは意外ともいえるほど遅く導入された義務教育の内容や導入方法について、これに影響を与えたと考えられる歴史的経緯も含めながら考察する。特にすでに地域間格差が存在している状況で、義務教育という制度をどのように普及しようとしたかについて、中央政府や地方政府の動きを中心に検討する。

　本章では、まず中華人民共和国成立前から義務教育導入期までの初等中等教育普及の歴史を義務教育に注目しながら概観する。初等中等教育の普及をめざす姿勢は一貫していたものの、なぜ義務教育は導入されなかったのか、

しばしば登場した計画案はなぜ実施されなかったのかについて、その理由を探る。次に1980年代の義務教育実施計画について、「教育体制改革に関する決定」と「義務教育法」をもとに、その目的・方法・内容を中心に考察し、なぜこの時期に導入されることになったのか検討する。続いて特に義務教育の導入の過程において、地域間格差に配慮して国を3段階に分けた導入方法がとられ、それが変更を繰り替えしながら進められたことに注目する。さらに国が決めた方策では省内の格差に対応できないため、各省がさらに独自の方策をとったことについても検討する。最後に普及の最終段階として現在も未普及である地区において、地方下級政府がどのような取り組みをしているのか、事例をもとに言及する。

2. 中国における義務教育制度（近代学制導入から文革終結まで）

中国では、1980年代まで義務教育を導入してこなかった。ただし20世紀初頭の近代学校制度導入以降、国家権力が義務教育の導入を試みたことは何度かあった。また義務教育という名称ではなくとも、教育を普及させる取り組みは続いていた。ここでは、義務教育政策がどのような目的で出されなぜ失敗したのか、共和国成立後教育の普及は図られながらも義務教育はなぜ導入されなかったのかについて、当時の初等中等教育の普及状況とあわせてみながら探ることにする。

(1) 中華人民共和国成立以前の義務教育実施計画

中国において、国家権力がすべての子どもに就学を義務づける法令を初めて制定したのは、20世紀に入った清朝末期のことである。そこから中華人民共和国成立前までに義務教育制度の導入が何度か計画されたが、それらは様々な理由で普及には至らなかった。

清朝政府は、日本の学制をモデルにして1902年に「欽定学堂章程」（発布されたが施行されず）、1904年に「奏定学堂章程」を発布した。この内容は、すべて満7歳以上の国民は初等小学堂に入学しなければならず、子どもを入学させなければ親はその罪を問われる、というものであった。これは

中国史上初めての義務教育制度であり、1905年に「科挙」が廃止されたこともあわせ、近代学校制度の導入に着手した重要な法規といえる。その目的は、「忠愛心をかき立て、知慧を開通し、実業を振興する」こととされていた。特に例えば初等小学堂では「修身」「読経」科などが全授業時数の約半分を占めていたことからも明らかなように、日清戦争敗退後の立て直しのため、忠愛心を育む意図が大きいものであった。つまりこれは、逮捕・罰金などの直接的強迫を用いて民衆の子弟すべてに対して就学を強制し、忠君思想を注入するための義務教育といえた。しかし、末期の清朝はあい次ぐ敗戦により諸外国への賠償を抱えており、これを実施するだけの資金はなかった。そこで学堂経費は住民にまかせることとして、様々な名目の新税をかけ、寺廟を校舎用に没収するなどしたため、各地で暴動が起こり、普及は一部の特権階層の子弟に限られた[1]。

その後、辛亥革命によって共和制の中華民国が成立した後、袁世凱は1915年に義務教育の施行計画を立てた。この目的も、専制的であった袁政権の維持のため、支配に忠実な国民を育成しようとしたものであった。ここでは、度重なる外国からの敗北の原因は教育制度の違いにもあるとして、欧米式の教育の全面的模倣を図った。しかし受け入れる中国側の条件は考慮されておらず、当時の国内の実情にも合わない計画であったため、袁政権の崩壊とともにその義務教育計画も実現せずに消滅した[2]。

さらに満州事変後には、共産党としのぎを削っていた国民党政府が、1933年以降、義務教育の実施試行方法大綱や国民学校法を公布施行するなどして義務教育の積極的導入に取り組んだ。しかしこれも、戦争・内戦などによる混乱の中ほとんど効果はあがらなかった。結局、1949年の中華人民共和国成立時点で、初等教育における学齢児童の就学率[3]はわずか20％程度でしかなかった。一般の労働者子弟は学校に入ることができず、全人口の80％以上が非識字者であったといわれている[4]。

以上みてきたように、中国の支配層は度重なる敗戦により、国を富強にするため、近代学校教育の全国的普及が不可欠であることを認識した。そこで日本や欧米の制度を模倣し、義務教育の導入を図った。しかし、全国普及を

目的とした無理な計画や資金不足、国内事情との不整合、戦争・内戦による混乱などにより成功しなかった。中華人民共和国は、このように教育の普及に大きな課題を抱えた状態でスタートを切ることになったのである。

(2) 中華人民共和国での初等中等教育の普及と義務教育

　1949年、中華人民共和国成立に先立ち開かれた第1期中華人民政治協商会議は共同綱領を発表し、新国家における教育の重要性を訴え、計画を立てて段階的に教育を普及することを示した。さらに1951年には教育部が、1952年〜1967年の間に学齢児童就学率の全国平均を80％まで上げ、1952年から10年以内に小学教育を基本的に普及させることを明確な目標としていた。なお中華人民共和国の前身ともいえる中華ソビエト共和国時代、毛沢東はソビエトの文化建設の中心任務として全般的な義務教育の励行をあげており、実際、実験的な義務教育をおこなっていた[5]。よって中華人民共和国および中国共産党に義務教育という概念がなかったわけではないが、共和国成立当初は、遅れた農業国を進んだ社会主義の工業国に変えていくため、その要員を養成することが教育の最重要任務とされた。そのため中級・高級技術者等、ハイタレントの育成が重視され、教育の広汎な普及よりも公立学校の質の充実に重点が置かれ、義務教育の実施は見送られることになった[6]。

　その後、1953年から始まる第1次5カ年計画が、社会主義の先進国ソ連の教育を模倣することにより一定の成果をあげる中、初めて義務教育実施の動きがみられるようになる。1956年1月に出された「1956〜1967年全国農業発展綱要（試案）」には、「1956年から、各地の状況に応じて、7年あるいは12年の内に小学義務教育を普及させる」ことが規定された[7]。しかし、その後具体性を持った計画が出されることはなく、この義務教育実施プランは半年後に取り消された[8]。その理由としては、まだ全国的に教育の条件が整っていない状況で10年という短い期間で全国に普及させようとした計画自体に問題があったことがあげられよう。財政的根拠や具体的な方策もなかったため、計画が現実性を帯びず、立ち消えとなったというのが最大の理由と考えられる。

またその他、中国特有のものとして理念的な理由もあげられる。当時は中国がソ連の模倣から離れ、独自の社会主義路線を引こうとする時期であった[9]ため、ソ連から学んだ重要なもののひとつと考えられていた義務教育[10]が重要視されなくなったことと関連がある。これについては、1960年国務院副総理陸定一が「義務教育の思想と制度はブルジョアジーのものである」と論じ、中国人民が採用するのは義務教育ではなくて「社会主義の全民教育」である、としている[11]ことも参考になる。陸は1958年の論文でも「ブルジョア教育学者は、人民大衆に教育を受ける権利のあることは認めるが、教育をまかなう問題になると、専門家だけにそれを認め、大衆にはその権利を認めようとしない」と述べ、それに対し「人民大衆は革命も建設もやれるのだから、教育を受けられるだけでなく、教育をまかなうこともできるはずだ」と書いている[12]。つまり、民衆自らが資金を出して校舎を建て、設備を整え、教師を雇い、子弟を通わせるという、近代公教育における義務教育の概念を超えた「全民教育」を目標としていたのである。こうして義務教育は理念上の問題で「全民教育」という概念に置き換えられ、後にこの「全民教育」も理念上の問題で批判された[13]のに伴って義務教育も姿を消してしまった[14]。

その後義務教育を実施しようという動きは1980年代まで特に大きくなることはなかったが、民衆には教育を受ける権利があるという考えは、「全民教育」の思想にもみられるように共和国成立以来一貫しており、教育の重要性は強調されてきた。ただし1950年代後半から始まった大躍進政策の時期から文化大革命終結までは、政治的混乱等により初等中等教育の普及は一進一退を繰り返すことになる。

まず、工業・農業生産の量的拡大を掲げた大躍進政策のもと、教育の量的拡大も1958年頃から急速に進んでいった。ところがこれは質が伴わないものであったため、その政策と同様失敗とされている。この頃、自然災害や大躍進政策の失敗、中ソ関係悪化等により、中国は経済危機を迎え、1961年以降大躍進政策失敗の反省から量より質を重視する調整期に入った。教育についても1961年と今後の文化教育事業処理に関する報告では、「地域を区分し、計画的・積極的に学齢児童の小学教育を普及させる方針を堅持する」

と同時に、「調整・強固・充実・向上」という方針が示された。このように教育の質の向上を求めた結果、小学の学齢児童就学率は一時的に低下した[15]。

次いで、1966年に始まった文化大革命は、知識人を鼻つまみ者扱いし、教師を下放（農村等での労働研修）するなど、教育の荒廃が進んだ時期であった。ただし、この時期の教育を量的拡大の点だけからみると、高等教育部門は荒廃していたものの、初等中等教育部門の児童・生徒数は増加を続けていた。もちろん、全ての学校が閉鎖状態にあった時期もあり、学生数が増加してはいても、実際の授業日数や内容が維持されていたとは考えにくい[16]。

以上のように、初等中等教育を普及させるという考えは共和国成立以来ほぼ一貫していた。しかし、共和国成立当初はハイタレント養成重視という国の要請によって、1950年代後半には理念上の問題によって、その後は政治的混乱によって、1980年代まで義務教育が実際に施行されることはなかった。また10年という期間を設定して導入する計画を立てたことは、地方への配慮ということもできるが、財政的根拠や具体的計画がないまま全国に普及させるという目標だけが先行したことも、計画が立ち消えとなった要因といえよう。

3．義務教育導入の目的

文化大革命が終結すると、中国共産党中央委員会や国務院は小学教育普及事業の重要性を繰り返し強調するようになった。例えば、1980年12月、中国共産党中央委員会と国務院は「小学教育普及の若干の問題に関する決定」のなかで、政策上の種々の失敗、特に文化大革命による破壊によって、現在小学はいまだ普及せず、新たな非識字者を大量に生みだし続けているとし、この状況は経済発展等に不都合であると報告している。また同時に教育事業は4つの現代化達成の重要な条件であり、80年代に全国で小学教育普及を基本的に実現させることは歴史的任務であると、初等教育の重要性を強調し、各地区は様々な条件が違うので、地区・時期を分けて、段階的に普及させることなどを提案していた[17]。

こうした中、初めて義務教育の導入が明確にされたのが、1982年に制定・

公布された「中華人民共和国憲法」である。ここには、「中華人民共和国公民は、教育を受ける権利および義務を有する」とあり、また、「国家は、各種の学校を開設して、初等義務教育を普及させ、中等教育、職業教育および高等教育を発展させるとともに、就学前の教育を発展させる」として、初等義務教育の実施を明記していた。

　これをうけて、中国教育改革の中・長期的方向性を示した綱領的文書とされた、中国共産党中央委員会「教育体制改革に関する決定」が1985年5月に発表され、その中で9年制義務教育を実施することとその方法が具体性をもって示された。続いて「中華人民共和国義務教育法」（以下「義務教育法」と略す）が1986年4月に制定され7月に施行されて、中華人民共和国で初めて義務教育が実施されることになった。

　ここでは、それまで導入されなかった義務教育がなぜこの時期に計画されたのかについて、1980年代の義務教育導入計画の基盤となった「教育体制改革に関する決定」をもとに検討する。「教育体制改革に関する決定」では、教育改革の根本的な目的は民族の資質を高め、多くの優れた人材を輩出することにあり、9年制義務教育の実施はその改革の基盤である、と位置付けている。そこでまず教育改革の目的について触れた後、義務教育導入の目的を明らかにし、これらを総合したものを義務教育導入の目的と考えることにする。

　「教育体制改革に関する決定」には以下のような文面がある[18]。1984年に採択された「経済体制改革に関する決定」は、社会的生産力の増大と社会主義発展への道を開いており、今後これら2つの成否のカギは人材にあって、その解決は教育事業を発展させることによる。ここから、人材の養成が教育改革の重要な目的ととらえていることがわかる。

　その中でも、社会的生産力の増大のための人材養成として、今後の発展を支える多種多様で有能な人材を大量に養成することをあげている[19]。ここでは、一般労働者・指導者・科学者・知識人などについて、それぞれの必要性を説明している。これは、義務教育導入の面からみても重要な意味をもつ。共和国成立以来、国の教育支出が高等教育に著しく偏っていたことからも明らかな

ように、国は高等教育を重視し、ハイタレント養成に力を入れていた[20]。一方で初等中等教育を普及させるという方針は一貫しており就学率は高くなってきてはいたが、中退する者や進学しない者も多く、「教育体制改革に関する決定」が出された1985年の時点でも初級中学を卒業するのは当該年齢の4割にも達していないという状況であった[21]。このことが、経済発展が進むにつれ、中級技術者の不足や一般労働者の質の低さとなって表れており、深刻な問題となっていた[22]。そこで、今後は高等教育重視の傾向を改め、バランス良く人材を養成したい、という意図がこの文章に表れているものと思われる。

また「教育体制改革に関する決定」は、義務教育制度は現代の生産の発展および現代の社会生活が必要とするものであり、現代文明のひとつの指標である、としている。当時中国は先進諸国との格差を縮めようと躍起になっていた。また1985年当時、世界約200カ国のうち約170カ国で、実施年限に差はあるものの、すでに義務教育が実施されていた。これらのことから、義務教育を導入する目的として、先進諸国との格差を縮め、国際社会での地位向上を図るという意図もあったといえよう[23]。

さらに、「義務教育法」を制定する目的として、地方政府や民衆の教育軽視の風潮を改めさせるということも考えられる。中国では地方政府や人民公社の幹部によって教育経費が流用されたり、軍や政府、周辺住民によって学校が占拠されたりということが頻発していた。これは人々が教育を、政治・経済に従属する地位の低いものととらえる傾向があったからであった[24]。そこで、教育関係では共和国成立後初めてとなる法律「義務教育法」を制定・施行することによって、教育に法的裏付けを与え、教育に対する人々の意識を変える、という目的も含まれていたものと思われる。1986年1月の国家教育委員会副主任何東昌による、「義務教育法案の意義は単に教育の普及に止まるものではなく、それはこれまで抑圧・服従させられてきた教育の、いわば独立宣言というべきものであろう」という発言[25]はその考えをよく表すものといえよう。

以上「教育体制改革に関する決定」の文面から、1980年代に進められた

義務教育導入の主な目的をみてきた。それは第1に経済発展および社会主義の継承発展に役立つ多種多様で有能な人材を大量に養成すること、第2に現代文明のひとつの指標である義務教育制度を導入することによって、国際社会での地位向上を図ること、第3に法律を制定することによって、教育資金の流用や校舎の不法占拠などにみられる教育軽視の風潮に歯止めをかけること、であった。教育的理由だけでなく、国内外への教育重視宣言という意味も込められたものであることが特徴といえよう。

4. 義務教育普及における地方への権限委譲と地方への配慮
(1) 地方への権限委譲という論理

それまでの中国は、ソ連の影響を受け、社会主義経済のもと集中統一的な計画経済体制をとっており、中央政府が地方の予算まで国家予算に組み込んで一括して審議・決定していた。そのため政策の決定権限が中央に集中していて、地方の役割が極めて小さいことがしばしば指摘されていた。しかし中国は莫大な人口、広大な国土と多様な地勢、様々な言語、全体の92％を占める漢族のほかに少数民族が55あるという極めて複雑な条件を抱える国家である。そのため、地域間の経済的文化的格差も大きく、教育発展水準の格差も極めて大きかった。さらにこの格差が、経済の改革開放などによって拡大されていた。加えて、赤字財政に苦しむ中央には、義務教育導入にかかる莫大な費用をまかなえるほどの教育支出の増大はとても見込めない状況であった。この状況のまま政府が導入の号令のみを出してもうまくいかないことは、それまでの経験からも明らかであった。そこで、地方に権限を大幅に委譲することによって、各地域の状況に合わせて教育発展の調整をおこない、義務教育の普及をより現実的なものにしようとする考え方がでてきた[26]。

このように教育の普及を地方にまかせ、地方の状況に応じて進めるという考え方は共和国成立以来しばしば登場していた。しかし中央政治の不安定とそれに起因する政策一貫性の欠如、そして財政権の主要部分が中央にあることによる地方行財政基盤のあやうさにより、「分権するとたちまち混乱に陥り、集権するとすぐ沈滞化する」ことを繰り返していた[27]。

以上の反省をふまえ、教育の質・量をともにあげるため、中央の指導と地方の自由のバランスをとることが必要と考えられた。そこでまず、経済改革によって中央と地方の収支を明確に区別して、地方に一定の財政権限を与えた[28]。これにより地方政府の行財政能力が大幅に拡大強化され、地方の受け入れ態勢が整った。その上で中央が義務教育実施の号令とともに大きな方針や計画の大綱を決定し、あとは地方にまかせて、地方ごとに当地の状況に応じた方法で、地方のアイデアを生かしながら義務教育を発展させていく方針をとることになった。これには中央の財政難を、改革開放により活性化された地方の財力で補おうとする意図もあった。

(2)「義務教育法」にみられる地方への配慮

　これを実際のものとするために、国は地方に対して様々な配慮をみせている。まずは「義務教育法」の内容について、地方への配慮に注目しながら確認する。

　「義務教育法」は、「教育体制改革に関する決定」の9年制義務教育導入宣言をうけるかたちで1986年4月に制定され、同年7月に施行された、中華人民共和国史上初めての教育関係の法律である。全18カ条からなり、その内容は義務教育の目的・管理・権利義務・財源・教師[29]などであり、基本原則を表したものという印象が強い。実際その後、国や地方が次々と導入のための細則や条例を制定しており、具体的なことはそこで定められている[30]。

　目的や管理権限については、人材の育成を進めること、地方へ権限を委譲することなどの原則が明記された。

　学制については、9年を初等教育と前期中等教育の2段階に分けることができ、初等教育を優先して普及させる、と定められているだけで、個々の年限は明示していない。これは当時、6-3制、5-4制のいずれにするか議論の最中であったためである（第5章で詳述）。また、6歳入学を原則としながらも、当面7歳入学も可能であるとしている。これは一挙に6歳入学に転換してその年の入学者が多くなり、地方や学校の負担が大きくなることを避けるための配慮といえよう。

また財政的にも、地方政府に教育税（教育事業費付加金）の徴収を認め、これを主に義務教育の実施のために用いることを求めている。これは教育に使途を定めた一種の教育税と呼べるもので、こうした権利を認めたことは大きな地方への配慮ということができよう。

このように、地方へ権限委譲した上で、制度的に幅をもたせており、教育税の徴収も認めるなど、普及の主体となる地方への配慮という側面がうかがえる。義務教育の普及を促進するために、まず原則をゆるくしたということがいえよう。こうした地方への配慮が最も明確にあらわれているのが、この義務教育の普及方法である。次は普及方法における地方への配慮と地方政府の対応を中心にみていくことにする。

5．実施計画における段階的導入と地方の対応

こうした地方への配慮の中で特に注目されるのは、実施段階について、中央が全国を経済発展状況により大きく3段階に分けた普及プランを示し、あとは地方の各級人民代表大会が当該地域の実情に基づいて実施プランを確定するとしたことである。広大な国土を抱え、莫大で多様な人口を有し、経済発展状況が大きく異なる実情から、義務教育の普及は地域を分けて段階的に進めていく方針がとられた。

1985年の中国共産党中央委員会「教育体制改革に関する決定」では、全国を3つの地区に分けて、それぞれの目標を設定した。

① 全国の約4分の1の人口を有する、都市・沿海各省で経済の発達した地区と内陸の一部の発達した地区においては、かなりの部分ですでに初級中学が普及している。まだ普及していない地区では、迅速に普通初級中学を普及させ、1990年前後に完成させる。
② 全国の約半分の人口を有する中程度に発展した鎮と農村では、まず小学教育を普及させ、同時に積極的に条件整備を進める。1995年前後に初級中学段階の普通教育あるいは職業・技術教育を普及させる。
③ 全国の4分の1の人口を有する経済落後地区では、経済の発展に合わ

せて、各種の方式を採用して積極的に程度の異なる基礎教育普及事業を進める。これらの地区の教育発展については、国家が支援に努める。

　この3段階を省に当てはめると、第1のグループ（第1片）が、北京市、天津市、遼寧省、吉林省、上海市、江蘇省、浙江省、山東省、広東省の9の省・市であり、第2のグループ（第2片）が、河北省、山西省、黒龍江省、安徽省、福建省、江西省、河南省、湖北省、湖南省、海南省、重慶市、四川省、陝西省の13の省・市、第3のグループ（第3片）が、内モンゴル自治区、広西チワン族自治区、貴州省、雲南省、チベット自治区、甘粛省、青海省、寧夏回族自治区、新疆ウィグル自治区の9の省・自治区となる[31]。

　さらに「教育体制改革に関する決定」には、こうした3段階の計画に続けて、「地方各級人民代表大会は当該地区の状況に応じて、当該地区の義務教育条例を制定し、9年制義務教育普及の段取り、方法と年限を確定する」とある。つまり地方への配慮として、この3段階の普及段階は目安であり、地方が独自に決定する猶予を残している[32]。ここには、地域の実情を徹底的に考慮し現実的な計画を立てることで、なんとしても義務教育導入を成功させてほしいという中央の強い思いが感じられる。

　またこのように地方に権限を委譲した場合、地域間格差が拡大することが当然予想される。これについて「教育体制改革に関する決定」は、まず現在発展が比較的進んでいる地区を初めに発展させ、次に発展をとげた地区が後進地区を援助して、共同で向上を勝ち取らなければならない、としている。こうした考え方は、「義務教育法」および、その実施についての補足を記した「『義務教育法』実施における若干の問題に関する意見」にも盛り込まれている。

　以上みてきたように、義務教育導入は、中央の教育費増大が見込めない中、改革開放により活性化した地方の力を借り、同時に地方の様々な実情を最大限考慮するため、地方にその責任を委ねて進められることになった。そこには、経済改革と連動して地方に受け入れ態勢を整えさせその実現を図るなど、過去の経験も生かしたものであった。

こうした考え方はその後も継続しており、例えば1994年7月には国務院が「中国の教育改革と発展綱要の実施意見について」を公布し、同年9月には国家教育委員会が「90年代において、9年制義務教育の基本的普及および青壮年非識字者を基本的になくす意見について」を発表して、「義務教育法実施細則」より詳細に義務教育の実施目標と実施原則、実施段階を規定している。ここでは、それまでの経過をふまえ、実施目標を、「2000年までに、人口の85％を占める地域で義務教育を普及し、小学の就学率は99％、中学校就学率85％にすること」とし、実施段階については、「1996年までに人口の40〜45％を占める、主に都市部および経済が進んでいる農村部において9年制義務教育を実施する。続いて1998年までに経済が比較的に進んでいる地域を含めた人口の60〜65％を占める地域で9年制義務教育を普及する。2000年までに貧困地域の中で条件が比較的よい地域を含めた人口の85％を占める地域で9年制義務教育を普及し、人口の10％を占めている貧困地域において5〜6年の義務教育を普及し、人口の5％を占めている特に貧困な地域において3〜4年の義務教育を普及する」としている。

　なお、既述の通り、国が決めた段階分けでは、省の中にも様々な状況を抱えている現状に合わないために、実際には各省が義務教育法実施細則などで独自の基準を打ち出し、国の計画より期限を遅くしたり、省内でさらに段階別に地域を区分したりするなど、実情に合わせた計画を策定している。「教育体制改革に関する決定」と「義務教育法」により9年制義務教育導入の指示を受けて、「義務教育法」公布約1年後の1987年4月には29の省・自治区・直轄市のうち、15がすでに義務教育実施に関する地区法規を採択済みで、11が起草中という、順調なスタートをきった[33]。この地方ごとの実施計画は相当高い目標が掲げられているものが多かった。これに対し国家教育委員会は実現不可能な計画を立てることのないよう、繰り返し警告していた[34]。これは従来、中央の通達が地方では一種のノルマと受け取られがちで、動員や質の十分でないものによる数合わせがおこなわれ、結果的にさらに弱体化してしまった過去を反省してのものである。例えば山東省は、国の計画では第1段階に属し、1990年前後の完成が目標とされていたが、省の計画

表 4-1 義務教育普及に関する各省の対処

分類 (国家目標)	省市		施行年	内容	備考(最終達成目標)
第1片 (1990)	北京市	実施「中華人民共和国義務教育法」辦法	1986/1993	なし	
第1片 (1990)	天津市	実施「中華人民共和国義務区教育法」条例	1986 1986	3段階	1988年～適当に遅らせることができる 1955年基本普及、あとは下級レベルが決定
第1片 (1990)	遼寧省	九年制義務教育条例			
第1片 (1990)	吉林省	義務教育条例	1989 1993 1986	なし※	別の規劃に1997年に都市と85％郷鎮で普及
第1片 (1990)	上海市	実施「中華人民共和国義務教育法」辦法	1985/1995	なし	
第1片 (1990)	江蘇省	実施「中華人民共和国義務教育法」辦法	1986	3段階	1995
第1片 (1990)	浙江省	実行九年制義務教育条例	1986	3段階	1997
第1片 (1990)	山東省	実施「義務教育法」辦法			2000年前後
第1片 (1990)	広東省	普及実行九年制義務教育条例			1992年基本完成
第2片 (1995)	河北省	実施「中華人民共和国義務教育法」辦法	1994		20世紀末基本普及
第2片 (1995)	山西省	実施「中華人民共和国義務教育法」辦法	1986	3段階	20世紀末不同程度
第2片 (1995)	黒龍江省	実施「中華人民共和国義務教育法」条例	1986	4段階	2000
第2片 (1995)	安徽省	実施「中華人民共和国義務教育法」辦法	1987		2000年基本実現
第2片 (1995)	福健省	実施「中華人民共和国義務教育法」辦法	1988	4段階	2005
第2片 (1995)	江西省	実施「中華人民共和国義務教育法」辦法	1992		20世紀末基本達成
第2片 (1995)	河南省	実施「中華人民共和国義務教育法」辦法	1986/1995	なし	
第2片 (1995)	湖北省	義務教育実施辦法	1986	3段階※	20世紀末
第2片 (1995)	湖南省	義務教育実施辦法	1991	なし(地区が決定)	
第2片 (1995)	海南省	実施「中華人民共和国義務教育法」辦法	1991	2段階	初等は20世紀末、その後除々に
第2片 (1995)	重慶市	義務教育実施条例	1994	なし	
第2片 (1995)	四川省	義務教育条例	1995		2000年基本普及
第2片 (1995)	陝西省	義務教育実施辦法	1987	4段階	2005
第3片 (2000)	内モンゴル自治区	実施「中華人民共和国義務教育法」辦法	1988	なし	
第3片 (2000)	広西チワン族自治区	義務教育実施辦法	1991		2010年基本普及
第3片 (2000)	貴州省	実施「中華人民共和国義務教育法」辦法	1994	※	20世紀末、初等基本普及、都市等は義務教育普及、特別貧困は初級小学普及
第3片 (2000)	雲南省	実施「中華人民共和国義務教育法」辦法	1986/1992	※	20世紀末、人口2/3の地区普及、その他は基本普及
第3片 (2000)	チベット自治区	実施「中華人民共和国義務教育法」辦法	1994	※	初等義務教育年限指定なし、分類あり、別に標準辦法あり
第3片 (2000)	甘粛省	実施「義務教育法」法辦法	1990		2010年基本普及
第3片 (2000)	青海省	実施「中華人民共和国義務教育法」辦法	1988	※	地域を具体的に示して目標設定
第3片 (2000)	寧夏回族自治区	普及初等義務教育暫行条例	1986	なし	
第3片 (2000)	新疆ウィグル自治区	義務教育実施辦法	1988		2000年前基本普及

出典:教育部基礎教育司義務教育実施処編『義務教育法規文献匯編1900-1998』中国社会出版社、1998年を主に参照して作成。

では、県（市、区）を単位として3段階に分け、最終的には2000年前後の達成を目標としていた[35]。これは国の計画よりも期限を遅くし、しかも省内を3つに分けることで、より現実的な計画を立てたということができよう。その後国としての目標も、表現や数値を変えながら、徐々に明確化されていき、達成されていった。こうした方策は、格差是正のために、一時的な格差を容認する形で導入が進められたことになる。

6．21世紀における義務教育普及

21世紀に入り義務教育の導入はかなり進んできたものの、いまだ小学さえ満足にない地区もある。こうした地区では、様々な理由により、教育を普及させる環境が整っておらず、今後も短期間での解決は難しい状況にある。ここでは、そうした地区において、現場に最も近い位置にある地方末端政府が苦心しながら導入を図っていることに注目し、最終段階にある義務教育普及の課題を探る。

(1)「両基」の達成

中国では1986年に義務教育制度が導入されたが、その後はほぼ順調に普及が進んでおり、2007年の統計によると、中国の小学の就学率は99.5％に達し、小学から初級中学への進学率も99.9％と非常に高いレベルに達している[36]。義務教育法施行前年の1985年の小学就学率95.9％、初級中学進学率68.4％、1990年の小学就学率96.3％、初級中学進学率74.6％と比較しても、義務教育の普及が着実に進行している様子がうかがえる。それまでの普及率の高さやその後の飛躍的な経済発展が背景にあるとはいえ、地方に権限を下方委譲し、段階的に実施するという方法をとったことが成功の重要な要因のひとつであることは疑いない。

しかし一方でこの数字は、今もなお小学に登録さえされない、あるいは入学しても小学さえ修了できずに途中でやめてしまう子どもが確実に存在することを示しており、その数は中国の莫大な人口を考えると、決して少なくない。沿海都市部で高級中学までの普及がかなり進んでいることを考慮に入れ

ると、内陸部や西部地区、またその中でも農村部や少数民族居住区ではかなり深刻な事態にあることは容易に想像がつく。こうした地区では一般的に、県の財政事情が悪い。そのため教育に投入される資源が不足し、教育条件に問題を抱え、小中学校の教員が不足しており、崩壊の危機にある危険な校舎を使用している。また教育を受けずに成人になった場合、この非識字者の存在が次世代の教育に大きく影響を与えることも考えられる。

　つまりこれまで中国の義務教育は地方に責任を移し、段階的に進めることでこれまでほぼ順調に普及を進めてきたが、そうした方法をとったために生じた地域間格差が深刻化している。今後はこれにどのように対処していくかが、最後の高く険しい関門ということになろう。

　この問題に関して中国政府は「両基」（2つの基本）の達成、つまり9年制義務教育の基本的な普及とともに、青壮年の非識字者の基本的な一掃を目標に掲げ、取り組みをおこなってきた。こうした2つの問題を相互にリンクさせながら取り組むことは、非識字者が非識字者を生みだす可能性が高いことから考えても妥当なものということができよう。またここでも地方政府の役割が特に強調されており、特に貧困地区や少数民族居住地区などでは県レベル以下の政府が主体的に地域に密着した地道な取り組みをおこなうことが期待されている。

写真 4-1　成人識字教室の様子。
右は母親が参加している識字教室を窓の外からのぞく子ども（雲南省）

2001年の「基礎教育の改革と発展に関する決定」では、第10次5カ年計画中の9年制義務教育の普及と非識字青壮年の解消を意味する「両基」を教育政策の「重点中の重点」と設定した。具体的には初級中学段階の就学率を90％以上にし、青壮年の識字率を95％以上に保ち、高級中学段階の就学率を60％前後とし、就学前教育のさらなる発展を目標とした。ここでも全国を3つに分けた方法がとられて、それぞれの状況に応じた目標が示されている。

① 全国の人口の15％前後を占める「両基」が実現していない貧困地区では、「両基」の定着と向上に力を注ぎ、初等義務教育を普及させ、9年制義務教育と非識字青壮年の解消を積極的に推進し、高級中学段階の教育を適度に発展させ、1年の就学前教育を積極的に普及させること。

② 全国の人口の50％前後を占めるすでに「両基」を達成した農村地区では、「両基」の定着と向上に重点を置き、義務教育段階の学校の教育条件を改善し、教育の質と効率を向上させ、高級中学段階における大きな発展と、3年の就学前教育を普及すること。

③ 全国の人口の35％前後を占める大中都市と経済発展地区では、9年制義務教育を高いレベル、高い質で普及させ、社会の高級中学段階の教育と3年の就学前教育への需要を基本的に満たし、児童早期教育を重視することが求められた。また2010年までに基礎教育全体のレベルが世界の先進国家の中レベルに接近するか到達すること。

2002年時点では全国人口の15％が居住する地区、450県で「両基」は達成されておらず、そのうち391県は西部12省・自治区に集中している。例えば15歳以上の非識字率は、北京市が5％を割り、全国平均が9.08％である中、チベット自治区の47.25％を筆頭に、青海省25.44％、貴州省19.85％、甘粛省19.68％、寧夏省15.72％、雲南省15.44％と西部地区で特に高い数字がでている[37]。2004年2月に出された「2003-2007教育振興行動計画」でも、特に西部地区に注目して、2007年末までに西部地区総人口の85％以上が居住する地区で9年制義務教育の普及を達成すること、そ

して青壮年の非識字率を5％以下にすることを目標としている[38]。

写真4-2 空き教室で寝泊まりしている小学生。
壁には「貧しさより先に無知を治せ」のスローガン（雲南省）

（２）未普及地区での地方下級政府の取り組み

　これに関して、例えばこんな事例がある。雲南省では多くの少数民族居住地区において、小学に通えなかった若者を対象に識字教育をおこなっている。ある少数民族自治県では大半の大人が標準語を話せない状況の中、県政府や個人の取り組みによって、現地に深く浸透しているキリスト教を利用するなどして、教育の普及への努力が続けられている。また貴州省のある県では、優秀な公立中学において、教員に給与が払えず、次々とやめていってしまった。これを打開するために県政府がとった方法は、個人の投資家に学校を買い取ってもらって、優秀な教師を呼び、民営学校として再建するものであった。こうした動きは「転制」と呼ばれ、全国各地で検討されているが、国有財産が私有財産になることへの抵抗は少なくなく、学校発展を模索する日々が続いている[39]。

　ここで注目されるのは、小中学校を実際に預かる県政府や学校あるいは個人が現地の状況をもとに現実的な政策・対策をとっていることである。そこでは国や省、そして地元政府が学校に十分な資金を供給することができない状況の中、県レベル以下の政府が地域社会や個人と協力して、キリスト教の利用や公立学校の私有化など、国の方針からすればいささか問題があると思われる方法でも積極的に採り入れて、問題の打開を図っていた。財政面での改善が重要な柱となっているが、その根底には教育を重視している姿勢をみ

写真 4-3　「普通話（標準語）を話しましょう」、
「普通話は教師の職業言語です」という看板（貴州省）

てとることができた。

　これらの事例から、まず西部地区の貧困県における教育普及において、国レベルの政策で明確にされていたような、国や省レベル政府が金銭的援助をおこない、実際の権限は県レベル政府に与えておこなわせる方式が一応機能しているということがいえる。特に国や省レベルでは原則やタブーにより扱いにくい事柄であっても、県レベル以下の政府が積極的におこなっていることは、まさに地方の活力、積極性を利用するという国の普及政策とも一致している。また、地域にひとつの先進的な学校ができることで、周辺の学校や住民に大きな影響を与えるということも、教育の普及・向上を考えた場合、見逃せない事実である。ただし、こうした財政基盤の弱い県、郷レベル政府が責任を負う体制では、教科書さえ満足にないなど金銭的援助が足りていない状況がみられた。また上級レベル政府が原則にこだわるあまり、現実的な政策をとろうとする県レベル政府が難しい立場に立っていることがわかった。県レベル政府が弾力的な運営をおこなうには、財政面も含めた自立性が必要となるが、国や省からの交付金を頼りにしている場合には、そうした運営が行いにくくなってしまう。現地の教育担当者の口ぶりからは、自分たちの行っていることに自信がある一方で、常にこうしたことによる不安感が感じられた。よってこれらの事例をもとに、今後あるべき方策を提示するとすれば、国や省レベル政府はこれまで以上に県レベル以下の政府の実践力を信頼し、まず教育を普及させることを主眼とし、まさに「金は出すが、口は出さない」という姿勢を明確に示すことであるといえよう。なおこれまで義務教育については県レベル政府を主体としていたが、農村部については省レベル政府に引き上げようとする動きもある[40]。

　ここまでみてきたように、現在までに義務教育の導入はかなり進んだが、いまだ小学さえ満足にない地区もある。そこでは地方末端政府が民間の力に頼ったり、宗教の力を借りたりするなど、中央や省レベルでは実行が難しい方策をも利用しながら導入を図っている。県レベルを主体とする義務教育段階の教育は、省レベルによる強力な援助と県レベル以下の政府による状況にあわせた政策の両方が必要となっており、農村部については省レベルを主体

としようとする動きもある。

7．おわりに

本章で明らかになったのは、次のことである。

中国では、20世紀に入って近代学校制度が導入されて以来、外国の制度を模倣した義務教育の導入が図られた。しかし、模倣した制度と国内事情との不整合や資金不足に加え、戦争・内戦による混乱などがあって普及することはなかった。中華人民共和国成立後は、初等中等教育の普及を重視する姿勢は一貫しており、小学の就学率などは上昇を続けていた。しかし、共和国成立当初はハイタレントの養成を優先しなければならないという事情によって、1950年代に一度計画されたときには理念上の問題によって、その後は政治的混乱によって、1980年代まで義務教育が実施されることはなかった。

こうした近代学校制度導入以来の義務教育計画に共通していえることは、地方に一定の配慮はしながらも、短期間のうちに全国に導入することをめざしたものであったという点である。このように財政的根拠や具体的計画がないまま全国に普及させるという目標だけが先行したことも、度々の計画が立ち消えとなった要因と考えられる。現実にある制度を概念上の制度に強引に近づけようとした結果の失敗ということができよう。

その後文化大革命が終結し、経済の改革開放の方針が示されると、義務教育実施計画が立てられ、憲法や法律に明記された上で、全国的に導入されることになった。この目的には社会発展に必要な人材を大量に養成するというものの他、義務教育という制度を導入することで国際的な威信を高めること、法律を導入することで教育軽視の風潮を改めることなど、教育活動に直接関わらない面での意図も含まれていた。

中華人民共和国は複雑・多様な条件を抱えていたが、上記の目的を達成するため、効率的に義務教育を導入する必要があった。そこで、それまでの失敗の経験もふまえ、地方に財政権限を分配して受け入れ態勢を整えさせた上で、導入を指示し、地方にほとんどの権限を与えて責任を負わせ、地方で分担して普及を図るという方法を採った。このことには、中央に全国的に義務

教育を発展させるだけの財力がなかったため、改革開放により活性化した地方・民間の力を借りるという意味もあった。

さらにこの目的を達成するため、その内容についても、教育税の徴収を認めた他、学制や入学年齢を厳格に規定しないなど地方への細かい配慮をみせていた。特に義務教育の導入の過程において、法律では地域間格差に配慮して国を3段階に分けた導入方法がとられた。さらに省にもそれぞれの状況に応じた計画を立てる権限を与えた。これにより各省は、省内の格差に対応するため、さらに導入時期を遅らせたり、省内を3段階に分けたりするなどの方法で段階的導入を図っていた。

これは地域間格差が存在している状況で、国が統一的に義務教育の普及をめざすという、概念上の制度を設定し、これに現実にある制度を近づけようとする改革といえよう。そのために地方に財政面も含めて権限を大幅に下方委譲し、制度的にもゆるやかなものにし、さらには導入時期についても15年あるいはそれ以上の期限を設定したことも地方への配慮ということができる。このように教育の対象が限られ、格差がすでに存在する状況から、全国民に一定の教育を提供するという段階への転換のために、義務教育の導入は一時的な格差の存在や省ごとの取り組みを許容する形で進められた。実際に各地の県レベル以下の教育当局が苦心しながら普及を進めていることも確認した。これまで短期間で全国的な成果を求めたために失敗した過去があるだけに、長期的スパンでの段階的導入を認めたことは、地方への配慮や地方の独自性の尊重ということができる。ただし義務教育については事実上地方が財政面も含めて負担することも合わせて考えれば、これは長期にわたって地域間格差が残存することを認めたものといえた。

なお、2006年9月1日、修訂された新しい「中華人民共和国義務教育法」が施行された。旧法施行からちょうど20年経ったこの時期に修訂された新「義務教育法」は、この20年間で生じた問題に対処し、今後の義務教育のあり方を定めたものということができる。そこでは国や地方政府が格差の是正に積極的に努力することを求めており、そのための経費配分や重点学校・クラスの禁止など、旧法よりも詳細に、具体的に、責任を明確にしながら格

差の解消へ向けた方針が示されている。ただし、これらの規定はこれまで法律にはなっていなくても、政府が公的文書等で指示してきた事柄でもある。そうした規制がありながらも、そうはなってこなかったという現実があるだけに、劇的な変化は難しい、という印象はぬぐえない。本章で言及してきた事項についても、これまでの流れを大きく変えるものとは考えにくい。だが、旧法が施行されたことによって、基礎教育が驚異的な速度で普及・充実したことも確かである。今回の新「義務教育法」についても、改めて法律として規定ができたことの意味を考慮しながら、今後の動向を見守りたい。

注
1 ①阿部洋『中国近代学校史研究－清末における近代学校制度の成立過程』福村出版、1993年、251-260頁、②世界教育史研究会編『中国教育史（世界教育史体系4）』講談社、1975年、357頁など参照。
2 ①世界教育史研究会編、同上書、357-358頁、②平原春好「現代中国の教育改革」神戸大学教育学部『神戸大学教育学部研究集録』83集、1989年、306頁など参照。
3 就学率の原語は「入学率」。全国学齢児童数のうちすでに入学している学齢児童数の割合。
4 世界教育史研究会編、前掲書、358頁；平原春好、前掲論文、306頁など参照。
5 世界教育史研究会編、同上書、146-151頁。
6 中国教育年鑑編集部編『中國教育年鑑1949-1981』中国大百科全書出版社、1984年、123頁など参照。
7 同上書、123頁。なお、1956年9月には中国共産党中央副主席劉少奇が、「財政の許す範囲において、段々と小学教育を普及させ、地域を分け期間を分けて、12年の内に小学義務教育を普及する」という目標を述べている。
8 文教課「中国の教育改革（その1）」国立国会図書館調査立法考査局『レファレンス』36(9)号、1986年、78頁。
9 斎藤秋男『中国現代教育史－中国革命の教育構造』田畑書店、1974年、148頁。
10 世界教育史研究会編、前掲書、242頁など参照。
11 斎藤秋男、前掲書、177-178頁。
12 世界教育史研究会編、前掲書、258-259頁。これに関して、中国成立後、中央による国家統制が厳しく、一定の条件を満たさない学校は正規の学校と認めなかったため、農村では正規の学校教育の普及が進まなかった。そこで農村の学齢児童の就学難・進学難、農業協同組合の人材難などを解決するため、農民た

ちは資金、施設を提供しあって彼らの必要にあった学校をつくった。これが全国に広がり一定の成果をあげていたことも「全民教育」の計画を後押ししていたものと思われる（世界教育史研究会編、同上書、258-259 頁）。
13 同上書、259 頁。
14 斎藤秋男、前掲書、177 頁。
15 中国教育年鑑編集部編、前掲書、123 頁など参照。
16 ①溝口貞彦『中国の教育』日中出版、1978 年、57 頁、②中国教育年鑑編集部編、前掲書、123 頁など参照。
17 中国教育年鑑編集部編、前掲書、123 頁。
18 以下の「教育体制改革に関する決定」の訳文については、新保敦子「教育体制改革に関する中国共産党中央委員会の決定」中国研究所『中国研究月報』456 号、1986 年、21-32 頁を参考にした。
19 人材の養成については、既存の人材の大胆な登用・レベルアップもあげており、成人教育にも力を入れることを宣言したものと思われる。
20 ①篠原清昭「現代中国の教育投資－社会主義国における『教育の市場化』－」九州大学比較教育文化研究施設『九州大学比較教育文化研究施設紀要』51 号、1998 年、56 頁、②新保敦子、前掲論文、22 頁など参照。
21 小学就学率 95.9％（1985 年）、小学保留率 71.4％（1986-1990 年）、小学卒業生初級中学進学率 68.4％（1985 年）、初級中学保留率 82.8％（1986-1990 年）から計算して推定した。
22 三好章「改革・解放期における中国の教育体制改革について－初等教育の普及と課題－」アジア経済研究所『アジア経済』第 37 巻第 7・8 号、1996 年、172 頁など参照。
23 唐寅「中国教育体制改革における権限分担変容の一考察」九州大学教育学部『九州大学教育学部紀要（教育学部門）』38 集、1992 年、48 頁。
24 石川啓二「中華人民共和国義務教育法－付全文邦訳および解説－」日本教育学会『教育学研究』第 54 巻第 2 号、1987 年、73 頁。
25 溝口貞彦「最近の中国における教育改革－義務教育法の制定を中心として」二松学舎大学『二松学舎大学論集』33 号、1990 年、11 頁。
26 ①唐寅、前掲論文、49 頁、②文教課、前掲論文、81 頁など参照。
27 唐寅、同上論文、49 頁。
28 同上論文、49-50 頁。
29 教師については、文化大革命などでその社会的地位・信用が下がったことにより、希望者の減少と質の低下が指摘されていた。そのため教師の質の向上は義務教育普及成功のカギと認識されており、その改善のため多くのスペースが割かれているのも「義務教育法」の注目すべき点である。具体的には、師範教育を強化・発展させること、教員の資格審査制度をつくること、師範学校の卒業生は教育の仕事に従事すること、教員の社会的地位向上、待遇改善、教員への暴力の禁止などを定めている。

30 1990 年代に入ってから、無理のある実施目標等を現実的なものに微調整する役割を果たす法令が次々と制定された。「義務教育法」制定後約 6 年の 1992 年 3 月には、国家教育委員会が「中華人民共和国義務教育法実施細則」を公布し、義務教育に関する概念、実施段階、管理監督および罰則などを規定した。その上で 1993 年 2 月、中国共産党中央委員会と国務院は共同で「中国の教育改革と発展綱要」を公布し、「しだいに国民総生産値に占める国家財政性をもつ教育経費の支出の比率を高め、(中略) 本世紀末までに 4 ％に到達しなければならない」「各級の財政支出に占める教育経費の比率は、『八五』期間内において次第に高め、全国平均は 15％より低下してはならない」という具体的な目標を出した。
31 卓晴君・李仲漢『中小学教育史』海南出版社、2000 年、467 頁。
32 石川啓二、前掲論文、74 頁。
33 例えば上海市は、「教育体制改革に関する決定」採択後の 1985 年 9 月に「義務教育法」の制定を待たず、義務教育普及条例を施行し、学費の無償化、児童・生徒を就学させない保護者に罰金、強制措置などをとりうることなどを制定し、高校教育の普及までも努力目標とした (三好章、前掲論文、174-175 頁)。
34 石川啓二、前掲論文、77 頁。
35 山東省「実施《義務教育法》辦法」(1986 年 9 月) 教育部基礎教育司義務教育実施処編『義務教育法規文献匯編』中国社会出版社、1998 年、394-397 頁。
36 教育部「2007 年全国教育事業発展統計公報」(2006 年 5 月)、中国教育部ウェブサイト http://www.moe.edu.cn/ 内「小学学齢児童入学率」「各級学校卒業生升学率」より 2009 年 6 月 20 日ダウンロード。
37 教育部発展規劃司編『中国教育統計年鑑 2002』人民教育出版社、2003 年、417 頁。
38 教育部「2003-2007 教育振興行動計画」(2004 年 2 月)、中国教育部ウェブサイト内 http://www.moe.edu.cn/edoas/website18/info3338.htm より 2006 年 12 月 20 日ダウンロード。
39 2003 年 10 月、雲南省において中央教育科学研究所が筆者と共同で実施した中国少数民族掃盲教育現状与発展研究調査および 2004 年 6 月、貴州省・湖南省において中央教育科学研究所が筆者と共同で実施した学校の民営化に関する研究調査による。詳細については、楠山研「義務教育および成人識字教育の普及における地方、民間の役割－中国西部地区における『両基』達成のための取り組みを中心として－」『中国研究論叢』第 5 号、財団法人霞山会、2005 年、39-53 頁を参照のこと。
40 例えば王湆「完善農村義務教育投入機制」(2002 年 7 月)、中国教育ウェブサイト内 http://www.edu.cn/yiwujiaoyu_1074/20060323/t20060323_56613.shtml より 2006 年 12 月 20 日ダウンロード。

第5章　中国における6－3制と5－4制

1．はじめに

　本章では中国において1980年代から90年代にかけて、小学と初級中学の年限を6－3制にするか5－4制にするかに関して議論が続けられたことについて扱う。

　第1章でも扱ったように、現在世界各国はそれぞれ独自の学校制度をもっており、その学校段階の区分もそれぞれの国や地域、時代によって様々である。この学校段階の区分については、アメリカや日本など先進諸国を中心にしばしば議論の対象となってきた[1]。現在の日本においても公立の中高一貫制学校が登場し小中一貫制が構想される[2]など、戦後50年以上続いてきた6－3－3制が揺らぎ始めている。

　この学校段階の区分は一般に子どもの発達段階、カリキュラム編成といった教育学的な問題から校舎・設備・教師といった財政的な問題、さらには教育のグローバル化による外国との兼ね合いの問題など様々な要因によって決定されている。また学校段階の区分は世論の関心の的となりやすいものであり、これを変えることで斬新な印象が与えられることから、教育課程改革や人種差別撤廃などとセットにして教師や子どもの意欲を増進させる効果をねらったり、政治家が主張したりするといった例も世界各地でみられている[3]。さらに後発諸国ではこれに教育の普及という問題も加わって、学校段階の区分の決定は重要な意味をもつ。

　中国では、中華民国時代の1922年の「壬戌学制」によって、当時アメリカで流行しつつあった6－3－3制を導入して以来、短期間の改革を無視すれば、概念上の基本学制として中華人民共和国成立後も基本的に維持されて

きた。しかし度重なる戦争、内戦、政治的混乱により、1980年代まで6-3-3制が現実の制度として実現した地域は一部に過ぎなかった。文化大革命が終結し、義務教育の普及が視野に入ってきた際、5-3-2制に短縮されていた学校制度は、6-3-3制をめざすことが既定路線とみられていた。ところがこの時、5-4-3制という新しい学校制度が提案され、全国で実験が進められた。結局5-4-3制は現在もごく一部の実験的実施にとどまっているが、全国に広まるような勢いで議論が進められた時期もあった。

本章では、まず近代学制導入以降の学校制度改革の動きを文化大革命終結時まで追った後、その後の6-3-3制への回復そして5-4-3制の実験の動向を確認する。同時に6-3制と5-4制のカリキュラム分析なども採り入れながら、義務教育導入が意識された時期になぜ新たな学制である5-4制の実験が実施されたのかを探る。

2. 6-3-3制導入から文革終結までの学制の変遷

ここでは、現代中国における小学と初級中学の年限に関する議論の分析をおこなうために、まず清朝末期に近代学校制度が導入されてから文化大革命終結までの学制改革の動きを概観する。特に1922年に小学と初級中学の年限に6-3制が導入されて以降、どのような議論や変化を経てきたのかを中心にする。

中国において近代学校制度が初めて定められたのは清朝末期に公布された「欽定学堂章程」（1902年、実施に至らず）の規定する「壬寅学制」、「奏定学堂章程」（1904年）の規定する「癸卯学制」であった。この2つの章程は、日清戦争に敗れて危機感を感じた清朝が、近代化の基礎を国民教育の普及に求めた日本の明治政府の方策を模範としようとしたものであった。よって学制も年限までは一致しないものの段階の組み方に類似性がみられるなど、当時の日本の「学制」の影響がよくみられるものであった。これらの改革は「科挙」制度の廃止などと同時に進められ、中国における教育制度を一新する画期的なものであった。しかし、日本の学校制度を「盲目的に[4]」模倣したものであり、中国の国内事情に合わない面が多く、普及は進まなかっ

た。その後初等教育の年限を短縮すれば普及が容易になるという意見が地方から出されて、初等学校年限の短縮を認めるなどの対応をしたが、辛亥革命によってその効果は表れなかった[5]。

　1911 年辛亥革命によって清朝政府が倒されると臨時政府は「壬子癸丑学制」を公布した。これはそれまでの学制より全体的に年限が短くされていた。これは子どもが多くの時間を学校の中で過ごすことは社会の損失であるという考えから、在学期間を短くし、早く社会に出ることによって、財力を節約し社会の要求に合わせるためであった。他にも男女共学の規定、封建的な読経科の廃止などの改革が含まれていたが、新しい政府の宿命として急いで作成する必要があった。そのため、以前の制度をそのまま踏襲した部分も多く、また一方で理想的な面も重視したことにより、現実的に普及が進められるものではなかったと評価されている[6]。

　このように近代学校制度が導入されてはいたものの、実際に普及させるのは難しい状態で登場したのが、6－3－3制であった。1922 年の新しい学校制度「壬戌学制」はまたの名を「六三三学制」といい、小学 6 年（初級小学 4 年、高級小学 2 年）、初級中学 3 年、高級中学 3 年、高等教育 4 年から 6 年であって、実際上アメリカで当時注目されていた新しい学制を採用したものであった[7]。これを採用した理由としては、第一次世界大戦やロシア革命を契機として世界の新思想・諸潮流に人々の関心が向かうようになったこと、また日本への留学者に代わってアメリカ留学帰国者が要職につくようになって、アメリカの教育学者デューイらが招かれるなど、次第にアメリカ教育理論・方法が影響力をもち始めるようになったことなどが推測される[8]。加えて 1919 年の五四運動によって、日本を模倣したそれまでの学校制度、学校教育への批判が高まったことも要因のひとつといわれている[9]。また子どもの発達段階の観点から学制や教育計画を考える視点が示されるとともに、6－3－3 制を固定せず、地方の状況によって変えてもよいとしており[10]、ここにもアメリカの影響がうかがえる。

　なおデューイは、それまでの日本を模倣した学校制度をみて、「これでは一国の教育方針と制度を確立しているとはいえない。一国の教育は、必ずそ

の国の状況に基づいて策定されるべきであり、国民の需要を考察した上で、慎重に決められるべきである。国情に基づかず、需要を考慮せず、ただ他国のものを模倣するものであれば、それはやがて失敗せざるを得ない[11]」と指摘していた。しかし、この6-3-3制導入も同じ過ちを繰り返したといわざるをえないものであった。当時の中国においてはデューイの実用主義教育理論とアメリカの教育制度に対して、一種の「迷信的盲目的」な信仰傾向が認められていた[12]。またアメリカで注目されてはいたものの、それほど普及していなかった6-3-3制を、数年の議論[13]で、アメリカにおける6-3-3制の採用理由と同じような理由によって導入を決めてしまったことからも、とても国情と制度を十分分析したとは考えられない。結局その後戦争が続いたこともあって学校教育の普及はそれほど進まなかった[14]が、この6-3-3制自体は紆余曲折がありながらも現在まで中国の概念上の基本学制として存在し続けることになった。

　このように中華人民共和国成立前の中国では近代学校制度の導入以来、日本、そしてアメリカの制度を模倣する形で学制が決定された。初等学校の年限を分割・短縮するなど普及への努力はみせたが、単純な模倣であることに加え、国内外の混乱が続き、ほとんど普及しなかった。

　中華人民共和国は国民の8割が非識字者という厳しい状況でスタートした。初等中等教育は国民党統治区を中心に実施されていた6-3-3制[15]を引き続き利用する形をとった。しかし、すぐにこれには重大な問題があると認識された。特に小学に関して、修業年限の6年を初級小学4年と高級小学2年に分ける方法を採っており、農村部では初級小学のみの場合も多いことから、多くの労働人民子女が完全な初等教育を受けることを妨害している[16]として批判の対象となった。

　こうして1950年に北京でおこなった実験をもとに翌1951年、政務院は「学制改革に関する決定[17]」を公布し、1952年から「小学修業年限は5年とし、一貫制を実行する」と規定し、その後1957年秋季までにすべての小学において実施することが決められた。この小学5年一貫制を柱とした新しい学校制度は、国全体でソ連の経験を範として模倣をする流れの中で、やはり

ソ連の影響を受けたものとされている[18]。ところが政務院は1953年11月になると「小学教育の整備と改善についての指示[19]」において、「小学5年一貫制に関して執行状況をみてみると、教師の資質や教材などの条件準備が不足しており、継続推進すべきでない」とし、この小学5年一貫制は開始後1年で停止されもとの4-2制、つまり6年制小学に戻されることになった。ここでは全国一律におこなおうとしたこと、実施時期に一定の猶予をもたせたものの、それでも5年という短い期間であったことが失敗の原因と考えられる。例えば4年制の初級小学しかなかった地区にとって、5年一貫制の導入は実質的に小学1年間の延長を意味しており、無理があったということになる。

大躍進運動が本格化した1958年9月、中国共産党中央委員会と国務院は「教育工作に関する指示[20]」において、現行の学制は改革が必要なものであり、新しい学制を規定すべきであるとし、以後各地で様々な学制に関する実験がおこなわれることになった。しかし大躍進運動の勢いに乗って全国各地で実験という名の様々な改革がおこなわれ、あまりにも多種の学制が乱立したため混乱が起こった。これにより、1963年に教育部[21]が、「小学の修業年限は6年であり、5年一貫制は依然実験段階にある」として無届け実験を禁止する通知を出して[22]、混乱の収拾を図った。つまり、各地でかなり自由におこなわれた実験であったが、小学の5年一貫制実施がその中心的課題であり、1951年の改革を意識したものであったことがみてとれる[23]。

文化大革命の号令下においては、政治的な混乱とともに学校現場も混乱し、通常の学校教育にはほど遠い状態が続いた[24]。学校は続々と年限を短縮し、短ければ短いほどよいという風潮がみられた。全国的な統一学制といったものは決められなかったが、1973年までに全国の大多数の小学が5年一貫制に改められ、初級中学と高級中学は都市部では3-2、農村部では2-2に短縮された[25]。これは労働者階級の教育は集約されて短くあるべきだという理念とともに、それが農村部への教育普及に有利であるという実際的配慮によるものでもあったと考えられている[26]。

このように中国では、近代学校制度導入当初は日本、その後アメリカを模

倣する形で学校制度および学制を決定し、普及のために猶予を設けたり、初等教育年限を短縮したりしたが、国内外の混乱から効果は表れなかった。中華人民共和国成立後は6-3-3制をそのまま利用したが、中華民国時代にアメリカを模倣した学制を依然中華人民共和国で使い続けていることに抵抗感があったのは陸定一の言葉[27]などからも明白である。こうした想いは1951年の「学制改革に関する決定」やその後の実験で小学5年一貫制の導入がめざされたことにあらわれており、それは文化大革命中に一応は実を結んだといえる。しかし、こうした一部の時期を除いては、6-3-3制が概念上の基本学制[28]として利用され続けていた。さらにいえばそれも都市部を中心とした一部の地域を対象としたものであり、多くの地区では4年制初級小学の普及さえ十分でなかったと考えられる。

3. 文革終結後の学制改革の経緯

前節でみたように中国では、中華民国時代の1922年に6-3-3制をアメリカから採り入れて以来、概念上の基本学制であり続けており、文化大革命期などは例外といえた。そのことは、文化大革命終結後すぐに6-3-3制へと戻す動きがみられたことからも想像がつく。また繰り返しになるが、そういった概念上の学制が現実の学制として実際に機能していたのは都市部を中心とした一部の地域であったこともまた事実である。

ここでは文化大革命の混乱から立ち直る過程において6-3-3制への回復の動きがみられる一方で、5-4-3制という新しい学制が登場したことに注目する。中華人民共和国成立後の学制に関する議論の中心は小学を6年制にするか5年制にするかということであったが、文化大革命後の議論の中心は小学と初級中学について、6-3制にするか5-4制にするかということであった。ここではまず経緯を具体的に確認した後、6-3制と5-4制にどのような違いがあるのかについて、カリキュラム比較等を通じて確認しながら、5-4制が登場した理由とその意味について考察することにする。

（1）6－3 制回復という既定路線

　文化大革命期の初等中等教育は内容を精選し無駄を省いて短縮することが求められていたことにより、5－3－2 制あるいは 5－2－2 制となっていた。約 10 年間に及ぶ混乱は教育へも大きく影響し、全国のあらゆる学校が大きな打撃を受けていた。文化大革命中、高等教育に比べて影響が少なく、形の上では学校数・在学生数が上昇したといわれる初等中等教育であるが、実際の学校現場では危険な校舎、教師の不足、教材の不足など多くの問題が発生しており、質を犠牲にして得られた数の増加といえるものであった。文化大革命終結後には粗悪な学校の整理が行われ、学校数・在学生数はともに大きく減少した[29]。ここで教育部は 1978 年 1 月、全日制小中学校統一の教学計画「全日制十年制中小学教学計画（試行草案）」を公布した。1977 年鄧小平の「まず 5－5 制に回復、その後研究を進める」という方針に沿ったこの学制は、小学 5 年、中学校 5 年（3－2 に分段）の 5－3－2 制を採用した。これは共和国成立以来教育行政部門が正式に規定した中では最も年限の短いものであったが、教学計画の配分、教材内容の要求は引き上げられたため、当時の小中学校の実際とはかけ離れており、教師と児童生徒の負担は増加した[30]。

　このような状況において、1979 年 4 月『人民日報』紙上で小中学校 12 年制への回復が建議されたのを契機に、同年 6 月教育部は北京市の教育関係者と座談し、同時に各地に学制改革問題について研究討論するよう要望を出した。そして 1980 年 12 月の中国共産党中央委員会・国務院公布「小学教育普及の若干の問題に関する決定[31]」により、小中学校の就学年限を 12 年に変えていくこと、都市部の小学でまず 6 年制を試行することが決められた。なお農村部はしばらく 5 年制のまま動かさないこととされた。小学を 6 年にする理由として北京市教育局は次の 3 点をあげている。①5 年制では児童の負担が過度に増し、学力の低下を招いた、②音楽、美術、工作、習字など芸術関係の教科の時間を増やせる、③レクリエーション・スポーツといった活動時間をふやすことによって、体位の向上を図る[32]。また 1981 年 4 月に、中学校の年限を 6 年とすることが決められ、6－3－3 制という文化大革命前までの学制に回復させていく方針が明確に打ち出された。共和国成立前から

の長期にわたる経験があり、共和国成立後も基本的に一貫して全国的な統一学制となっていた6－3－3制への回復がめざされたことは自然な流れといえよう[33]。なおこの後、高級中学については3年制をめざすということで特に議論はないので、これ以降は小学と初級中学について言及する。

　このように都市部を中心に6－3制への回復が進められるなか、農村部の小学は依然5年制のままであった[34]。文化大革命前までの6年制小学は4－2分段制を採用していたため、農村部には初級小学しかなかったところも多く、文化大革命時に5年一貫制小学が実施されたことは1年間の延長を意味していた。多くの農村部において小学教育さえ不十分な状態であることは明白であった。このことは中央もよく認識しており、都市部を中心に6－3制への回復を図る一方で、条件の整ったところから徐々に6年制に変えていくこととしていた。加えて無理に変える必要はない、6年制、5年制の併存を認める、初級と高級の2段階に分けることを認めるなどと再三配慮する姿勢をみせていた[35]。さらに1981年3月には「全日制五年制小学教学計画（修訂草案）」を出しており、これは改めて小学は5年制が多く存在していることを示し、無理矢理6年制に転換する必要のないことをアピールするものといえよう。6年制用の教学計画がつくられるのは1984年8月「全日制六年制小学教学計画の割り振りに関する意見」まで待たねばならず、この内容も5年制用を参考にして作成したとするものであった。さらにこの文書の中にも小学は盲目的に6年制に改める必要はないという文言があった[36]。このような度重なる強調は当時農村部の多くが文化経済状態の遅れた地域であり、6年制小学への転換を無理なくおこなう力はないと考えられていた証ともいえよう[37]。

（2）5－4制の登場

　このような状況の中、5年制小学をそのままにして、初級中学に1年加えて4年とする5－4制という、全く新しい学制[38]が提案されることになる。まず先進的な実験をおこなうことで有名な北京育英学校が1980年から[39]、北京景山学校が1982年から[40]5－4制実験を開始する。1984年10月には『人

民日報』紙上に、北京師範大学などが中心となっておこなった研究により、5－4制が中国の現状に適しているという記事が載った。そこでは、6－3制への回復について、小学が5年で足りず児童の負担が増えるのは進学準備に時間をとられているからであり、それは小学1年間の延長では解決されない、6－3制は進学のみを目的とした課程が組まれており、卒業後就職する者への配慮がないなどと批判していた。その上で、小学は5年で完成することが可能であり、普及が容易である、初級中学にはゆとりをもたせて、労働技術教育などを多く採り入れるべきであるとした[41]。そしてこの1984年から山東省維坊市諸城[42]、山東省烟台市[43]など5－3制を実施していた地区で5－4制実験が開始された。

その後、5－4制は、実験地域が拡大され、全国的な統一学制になるかのような動きをみせることになる。

1985年にそれ以降の教育政策の基盤となった、中国共産党中央委員会「教育体制改革に関する決定[44]」が出され、翌1986年に中華人民共和国史上初めての教育関係の法律となる「中華人民共和国義務教育法[45]」が出されて、義務教育年限を9年間とすることが定められた。これらの文書では、初等中等教育の立ち後れが深刻であることが認識され、地方に権限と責任をもたせて重視していく方針が示されていた。またそれまでの高等教育重視の方針に変化がみられて、今後の初等中等教育の普及が本格的に進むことが期待できるものであった。なお学制については「初等段階と初級中等段階の2つに分けることができる」、「初等教育と初級中等教育の学制は国務院教育主管部門が制定する」とされただけで、6－3制、5－4制、9年一貫制（第6章で詳述）のいずれも問題のないものであった。当面は地方当局がその実状に応じて決めるものと考えられ[46]、年限が9年に満たない5－3制については徐々に変えるべき過渡的なものとされた。

このような時期、国の第6次5カ年計画（1981～1986）重点科研課題「5－4学制を基本学制とすることの科学性と可能性」研究によって、小学は5年で完成させることが可能であること、初級中学には難しい教科が多くあり、これが詰め込まれていることによって落ちこぼれの増加など多くの問題が発

生しており、これを1年延長することでゆとりができ、それらの問題を解決できることが「証明」された[47]。そして第7次5カ年計画（1986〜1991）期間には5－4制は地域的な実験に発展していくことになった。そこに含まれた実験地域は文化的経済的発展レベルが異なる3種類（義務教育普及速度の3段階と一致）の地区をほぼ包括するものであった[48]。また1986年に上海市において、5－4制導入が検討されることになった。これは在学生数の増加により小学が適正人数を超えたため、小学6年生をまだ校舎等にゆとりのある中学校に初級中学1年生として入学させるというものであった[49]。これはカリキュラム等に変更はなかったが、直轄市でもある大都市において6－3制を5－4制に変える計画という点で影響は少なくない。その後、1988年には上海の計画が実行に移されるとともに、遼寧省瀋陽市於洪区[50]、湖北省沙市市[51]などでも5－4制実験が始まった。これらはすでに6－3制を実施していた地区において5－4制に改める実験であり、大きな意味をもっているといえよう。1988年に出た義務教育全日制小学、初級中学用の教学計画（試行草案）では6－3制用、5－4制用が別々に用意された。翌1989年には国家教育委員会が1989年重要事業に5－4制実験を入れ、5－4制実験を加速するよう指示した[52]。このように5－4制は、6－3制になっていた地区で改めて5－4制に変える実験が行われるという新展開を迎えることになった。

　このように全国的に経済発展状況が異なる様々な地域で5－4制実験が行われ、6－3制に回復して間もない学校を5－4制に移行するような実験も含まれたことから、5－4制は、6－3制と対等なものとして9年制義務教育の基本学制となる可能性をもつかのような勢いをみせるようになった。もともと学制は全国統一が好ましいと考える傾向があった[53]ため、1980年代初めの北京育英学校、北京景山学校の実験の頃から、将来的には全国的に5－4制を導入することを視野に入れていたことは間違いない。また5－4制改革への反論を行った周貝隆が、全国的に6－3制を5－4制に改めることにしきりに反対していた[54]ことも、5－4制が全国的に導入される可能性があったことを表しているといえよう。

　しかしその後、1990年代には義務教育の普及は順調に進んでいったが、

5-4制については特に目立った進展がないまま、2000年に「6-3制に統一していく」という方針が示されることになる。

1980年代終盤以降も国の重点課題には入らなかった[55]ものの、基本的に5-4制実験は良好であるという報告はしばしば登場しており、また国として6-3制のみを積極的に支持するような動きはみられなかった。1989年12月中央教育科学研究所「五四学制実験報告会」、1990年8月国家教育委員会基礎教育司「五四学制区域性実験展開に関する通知」、同年10月国家教育委員会「第一次全国五四学制区域性実験検討会」、1996年8月李嵐清国務院副総理の発言など、すべて5-4制の実験を肯定するものであった[56]。しかし、義務教育法施行から10年経った1996年の調査においても、6-3制は61％、5-3制は36％であり、5-4制はわずか3％にとどまっていた[57]。1990年の調査では6-3制は50％であった[58]ことから、それ以降も5-3制から6-3制への移行はおこなわれているが、5-4制への動きは大きくなく、5-3制のままとどまっているところが非常に多いということがいえる。

その後、2000年8月に、李嵐清国務院副総理が全国人民代表大会常務委員会議において、「義務教育段階の学制はだんだん統一していく必要があり、5-3、5-4学制の地区は6-3制に統一しなければならない」と発言した[59]。その4年前に5-4制実験を支持するような発言をしていた国家首脳が意見を変更したことは、中枢部で何らかの意思統一がなされたことが予測されるものであり、これにより5-4制を中心とした学制に関する議論は一応の区切りがつけられた。

4．5-4制が登場した意味

こうして、義務教育普及と並行して検討されてきた学制改革は、6-3制に統一するということで決着がついた。それでは5-4制はなぜ登場し、それにはどんな意味があったのであろうか。本節では、まず6-3制と5-4制にどのような違いがあるのか、登場の経緯やその過程での推進派の主張、カリキュラム分析などをもとにその具体的な中身について検討する。その後5-4制が登場した理由と意味について考察する。

写真5-1　校内を移動する小学生（遼寧省）

（1）6−3制と5−4制の比較分析および登場経緯の分析

　学校段階の区分の変更要因としては、教育的な観点から、①子どもの発達段階の問題、②教育内容の問題、③教育方法の問題、行財政的な観点から、④社会的な要求の問題、⑤財政上の問題などが考えられる（第1章を参照）。ここでは、これらの観点から、5−4制に関する議論を整理してみることにする。

　①子どもの発達段階の問題については、中国でも5−4制推進派が、6−3制を導入した時期よりも子どもの成長が早まっていることを指摘している。そこでは身体的成長のデータを用いながら、その速度が1、2年早まったことをあげ、よって6−3制では適合しないという意見を出している[60]。しかしこの議論は、他の国でもよくみられる[61]ように後付け的な印象を否めない。まず成長が早まったとしているが、その前提となる6−3制の導入時、あるいは共和国成立時にそのようなデータをもとに6−3制に決定したという証

拠が存在しない。また5－4制推進派が用いているデータも説得力に欠けるものである[62]。さらにその結論として出された1、2年というズレのある早まりがなぜ5－4制へと結びつくのかも明確ではない。またこの5－4制は6歳入学を前提としているが、5－4制を真っ先に採り入れようとした農村部にはいまだに7歳入学の地区も多く、その転換には多くの困難が伴うことも指摘されている[63]。さらに個々の発達の違い、男女差、個人の中での分野による発達の違いを学年制の枠の中でどのようにとらえ、段階化するかということは非常に大きな困難を伴うものである。以上のことからこの理由だけで5－4制が推進されたとは考えにくい。

　②教育内容の問題について、まずカリキュラムを比較すると、教科により多少の違いはあるが、6－3制用・5－4制用ともに、小学で学ぶ内容、中学校で学ぶ内容は基本的に同じであり、それを学ぶ年限が異なるのみとなっているものが多い（**図5-1**、**図5-2**を参照）[64]。こうなると、小中のどちらを1年延ばすのがよいのかという議論になる。5－4制推進派は、小学は5年で完成可能であって6年制では1年を無駄に過ごしている、初級中学には難しい教科が多くあり、すべきことも多いので3年では足りず、成績に格差が生じたり中退者を増やしたりしているとしている。小学が5年で完成可能であることの真偽は不明だが、少なくとも初級中学については普及の完成している都市部にとって説得力のある指摘といえよう。しかし、これはカリキュラムの再編成によって対応することも可能な問題ともいえ、それならばそちらの方がずっと容易である。また小学を6年制に回復する際には小学の時数が足りないとされており、これらとの意見の統一もみられてはいない。よってこの理由のみで学制を変更することには疑問が残る。どちらにゆとりを持たせた方が教育としてよいのかという問題についても明確な結論を出すのは困難である。

　③教育方法の問題については、中国では小学から専門教科別担任制が導入されているが、近年は小学については学級担任が全教科を担当することもある。ただし音楽、美術、体育のような特別教科に加えて、語文（国語）、数学、社会、自然などの主要教科についても小学の中学年程度から専門教員を

配置している場合もあり、その判断は各地区、学校に任されているようである。よって全教科担任制と専門教科別担任制の転換点が即小学と初級中学の教育方法の転換点というわけではなく、制度的区分に関する議論でもこのような話題はほとんど登場していない[65]ことからも、これが主要な要因とは考えられない。

④社会的な要求の問題については、ナショナリズムの問題、制度の変化を求める問題、中等教育の開放の問題、経済発展の要請の問題があげられる。ナショナリズムとして、アメリカ6-3制への抵抗感は共和国成立以来の首脳の発言からしても大きいものであると考えられる。ただし、それならば共和国成立以来めざしてきた5年制小学を実施すればそれでおさまる話であり、文化大革命終結時の学制をそのまま利用すれば、より容易に移行できたはずである。また単純に制度の変化を求める動きが強かったのは確かなようである。5-4制の有効性を示した研究の代表者ともいえる肖敬若が、5-4制改制反対派に対しての説明文書の中で、自身の説の一部を不備と認めた上で「改革の時代にあって、改めることは改めないことに比べて改革精神に合っているように思えた」と書いている[66]。この真偽はともかく、改革開放の動きの中で単純に変えることについての要求が相当なものであったことがうかがえる。ただしこれも小学を5年制にするだけで済む話ともいえ、初級中学を延長する理由としては不十分といえよう。中等教育の開放についても、小学が短くなって早い時期に中等学校に進めることは意味があるが、その初級中学が結局1年長く4年間であって、最終的には9年間で6-3制と同じになるということでは、また中退者を増やす結果となると想定され、筆者の試算[67]でもあえて5-4制にすることの意義は見いだせなかった。経済発展上の要求としては高度な技術者を育成するとともに、中級技術者を育成し、さらには国民の底上げも図るという多様な人材養成の必要がある。実際5-4制の発想が農村部で登場した際には初級中学に労働技術教育を増加させるとしており、それは卒業後すぐに就職する者のための職業準備教育ともいえ、都市部ではそれ以降の教育の普及も進んでいることから、多様な人材を育てることと一致している。ただしこれでは全国的に5-4制を導入しようとす

6年制小学

1年生（週4時限）
（一）数と計算
①20以内の数の認識、加法と減法
②100以内の数の認識、加法と減法
（二）量と計量
（三）幾何初歩知識
（四）応用問題

2年生（週5時限）
（一）数と計算
①二桁の数の加法、減法　　　　一部
②乗法と除法　　　　　　　　　一部
③一万と一万以内の数の読み方と書き方
④加法と減法
⑤混合演算　　　　　　　　　　一部
⑥そろばんの加法と減法（注）
（二）量と計量　　　　　　　　　一部
（三）幾何初歩知識　　　　　　　一部
（四）応用問題

3年生（週5時限）
（一）数と計算
①一桁の乗法、除法　　　　　　全て
②二桁の数の乗法、除法
③四則混合演算
④分数の初歩認識　　　　　　　一部
（二）量と計量
（三）幾何初歩知識　　　　　　　一部
（四）応用問題

4年生（週5時限）
（一）数と計算
①億以内の数の読み方と書き方　全て
②加法と減法　　　　　　　　　全て
③三桁の乗法、除法　　　　　　全て
④四則混合計算
⑤整数とその四則計算の関係とその法則
⑥小数の意義と性質、加法と減法（注）
（二）量と計量　　　　　　　　　一部
（三）幾何初歩知識
（四）統計初歩知識
（五）応用問題　　　　　　　　　全て

5年生（週5時限）
（一）数と計算
①余りのでない割り算　　　　　全て
②小数の乗法と除法　　　　　　全て
③分数の意義と性質　　　　　　全て
④分数の加法と減法
（二）代数初歩知識　　　　　　　全て
（三）量と計量　　　　　　　　　一部
（四）幾何初歩知識　　　　　　　一部
（五）統計初歩知識
（六）応用問題　　　　　　　　　全て

6年生（週5時限）
（一）数と計算
①分数の乗法と除法
②分数、小数の四則混合計算
③百分率
（二）比と比例　　　　　　　　　全て
（三）幾何初歩知識
（五）統計初歩知識
（六）応用問題
（七）整理と復習

5年制小学

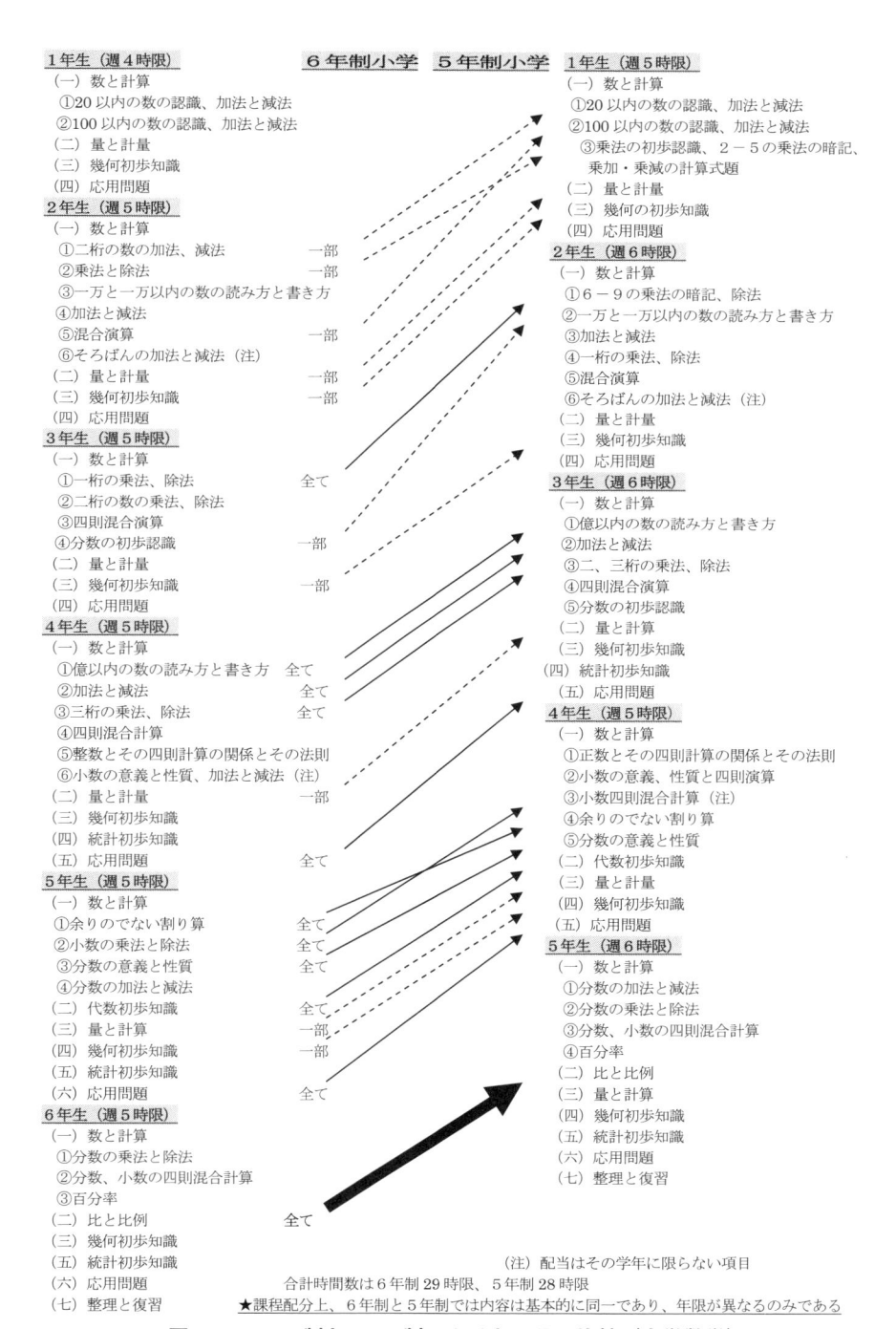

1年生（週5時限）
（一）数と計算
①20以内の数の認識、加法と減法
②100以内の数の認識、加法と減法
③乗法の初歩認識、2－5の乗法の暗記、乗加・乗減の計算式題
（二）量と計量
（三）幾何の初歩知識
（四）応用問題

2年生（週6時限）
（一）数と計算
①6－9の乗法の暗記、除法
②一万と一万以内の数の読み方と書き方
③加法と減法
④一桁の乗法、除法
⑤混合演算
⑥そろばんの加法と減法（注）
（二）量と計量
（三）幾何初歩知識
（四）応用問題

3年生（週6時限）
（一）数と計算
①億以内の数の読み方と書き方
②加法と減法
③二、三桁の乗法、除法
④四則混合演算
⑤分数の初歩認識
（二）量と計量
（三）幾何初歩知識
（四）統計初歩知識
（五）応用問題

4年生（週5時限）
（一）数と計算
①正数とその四則計算の関係とその法則
②小数の意義、性質と四則演算
③小数四則混合計算（注）
④余りのでない割り算
⑤分数の意義と性質
（二）代数初歩知識
（三）量と計量
（四）幾何初歩知識
（五）応用問題

5年生（週6時限）
（一）数と計算
①分数の加法と減法
②分数の乗法と除法
③分数、小数の四則混合計算
④百分率
（二）比と比例
（三）量と計量
（四）幾何初歩知識
（五）統計初歩知識
（六）応用問題
（七）整理と復習

（注）配当はその学年に限らない項目

合計時間数は6年制29時限、5年制28時限

★課程配分上、6年制と5年制では内容は基本的に同一であり、年限が異なるのみである

図5-1　6－3制と5－4制のカリキュラム比較（小学数学）

144

```
初級中学
    代数                                   幾何
    (一) 有理数                              (一) 線分、角
    (二) 整式の加減                          (二) 交差、並行
    (三) 一元一次方程式                      (三) 三角形
    (四) 二元一次方程式                      (四) 四辺形
    (五) 一元一次不等式と一元一次不等式の組  (五) 相似形
    (六) 整式の乗除                          (六) 直角三角形（注）
    (七) 因式分解                            (七) 円（注）
    (八) 有理分数式
    (九) 一元一次方程式の有理分数式方程式
    (十) 数の開方
    (十一) 平方根
    (十二) 一元二次方程式
    (十三) 関数とその図象（注）
    (十四) 統計初歩（注）
```

　　　　　　　（注）一部の内容は4年制の生徒のための選択内容であり、卒業試験と進学試験の範囲には含まれない

（教学内容の確定と配分）6-3制の初級中学と5-4制の初級中学の教学内容は基本要求上同じである。両種の学制の卒業学年では、各地の需要により、応用の知識を選んで学習したり、適当に内容を易しくしたり深めたりできる。5-4制初級中学は1年生で代数のみを配分し、2年生から4年生までは代数と幾何を同時に配分する。6-3制初級中学は1年生の前期で代数を配分し、1年生の後期から3年生まで代数と幾何を同時に配分する。農村の初級中学は具体的な状況により代数と幾何を配分できる。

　以上のように、小学、初級中学で学ぶべき内容は明確に分けられており、これを学ぶ年限が学校段階の制度的区分によって異なる。なお、5-3制の学校については、5-4制用教学大綱の小学部分、6-3制用教学大綱の初級中学部分を用いることになっており、5-3制は小学、初級中学いずれでも密度の濃い授業を強いられていることになる。

　　　　　図5-2　6-3制と5-4制のカリキュラム比較（初級中学数学）
出典：中華人民共和国国家教育委員会『九年義務教育全日制小学数学教学大綱〈試用〉』人民教育出版社、
　　　1992年、中華人民共和国国家教育委員会『九年義務教育全日制小学数学教学大綱〈試用〉』人民教育出
　　　版社、1992年より筆者作成。

る動きがみられたことの説明がつかない。

　⑤財政上の問題については、小学と初級中学のどちらを1年増やすのが財政的に容易か、ということになる[68]。普及させる場合にどちらの学制が容易かという問題については、5-3制から変更する場合には小学だけなら5-4制の方が容易だが、初級中学を延長することを考えるとその判断は難しい。5年に1年増やすのと3年に1年増やすのでは、5年に1年の方が容易という意見もある[69]が、初級中学は高級中学と併設されているところも多く、そ

うなると6年に1年増やすことになり、全国に普及させることを考えるとどちらかがよいという決定的な理由はみあたらない。

ただひとつ明確なことは、5−4制が登場した初期から述べられているように、小学を5年制と1年短くすることで小学の普及・充実が容易になることである。それは5年制用の既存の校舎・設備を利用しながら無理なく普及させ質の向上を図ることができると想定されるからである。ただし初級中学を1年延長することについては、財政あるいは普及という面を考えた場合小学以上に困難が予想され、これでは説明できない。在学生数の増加に対処するためであっても、小学を短くすることは当面の対策としては理にかなっているが、その増加の波がすぐに初級中学に至ることを考えると、1年延長したことによってかえって初級中学はより圧迫を受けることになる。現に2000年前後には初級中学における生徒数の増加が問題となっており[70]、とても4年制を実行できる状態ではないところもある。よってこれに対応できるのは上海のような豊かな都市部のみということになる。

こうしてみてくると、小学については農村部では5年制の方が普及の際に容易であって、5−4制が農村部向けとして扱われていたという状況と合致し、主に⑤財政上の問題に該当する。また初級中学を4年制にしたことも、経済発展をめざす際に多様な人材の養成が求められていること[71]と、農村部において早い段階で職業準備教育をおこなうことが一致し、④社会的な要求の問題に該当する。しかし、その後全国的に5−4制の導入がめざされたことについては説明がつかない。②教育内容の問題などもそれなりの説得力があるが、これだけでは学制を変えることの説明にはならない。

（2）5−4制とは何だったのか

それではこの5−4制が登場し実験が展開された理由は何だったのであろうか。

中国では文化大革命終結後、改革開放の旗印のもと、経済建設に向けて様々な改革をおこなうことになった。その中でも科学技術の向上が重視されたことにより、教育ではまず高等教育に優先的に力が入れられることになった。

その高等教育へ優秀な人材を集めるためにも、また国民全体に最低限の教育を施し底上げを図るためにも、初等中等教育の発展は不可欠なものである。しかし、初等中等教育の普及まで進められるほどの財力は国にはなかった[72]ため、その発展は地方や民間の手に委ねるしかなく、結局ほとんどの農村部に初等中等教育を完成させるだけの十分な資金はなかった。そこで6－3－3制の実施が困難な地区については、まず小学を現状の5年のままにして質の充実を図り、全員に初等教育をおこなうことによって国民の底上げをめざすことにした。その上の初級中学については、これを4年として準備し、当面は進学者数を絞って入学させ、5－4制として9年間の前期中等教育までを完成させることにしたと考えられる。こうすることによって少ない資金で最低限の国民教育をおこなって底上げを図るのと同時に、広く全国的に優秀な人材を見つけだし9年間の前期中等教育までを完成させて、次の段階へ進む足がかりをつけさせることが可能になる。初級中学への進学者数は地区の状況によって決められ、次第に増加させていくという方策が採られたと考えられるのである。

　つまりこれは、5－4制とはいいながらも、とりあえず5年制の小学をある程度の質をもって完成させることを目的としたものであり、4年制の初級中学は6－3制に年数を合わせるためつけた、当面は一部の子どもを対象にした概念上のものであったと考えられる。これについては、同じような頃に4－5制という、農村部にはとても不可能と思われる5年制の初級中学をもつ制度が農村部に提案されていたことからも想像のできることである。この4－5制は、小学は家の近くにあるべきであり少人数でおこなうのがよい、初級中学についてはいくつかの村が集まって大規模なものとすれば教師1人あたりの担当科目数が減って負担が軽くなるなどの理由で農村部に適するとされている[73]。つまりこれは5年制小学にも無理がある地区について、文化大革命前の4年制初級小学の施設と経験を利用してなんとか小学を普及させ、初級中学については就学可能な少数の者のために用意するというものと考えられる。このことは、小学の入学率が9割、定着率が6割、卒業率が3割という九六三現象が一般的であった当時の状況[74]から考えても実情と合致した

ものといえよう。小学のみの普及をめざすことはその直後9年制義務教育が定められたことと矛盾するように感じられるが、9年制義務教育は全国を経済状態によって3段階に分け、2000年まであるいはその後も見越して徐々に発展させていく[75]という方針をとっており（第4章を参照）、また1982年公布の憲法では義務教育は初等教育期間のみとなっていた[76]ことからも、当面は全国的な初級中学までの普及はかなり困難と考えられていたものと思われる[77]。

こうして比較的豊かな地区については6－3制によってより高いレベルの教育の完成を図り、一方貧しい農村部では5－4制によってまず小学の完成を図り、初級中学進学可能な者に限ってはそれ以上の教育をおこなうという2つの学制が並立することで、少ない資金で最低限の国民教育をおこなって底上げを図るのと同時に、広く全国的に優秀な人材を見つけだすという国・社会の要望に最低限応えうる学校制度が作りだそうとしたと想定されるのである。ただしそこには、9年制義務教育といいながら当面はそれを全うできない子どもがいるという、一時的な格差を許容することで成り立った発想であったということもできる。

（3）5－4制が普及しなかった理由

5－4制があまり普及しなかったことについては次のように考えられる。9年制義務教育を普及させるという大きな目標がある以上、現在5－3制の8年制義務教育をおこなっている地区は小学と初級中学のいずれかを1年延長して9年制にしなければならない。これを中央がしっかりと決めれば問題は起こらなかったと思われるがそうはできなかった。文化大革命後初めは6－3制に回復することをめざしたが、貧しい農村部の状況がそれを可能にしなかった。6－3制実施が難しい地区の受け皿として登場した5－4制が、その後実験の過程で中央レベルでも盛んにその優秀性が強調されるなど、全国的な統一学制になる方向性がみえてきた。5－4制は農村部のものと考えていた学校段階の区分の選択主体である地方当局にとってもその動きが感じられるようになってきた[78]。ただし国としてもすでに過半数を超える

6-3制を5-4制に改めよという指示が出せるほどの確信はもてなかった[79]。これにより当時5-3制を実施していた地区はどちらに変えてよいものか困惑してしまった。中央の指示によればどちらにしてもよいと受け取れる[80]ものの、全国的な統一学制を設定しなければならないという発言や発表も多く[81]、後々6-3制、5-4制のどちらかに決められそうな雰囲気は常にあったといえる。このような状況で、ただでさえ苦しい状況を乗りこえて6-3、5-4どちらかで9年制義務教育を達成したとしても、もしそれが全国的な統一学制とならなかった場合、一旦決めたものを改めるときに負担を強いられることになるのは地方当局の方である。よって当然の帰結としてしばらく様子をみることになったと考えられる。6-3制がやや増加しているのは、文化大革命前までの長期にわたる経験があったということもあろうが、やはり都市部の動向に従った方が安全との考えが働いたからであろう。対して5-4制があまり増加しなかったのは4年制初級中学の経験がなかったこと、また一部の地区ではベビーブームによる人口増加世代が初級中学へと達する時期を迎えており、そのピークが終わるまでは5-4制の実施を待つ必要があるとの認識[82]があったことなどによるものと考えられる。

このようにして、義務教育として不完全な5-3制のまま身動きがとれなくなってしまっているところが非常に多く残ってしまった。義務教育法施行から10年経った1996年になっても、いまだに4割近くの学校が不完全な5-3制のままでいる。これが時間の経過とともに順調に減っていくという保証はどこにもない。普及を進めるための5-4制実験・優秀論が、9年制義務教育の早期普及を妨げる結果ともなりかねない状況といえた[83]。このまま中央がはっきりしない態度を続けていては今後の9年制義務教育の普及自体に支障をきたすとの考えによって、当時の普及状況において圧倒的に優勢である6-3制に統一するという決断がくだされ、2000年8月の李嵐清副総理の発言につながったものと考えられる。

5．上海市における5-4制の再評価

このように現在5-4制を実施しているのはごく限られた地区のみである

が、21世紀に入ってからも、この5-4制の教育上の利点を評価し、本格的に導入しようとする地方がある。

　上海市では、1986年に学制改革実験「五四分段整体改革綜合実験」を開始し、盧湾区新華学校、静安区の6校で実験を行った。その結果、経済的に発達し、教育的基礎も整っている上海市では、全日制小学教学計画を5年で完成できること、初級中学生の学業負担を軽減し、「初二両極分化」（初級中学2年生の両極分化）現象をゆるめられることを確認した。その1980年代後期頃、小学に入学する児童が急増する時期を迎え、上海では校舎や教室が足りず、新入生を収容できない状況が生じていた。そのため、1988年旧南市区「九年一貫、五四分段」整体改革実験の思想に基づき、小学6年生をゆとりのある中学校に入れ、中学の管理のもとに置くという方策をとり、この困難を乗り切った。当時、「上海"加速推行'五四学制'研究"」課題研究員の1人であり、現上海市人大教科文衛委員会事務室主任の毛は、「困難とチャンスが同時に出現した」と語っている[84]。

　その後も上海市区の小学6年生は中学に入り、中学校が教育を担当する時期が続いた。彼らは「初中予備クラス」と呼ばれた。こうして上海市区では5-4制が形成されていった。その間、収容力の問題だけでなく、教育内容、教育方法などの総合的な改革が促進され、子どもの心身の全面的な発達についての研究も進められた[85]。

　1995年に小学の入学ピークが過ぎると、当然この「小さな初級中学1年生」を小学に戻すかどうかが議論となりはじめた。その際、5-4制が上海の子どもの心身の発展状況に適合していること、上海の高い目標、高い質の義務教育を普及させることに適していること、初級中学の年限を長くして、実践活動を増やすことは、上海経済と社会の発展の需要に適していることなどが報告されていた[86]。

　その結果、上海市は2004年の新学期から、上海市の9年制義務教育段階で全面的に6-3制を5-4制に移動させることを決定した。この新学制により、初級中学はすべて4年制となり、6年生、7年生、8年生、9年生と呼ばれることになった。2004年9月14日に上海市の各新聞がこのニュー

スを伝えた際、人々の間には不思議な感覚が拡がったという。「上海ではもう以前から5-4制になっているのでは？」。こうして小学生急増への対応という行財政的観点から始まった仮の5-4制は、次第に教育的視点からとらえ直されて再評価され、上海の正式な基本学制となったのである[87]。

6. おわりに

　義務教育の導入とほぼ同じ頃、文化大革命期に5-3制に短縮されていた学制を、それ以前の6-3制に戻す動きと同時に、新たに5-4制が提案され、一部で実験が始まった。これは学習内容の難度が高い初級中学の年限を延長することによって落ちこぼれを減らすなどの教育的「効用」が示されてはいたが、実際には小学を6年制にできない地区について、まず小学の普及を完成させるための方策という意味も大きいものであったと考えられる。つまり5-4制は、改革開放の流れに合わせて高等教育が重視されるなか、財政難などにより6-3制に転換できない地区のための対応策として既存の5年制小学をそのまま利用するために考え出されたものといえた。この農村部であい変わらず行われていた小学5年制を新しい学制として勧め、初級中学はあとから普及させればよいという考えは、義務教育の普及をあせらず進めてほしいという国の要求であると考えられる。その後、初等中等学校の普及は当初の計画通りとはいかないまでも、ほぼ順調に進んでいる。5-4制自体は普及しなかったが、農村部における学校制度も都市部にあるものと対等であると認識させ自信をもたせることによって農村における小学の充実を進めたという意味において、その後の初等中等教育発展に果たした役割は小さくなかったと考えられる。また上海市のように、5-4制の利点を再評価し、21世紀に入ってから本格的に導入するところもある。

　この5-4制の実験が進められた時期は、中国に義務教育が導入された時期と一致している。この義務教育の導入は、地域間格差が存在している状況で、国が統一的に教育の普及をめざすという、概念上の制度をうち立てて、現実にある制度を近づけようとする改革であったといえる。この導入に対して、国は地方に財政面も含めて権限を大幅に下方委譲し、制度的にもゆるや

かなものにし、さらには導入時期についても15年あるいはそれ以上の期限を設定するなど、地方へ大きく配慮をみせていた。この5-4制という新しい学制が登場し、実験がおこなわれたことも、まず小学を一定の質を保ちつつ普及させるためのものと考えれば、義務教育を導入する中で、すでに存在する地域間格差を考慮した、地方への配慮のひとつであったといえよう。つまり義務教育の全国的な導入を、概念上の制度を設定し、これに現実にある制度を近づけようとする改革とするならば、この5-4制実験の実施は、逆に概念上の制度を現実にある制度に近づけることによって対処したということができる。ただしこれも、義務教育を概念上のみ9年間で制度的に統一させるものともいえ、現実にある制度に当面地域間格差が存在することを許容したともとれるものであった。

注
1　例えば、①文部省初等中等教育局教育研究開発室委嘱研究報告書『学校体系の区切り方と教育効果の関連についての研究』、1975年、②日本教育新聞社編『学制改革-私の提言-』日本教図、1967年など。
2　①「品川区、小中一貫の新設検討-公立離れに歯止め」（2002年1月）、『朝日新聞』ウェブサイト内 http://www.asahi.com/national/update/0118/002.html より2002年1月18日ダウンロード、②「幼小中『一貫校』が始動-埼玉・川口市で4月から」（2002年1月）、『読売新聞』ウェブサイト内 http://www.yomiuri.co.jp/top/20020126it04.htm より2002年1月26日ダウンロード。
3　① George, Paul S. and Alexander, William M., *The exemplary middle school*, Fort Worth, Harcourt Brace Jovanovich College Publishers, 1981, pp.24-36、②熊谷一乗『学制改革の社会学』東信堂、1984年、42-44頁など参照。
4　王炳照・閻国華編『中国教育思想通史』第六巻、湖南教育出版社、1994年、45頁。
5　龔乃伝編『中国義務教育学制改革大思路』人民教育出版社、1995年、36-38頁など参照。初等学校年限は、5年の完全科の他に、4年、3年の簡易科を設けるなどの対応が採られた。
6　王炳照・閻国華編、前掲書、35-38頁。
7　龔乃伝編、前掲書、64-65頁。
8　同上書、64-65頁。
9　斉藤秋男『中国現代教育史-中国革命の教育構造』田畑書店、1973年、22頁。
10　「児童の心身発達時期により各段階の教育計画を決める」、「初等教育の進学進級

には弾性制を用いる」（王炳照・閻国華編、前掲書、198頁）。
11 小林文男「近代の覚醒と『五四』」東亜文化研究所紀要編集委員会『中国近代化の史的展望』（東亜文化叢書6）霞山会、1982年、146頁。
12 王炳照・閻国華編、前掲書、199頁。
13 龔乃伝編、前掲書、65頁。
14 ①龔乃伝編、前掲書、45頁、②文部省調査普及局編『現代中国の教育事情－六・三・三制を中心として－』刀江書院、1949年、3頁。
15 「国民党地区では、アメリカの六三三四学制がとりいれられていた。そして小学は初級四年と高級二年に分かれる四二制をとっていた。解放区の小学もそれにならって四二制をとっていたが、普通一般教育としては、主として四年制の（初級小学までの）教育の普及をめざしていた」（溝口貞彦『中国の教育』日中出版、1978年、18頁）。
16 「完全小学が設置されるのは、ふつう、大中都市部とその近郊である。広範な農山村では、四年制小学が設けられるのがふつうであったから、農民大衆の子どもがようやく就学できても、四年を卒えるともう学校と縁がきれるという状態であった。これは教育機会均等の理念に反する、という観点から、（中略）年限を短縮して、むしろ内容・質の向上をはかるというねらいである。これにはしかし、教員の効果的な配置と教材の周到な改編が必要である。なによりもこのプランは、工業化重点の国家投資のもとで、都市鉱工業地域と広大な農山村の経済発展が当面アンバランスの過程をとる、という現実を無視していた」（斉藤秋男、前掲書、35頁）。
17 政務院「関於改革学制的決定（1951年10月1日発布）」（中国教育年鑑編輯部編『中国教育年鑑（1949-1981）』中国大百科全書出版社、1984年所収）。
18 「まったくソ連の学制の直輸入・模倣であった」（沖原豊編『世界の学校』（現代教育学10）東信堂、1981年、144頁）、政務院教育部副部長銭俊瑞「特にソ連の先進的な教育建設の経験を借りて、新民主主義教育を建設しなければならない」1949年12月全国教育工作会議「一般報告」より（溝口貞彦『中国の教育』日中出版、1978年、39頁）。
19 政務院「関於整頓和改進小学教育的指示（1953年11月26日）」（中国教育年鑑編輯部編、前掲書所収）。
20 中共中央・国務院「関於教育工作的指示（1958年9月19日）」（中国教育年鑑編輯部編、前掲書所収）。
21 1949年11月以来中央教育所轄官庁は教育部であったが、1985年6月の改組によって国家教育委員会がその任務を負うことになった。しかし1998年3月の国務院機構改革により再び教育部となっている（天児慧他編『岩波現代中国事典』岩波書店、1999年、193頁）。
22 李文長編『基礎教育改革的回顧与前瞻』人民教育出版社、1998年、109-110頁など参照。
23 実際、1963年7月に教育部は、実験により5年一貫制小学は6年制の教学任務

を完成できることがかなり把握できたとして、実験継続を支持している（中国教育事典編委会編『中国教育事典・初等教育巻』河北教育出版社、1994年、146頁など）。
24 李文長編、前掲書、110頁。
25 ①周全華『文化大革命中的教育革命』広東教育出版社、1999年、169-172頁、②王炳照・閻国華編、前掲書、81-84頁。
26 溝口貞彦「中国」伊藤和衛編『公教育の歴史』（講座公教育体系2）教育開発研究所、1988年、352-353頁。
27 「わが国の現行の学制は、国民党が支配していた時期から受けついだものであります。この学制はアメリカのものをしきうつしにしたもので、たちおくれた学制であります。中・小学の修学年限が長すぎると、教育の普及と向上をはかるのが困難であります。修学年限が長すぎ、程度も低いということは、国家の建設にとって、生徒にとって、われわれの子孫にとって不利であることは明らかであります。われわれはこれまでも教授課程改革をおこない、すくなからぬ成績をあげましたが、しかし、中・小学の学制の改革にはまだ手がまわりかねていました」（1960年3月、第二期全国人民代表大会第二回会議における報告）陸定一（中国教育研究会訳）『中国の教育改革』明治図書、1964年、143頁。
28 なお、中国では基本学制という言葉がよく用いられる。この基本学制という言葉には全国統一という意味は含まれないが、自治区などのごく例外的な地区を除いては、この基本学制に変えることが当然要求されることになると思われる。
29 周全華、前掲書、171-172頁。
30 中国教育事典編委会編、前掲書、150-151頁。
31 中共中央・国務院「関於普及小学教育若干問題的決定（1983年12月3日提出）」（中国改革全書教育改革巻編委会編『中国改革全書・教育改革巻』大連出版社、1992年所収）。
32 沖原豊編、前掲書、132-134頁。
33 李文長編、前掲書、110-111頁など参照。
34 農村部の中学校では制度上は3−3制、3−2制、2−2制などが実施されていた（周全華、前掲書、171-172頁）。なお、本書では都市部と農村部という言葉を使用している。豊かな省にも貧しい省にも都市部と農村部は存在しており、それぞれの豊かさ、貧しさの程度は異なるが、本書では中国での一般的な扱い方に倣って、豊かな地区の象徴として都市部、貧しい地区の象徴として農村部を用いている。
35 例えば、「城市小学試行六年制」「国務院規定小学学制五、六年併存」など（中国教育事典編委会編、前掲書、151-152頁所収）。
36 教育部「関於全日制六年制小学教学計劃的安排意見（1984年8月15日）」（孫琬鍾編『中華人民共和国教育法律法規全書（上巻）』中国法律年鑑社、1998年所収）。
37 農村部において5年制を6年制に変えることの困難については、程介明『中國教育改革−進展・局限・趨勢』商務印書館、1992年、27-30頁に詳しい。

38 1965年頃、中央学制問題研究小組によって5－4－2制という制度が提案されたことはあったが、文化大革命の混乱もあって目立った動きとはならなかった（龔乃伝編、前掲書、52-55頁）。
39 宛士奇編『中国当代教育実験百例』四川教育出版社、1997年、123-138頁。
40 ①陳心五「談五，四学制的優点」『教育理論与実践』1988年5期、9-11頁、②張仁賢編『中国教育教学改革実用全書』経済日報出版社、1996年、229-234頁。
41 中国教育事典編委会編、前掲書、154-156頁。
42 諸城市実験中、昌城鎮中心初中などでの実施を確認。なお1993年創立の私立学校濰坊市英才学府でも5－4－3制を実施している（①張仁賢編、前掲書、234頁、②龔乃伝編、前掲書、319-321頁、③中国基礎教育教学研究編集委員会編『中国基礎教育教学研究（第一巻）』北京師範大学出版社、1993年、115-121頁、④濰坊市英才学府ウェブサイト（http://www.yingcai.org/ より2000年1月10日ダウンロード）など参照）。
43 莱州市九中、莱州市十二中、信庄聯中などでの実施を確認（①中国基礎教育教学研究編集委員会編、前掲書、115-121頁、②張仁賢編、前掲書、236-239頁など参照）。
44 中共中央「関於教育体制改革的決定（1985年5月27日発表）」（中国改革全書教育改革巻編委会編、前掲書所収）。
45 「中華人民共和国義務教育法（1986年7月1日施行）」（中華人民共和国国家教育委員会基礎教育司編『中国基礎教育』人民教育出版社、1990年所収）。
46 石川啓二「中華人民共和国義務教育法－付全文邦訳および解説－」日本教育学会『教育学研究』第54巻第2号、1987年、77頁。
47 この言葉通り、教育課程上では6－3制であっても5－4制であっても小学、初級中学それぞれにおいて学習する内容は同じであり、学ぶ年限が異なるということになっている（図5－1、5－2参照）。
48 張仁賢編、前掲書、58頁。
49 ①龔乃伝編、前掲書、323頁、②張仁賢編、前掲書、234-235頁。
50 ①龔乃伝編、前掲書、324-326頁、②張仁賢編、前掲書、235頁。
51 ①龔乃伝編、前掲書、321-322頁、②張仁賢編、前掲書、235-236頁。
52 中国教育事典編委会編、前掲書、156-159頁。
53 中共中央・国務院「関於普及小学教育若干問題的決定（1980年12年3月提出）」（中国改革全書教育改革巻編委会編、前掲書所収）など。
54 ①周貝隆「談談基礎教育学制的幾個問題」国家教育委員会・中央教育科学研究所『教育研究』1992年第12期、12頁、②周貝隆「尽快結束紊乱、理順基礎教育学制・再提中小学5・4・3改制質疑」国家教育委員会・中央教育科学研究所『教育研究』1998年第2期、30頁など。
55 その後も地方では重要課題としているところもあった。例えば天津市は1997年に「今年度も五四学制、六三学制の改革、高級中学と初級中学の分離、九年一貫制の義務教育のあり方について検討する」としている（田代徹也「中国にお

56 ①中国教育事典編委会編、前掲書、161-165 頁、②李文長編、前掲書、113 頁。
57 周貝隆（1998 年）、前掲論文、28 頁。なお、この割合は 57 頁の図 2 − 8 と一致しないが、図は概念上の制度を表すこととし、当初から過渡的とされていた 5 − 3 制は省略している。
58 同上論文、28 頁。
59 李嵐清「関於実施科教興国戦略工作情況的報告」（2000 年 8 月 24 日）、中国教育報ウェブサイト内 http://www.cedudaily.com.cn/12/wenxian122.htm より 2000 年 10 月 11 日ダウンロード。
60 龔乃伝編、前掲書、103-221 頁など参照。
61 ①大野雅敏「学校体系変更の主要因と変更過程−アメリカ 60 年代を中心とする事例」文部省初等中等教育局教育研究開発室委嘱研究報告書、前掲書、4-9 頁、②江幡裕「イギリスの中等学校制度改革における Middle School の意味（1）−その政策論的側面に限定して−」香川大学教育学部『香川大学教育学部研究報告　第Ⅰ部』54 号、1982 年、84 頁など参照。
62 龔乃伝編、前掲書、103-221 頁など。これは小中学校の教科書も発行している人民教育出版社が発行する本であり、その重要性は高いものと思われるが、ごく一部で 1930 年代からの統計を用いているものの、一部の地域に限られていたりして不十分であり、1970 年代から 80 年代までの約 10 年間の増加率をもとにここ 4、50 年の成長の早まりを推定しているものも多く、説得力に欠けるものといわざるをえない。
63 程介明、前掲書、25-27 頁。
64 この比較には、中華人民共和国国家教育委員会『九年義務教育全日制小学（初級中学）(各科目）教学大綱（試用）』人民教育出版社、1995 年を用いた。なお近年は義務教育 9 年間に一貫性をもたせるため、区分に関係なく 1 年生から 9 年生までのカリキュラムを定める傾向にある。例えば、中華人民共和国教育部『全日制義務教育（各科目）課程標準（実験稿）』北京師範大学出版社、2001 年など。
65 ①川合章『中国のこども』紀伊国屋書店、1964 年、124 頁、②杉山明男他「中国・東南アジアの義務教育・教科用図書の比較研究　文部省科学研究費による研究報告その 4」神戸大学教育学部『研究集録』第 84 集、1990 年、277 頁など参照。
66 周貝隆（1998 年）、前掲論文、28 頁。
67 年度ごとの退学率と小学卒業生の初級中学進学率を用いて、6 − 3 制、5 − 4 制それぞれについて初級中学修了時の残留率を試算した。それぞれのデータは完全に適切とは言い難いが、得られるデータを用いて計算した。その結果、5 − 4 制の方がやや低い結果となった。これは小学の退学率が初級中学のそれより低いためであり、これが逆転すると残留率は 5 - 4 制の方が高くなる。計算方法は以下の通り。

（小学就学率）×（1－小学流失率）年数 ×（小学卒業者の初級中学進学率）
×（1－初級中学流失率）年数

6－3制　0.930×0.976 ^{6}×0.756×0.931 ^{3}≒46.39（％）
5－4制　0.930×0.976 ^{5}×0.756×0.931 ^{4}≒44.66（％）

（ただし、就学率、進学率は1980年、流失率は1988年）
（①中国教育年鑑編輯部編、前掲書、1024頁、②牧野篤『民は衣食足りて－アジアの成長センター・中国の人づくりと教育－』総合行政出版、1995年、82頁、③張仁賢編、前掲書、1803頁など参照）。

68 なお入学年齢は両案とも基本的に6歳入学を前提としている。しかし、7歳入学の地区も依然として多く、この困難さについては、程介明、前掲書、25-27頁に詳しい。

69 周貝隆、前掲論文、11頁。

70 「初中学齢人口高峰到来」、中国教育報ウェブサイト内 http://www.cedudaily.com.cn/r10/jichu/pujiu102.htm より2000年11月13日ダウンロード。

71 牧野篤、前掲書、157頁。

72 篠原清昭「現代中国の教育投資－社会主義国における『教育の市場化』－」九州大学比較教育文化研究施設『九州大学比較教育文化研究施設紀要』51号、1998年、54頁。

73 陳亜昌「関於農村九年学制改六, 三為四, 五的探討」『呉中学刊』、1990年3期、32-36頁。

74 文教課「中国の教育改革（その1）」国立国会図書館調査立法考査局『レファレンス』36(9)号、1986年、79頁。

75 中共中央「関於教育体制改革的決定（1985年5月27日発表）」（中国改革全書教育改革巻編委会編、前掲書所収）など。

76 「中華人民共和国憲法（1982年12月4日公布）」、第19条第2項（教育部基礎教育司義務教育実施処編『義務教育法規文献匯編 1900-1998』中国社会出版社、1998年所収）。

77 豊田俊雄『開発と社会－教育を中心として－』アジア経済研究所、1995年、105頁など参照。

78 省としてはとりあえず6-3とするが、国の決定を待つという省も多い。例えば広東省（1986年）、広西壮族自治区（1991年）などがある（①「広東省普及九年制義務教育実施辦法（1986年9月28日）」、②「広西壮族自治区義務教育実施辦法（1991年6月15日）」（ともに教育部基礎教育司義務教育実施処編、前掲書所収）。

79 石川啓二、前掲論文、77頁。

80 実際にそういった規定も登場している。例えば、「小学管理規定（1996年3月9日）」（孫琬鍾編、前掲書所収）。

81 「統一の基本学制を確定する」（中共中央・国務院「関於普及小学教育若干問題的決定（1980年12月3日提出）」、「1つの基本の学制があるべきである」（『中

華人民共和国義務教育法（草案）』的説明（李鵬、1986 年 4 月 2 日）」（ともに中国改革全書教育改革巻編委会編、前掲書所収）。
82 ①「初中学齢人口高峰到来」、前掲文献、②河北省教育委員会「関於加強和改善九年義務教育管理工作的若干規定（1997 年 6 月 12 日）」（教育部基礎教育司義務教育実施処編、前掲書所収）。
83 周貝隆（1998 年）、前掲論文、28 頁。
84 沈祖芸「五四学制 " 修成正果 "」『上海教育』2004 年第 19 期、18 頁。
85 同上論文、18 頁。
86 同上論文、18-19 頁。
87 同上論文、18-19 頁。

第6章　中国における学校選択制と学区制

1．はじめに

　ここまで直前の2章では、義務教育の主に普及段階に関わる改革をみてきた。ここからの2章では、義務教育の普及がある程度進んだ地域での改革をとりあげることにする。具体的には、本章では日本の学区制に近い「就近入学」の導入をめぐる事例をとりあげ、次章では、もうひとつの学校段階の区分というべき小学と初級中学を一貫とする9年一貫制をとりあげて分析する。

　日本では、近年公立の小学校や中学校の学校選択制が各自治体で取り組まれており、長い間厳格に実施されてきた学区制が緩和されてきている。どの学校へ行っても同じ教育を受けることができ、親が安心して子どもを学校に通わせられるという大前提が揺らいでいることもその一因と考えられ、公立学校のあり方が問われているということができよう。一方で、中国には日本のような学区制は存在しなかったが、1986年の「中華人民共和国義務教育法」（以下、「義務教育法」）などにより小学と初級中学の9年間が義務教育とされると同時に、「就近入学」の実施が決定された。これは居住地に近い学校に入学する制度であり、義務教育の普及が進んだ地区から徐々に導入されていくことになった。日本が学区制の規制を緩め、学校選択制を徐々に導入しているのとは逆に、中国では学校選択制から学区制へと移行していることになる。

　しかし、中国において義務教育の普及が順調に進んでいることとは対照的に、「就近入学」の実施は北京市や上海市といった大都市でさえ多くの問題を抱えており、なかなか順調には進んでいない。この学区制は、義務教育の普及が進んだ地区で進められるべき改革であるが、北京市や上海市といった

先進的な地区においても改革が行き詰まっている最大の要因は学校間格差である。これまで中国では小学から大学まで少数のエリートを段階的に育成するための重点学校をつくり重点的に投資してきた。そのためすでに明確な学校間格差が存在しており、日本のように「どこの公立学校へ通ったとしてもそれほどの差はない」という状況にはない。特に初級中学の選択はその後の進路に大きな影響を及ぼすため、親や子どもは少しでもよい学校への進学を希望し、学校もまたよりよい生徒を集めようとする。国の「就近入学」の指示と子どもや親、学校の要望の狭間で、この段階の教育を管理する地方政府教育部門は現実的な対応を迫られている。

　本章では義務教育期間にあたる小学と初級中学について公立学校を平準化しようとする試みといえる改革が行き詰まっていることに関して、特に問題となっている小学から初級中学への進学に焦点を当て、「就近入学」制度導入の経緯、経過、実際上の問題について確認する。特に国家レベルから下りてくる指示に対して、地方政府教育部門や学校、子どもや親がどのように対応してきたのか確認する。学校間格差が存在する状況で、これを平準化しようとする「就近入学」の導入は、概念上の制度を設定し、これに現実にある制度を近づけていく改革ということができる。この国主体の政策について、どのような配慮がなされ、地方政府がどのような対応をしたのか、どのような問題が生じているのかをみていく。なおこうした事例は小学入学の際にもみられる現象であるが、ここでは問題がより深刻化している初級中学入学時の事柄に主に焦点を当てる。

2．国の方針としての初級中学進学試験の廃止と学区制の導入

　まず国家レベルの指示の変遷を共和国成立時からみていくことにする。「就近入学」は中国でも当初から教育の理想の姿であったと考えられるが、発展途上にある国ゆえ、教育に十分な投資をする財源はなく、国を引っ張っていく優秀な人材の育成に重点的に投資する必要があった。これに政治的な方針の揺れが重なって、いく度かの政策転換がみられている。

　1949 年の中華人民共和国成立後、義務教育は採用されず、また学校数も

限られていた。そのため小学から初級中学への進学は小学卒業認定試験と初級中学進学試験を兼ねて、通常県レベルの教育部門が管理して区域内全体で実施する統一進学試験[1]によって決められていた。

　文化大革命中は小学から大学まであらゆる段階で進学試験が廃止され、小学や中学では徹底した「就近入学」がおこなわれた。この時期中学校の数は急増し、生徒数も増加していたが、それらは質を犠牲にして無理に増やしたものであり、進学方法の変化も重なって学校現場は混乱した[2]。

　文化大革命が終結し、1977年に大学入試が復活すると、翌年には重点学校が復活し、小学から大学まで事実上のエリートコースが明確に存在することになった。小学から初級中学へ進学する際の統一進学試験も復活した。

　しかし1986年の「義務教育法」などにより9年間の義務教育が導入される前後には、再び「就近入学」を推進する動きがみられるようになる。

　1980年代以降の教育改革の大きな方針を示した1985年5月の中国共産党中央委員会「教育体制改革に関する決定」によって、9年制義務教育の導入が正式に通達されたのと同じ月に、教育部は長春、石家荘、大同、廈門、昆明でおこなった初級中学入学制度改革の経験により、全国に向けて、初級中学が普及した地区では統一進学試験改革をおこなって一面的に進学率を追求することをやめ、管理運営上の負担を軽減し、小学教育の質をあげるよう求めた。試験方法の改革については、地方で積極的に考えて、徐々に統一進学試験を廃止し、小学の卒業生はみな近くの初級中学に入学することを求めた。同時に小学教育の質を上げ、学校を正確に評価する方法を確立することを求めた。それには当時、統一進学試験があることによって、子どもや親ばかりでなく、学校も有名校への進学率を重視して、進学一辺倒の教育をする傾向が強くみられていたことがある。子どもが遊ぶ時間や運動の時間が減り、子どもへの精神面・身体面に悪影響がみえてきたこと、小学の最終学年の半年が統一進学試験のための復習に費やされており、無駄が多いことなどが「就近入学」導入の理由としてあげられた[3]。

　翌1986年3月には当時の国家教育委員会が「初級中学が普及した地区における初級中学募集方法改革に関する通知」を出した。このなかでは統一進

学試験を1986年の募集から廃止し、それが困難な地区もまず実験から始めて徐々に範囲を拡大し、数年のうちに改革を完成させることを求めた[4]。

このことは1986年7月施行の「義務教育法」第9条において、「地方各級人民政府は小学、初級中等学校を設置し、児童、少年を就近入学させる」と、正式に法律として明文化された[5]。

1988年には国家教育委員会が、5年以内に全国各地で徐々に小学から初級中学への統一進学試験を一切廃止するようにという明確な期限を示している[6]。1986年から1989年の間には国家教育委員会が南昌、天津、大連、済南などで実験を試行し、徐々に範囲を拡げていった。1991年末までに29の省、自治区、直轄市の統計において、県レベルの市の72.4％、県の51.3％で初級中学統一進学試験制度改革がおこなわれ、黒龍江、吉林、遼寧、広東、湖北、寧夏では県レベルの市すべてで改革がすでに実行されていた[7]。

1988年の指示から5年後にあたる1993年3月には国家教育委員会「義務教育段階の学生の課業負担を軽減し、教育の質を全面的に向上させることに関する指示」によって改めて初級中学卒業時以外のすべての統一試験を廃止することが指示され[8]、1995年6月に国家教育委員会が出した「初級中学入学方法の改革をさらに推進し完成させることに関する通知」[9]や、同年11月の国家教育委員会基礎教育司による「初級中学入学方法の改革を推進し完成させなければならない」という文書[10]でも統一進学試験の廃止が繰り返し通達されている。

このようにみてくると、共和国成立以来初級中学への進学方法は政治的影響もあって右往左往していたが、義務教育導入決定以来の国の方針は一貫しており、初級中学の普及が進んで、全員が進学できるだけの初級中学数が確保できれば、「就近入学」の実施、統一進学試験の廃止は無理なく達成されるように思われる。ところが義務教育の普及が一段落した21世紀に入っても、初級中学の普及がほぼ達成されたと考えられる大都市部でさえなかなか順調に達成とはいかない事情がある。

3．地方政府の役割と重点学校

（1）地方政府の役割

　ここまでみてきたように国が地方政府教育部門に再三要求しているのは、初級中学が普及した地区は「就近入学」を実施せよということである。それでは「就近入学」導入によって、学校教育を管理する地方政府教育部門は実際にどのようなことをしなければならないのか確認しておくことにする。

　「就近入学」とはその名の通り、子どもが居住地の近く（あるいは小学の近く）の初級中学に進学することを意味する。居住地と学校との距離から決定する純粋な「就近入学」もあるが、多くは日本のような小学区をつくり、進学先を決定する「就近入学」である。これを実質的なものにするには、まず小学の「就近入学」を完成させる必要がある。そうでなければ、競争の低年齢化を招き、問題は深刻化する可能性があるからである。その上でそれまで存在していた小学卒業認定と初級中学進学選抜試験を兼ねた統一進学試験を廃止しなければならない。またこれを完成させるためには初級中学と高級中学が併設されている重点中学の初級中学部分を分離して一般学校としなければならない。なぜならもし重点初級中学が残存したならば、試験がなかったとしても何らかの形で進学競争が残ることになり、小学が進学一辺倒の傾向から脱することはできないからである。よって「就近入学」で最大の問題となるのは、統一進学試験を廃止した際に、重点中学の初級中学部分を頂点とする学校間格差をいかに扱うかということであり、地方政府教育部門はこの扱いに苦慮することになったのである[11]。

　なお、この「就近入学」が社会問題としてとりあげられるのは初級中学の普及がほぼ完成し、選択肢がいくつかできる程度に学校が集中している大中都市に限られている。そもそもこの「就近入学」は1980年代半ばに農村部の比較的発展した地区で始められたものであるが、そのようなところではそれほどの混乱はなかった。なぜなら初級中学の普及が不完全な地区や、小学1校に対して初級中学が1、2校程度の地区では、初級中学を選択しようにも選択肢が限られており、自然と「就近入学」となっているからである。ただし今後この問題が初級中学の普及・充実に伴って全国的に拡大することは

十分考えられ、抜本的な改革が必要となる重要な問題ということができよう。

　ここまでみてきた通り「就近入学」および小学から初級中学への統一進学試験の廃止によって最も問題となるのは、重点中学と一般中学との学校間格差があらゆる方面にわたって明確に存在していることである。「就近入学」を実施する目的が、小学教育の進学一辺倒の傾向を改めることである以上、その要因となっている重点中学も含めて「就近入学」としなければ、この政策自体の意味がなくなってしまう。国の「就近入学」という指示によって、地方政府教育部門は重点初級中学も含めたすべての学校において「就近入学」を実施する必要に迫られたのである。

（2）重点学校制度

　後の議論のため、まずこの重点学校ができた経緯などについて説明しておく。重点学校とは、限られた資源を効率的に利用するため、厳しい競争的テストで選抜した生徒を優秀な教師と整った設備の学校に入れ、予算を重点的に配分するという学校である。

　中華人民共和国成立当時、度重なる戦争・内戦で疲弊した状態の中、限られた資源を有効に活用するため、1953年に194校が重点学校の指定を受け、効率的に優秀な人材を育成することがめざされた。これは全国の中学の4.4%を占めた。その後重点小学もつくられ、全国に拡がったが、政治的混乱の影響を受けやすく、激しい増減を繰り返した末、文化大革命中に完全に消滅した。文化大革命終結後には再び重点小中学が重視されることになり、1981年までに全国で4016校(全体の3.8%)が重点中学に指定された。また国レベルの重点学校以外にも、各中央省庁や省、その下の県や区まで自身の重点学校をつくった。さらに重点校、非重点校にかかわらず、ほとんど全ての学校がその中に重点クラスをつくり、「応試教育」(試験のための教育)と呼ばれる土壌となる学校・学級の階層化が進んだ。1986年の「中華人民共和国義務教育法」公布により、義務教育期間にあたる小学と初級中学段階の重点学校は廃止されることになっている。ただし、重点の名前はなくとも、旧重点校、重点高級中学に併設されている初級中学と一般学校との学校間格差

は大きく、様々な問題の原因となっている[12]。

　袁は重点学校が経費、教師、設備、校舎などの目に見える巨大な優位性の他にも、学校全体の団結、ブランド効果による寄付金の増加、権力者の子弟の入学によりさらに特権が増えることなど様々な要因により、一般校との格差が広がっていくことを指摘している[13]。また費は、重点学校の中でも設置者や管理者のレベルによって、大きな格差が生じていることを示している[14]。

　以下では、このような重点学校が「就近入学」導入に与えた影響を中心に検討していく。まず直轄市であり首都である大都市で、初級中学普及がほぼ完成していたといえる北京市における改革の様子を例にとって、国の指示に対して北京市政府がどのような施策をおこなったのか確認していくことにする。

4．北京市における「就近入学」導入前後の状況

（1）北京市の導入前の様子

　北京市は1986年の「義務教育法」などによる「就近入学」の決定により、その頃から一部の地区で実験的に試行を開始していたが、「就近入学」を実質的なものとするために不可欠である初級中学への統一進学試験の完全廃止が実行されたのは、当時の国家教育委員会の度重なる実施要求に促されたあとの1993年であった。北京市には統一進学試験が廃止された1993年頃に約800の初級中学（大半が高級中学と併設の完全中学）があり、そのうち約60が重点中学であった。小学卒業生が15万人程度であるのに対して、重点中学の募集数は約1万人であり、重点中学へ入るには熾烈な競争を勝ち抜く必要があった[15]。

　このような競争が起こる要因はもちろん、重点中学の方が、好条件が揃っていて、進学実績が圧倒的によいからである。例えば当時北京市には約1万人の高学歴、高実績を有する高級教師がいたが、大部分は重点中学あるいは準重点中学に集中していた。教員の給与もボーナスなどを含めると重点中学の方が高いため就職希望者が多く、重点中学は優秀な教師を選りすぐって採用することができていた。当時中国の学校では教師は学校が採用する形をと

ることが多く、教師の異動はあまり多くないという事情もあった。また進学実績に関しても、例えば理系を中心に北京大学と肩を並べ、近年国家首脳を次々と輩出している清華大学に1993年に入学した新入生は1500人、そのうち北京市出身者は581人であったが、その全てが重点中学の出身者であった。またそのうち382人は市の重点中学に集中していた[16]。

「就近入学」を導入する以前に重点中学に進学するには、小学の推薦をうけるか、統一進学試験で優秀な成績をとる必要がある。

推薦入学には「三好生」と「特長生」がある。「三好生」については重点中学の推薦枠人数に基づいて各小学に人数が割り当てられ、さらに各クラスに割り当てられる形がとられており、徳知体の全面にわたって優秀な成績を修めた「三好生」であると3年連続で認められた場合に推薦が受けられた。また「特長生」はスポーツ大会などで優秀な成績を収めるか、芸術分野などで優秀であると認められた場合に資格が得られた。こうした推薦の他の大半の生徒は、基本的に統一進学試験の結果に基づき、中学側が成績優秀者を選んで入学許可する方法がとられていた。そこで最も優秀な子どもたちを市の重点中学が確保し、続いて残りの中から区の重点中学が上位の子どもを確保し、残った子どもが一般中学に入学するという明確な順序がつけられていた[17]。よって重点中学には、もともと設備が整い、優秀な教員がいるところに、毎年優秀な生徒を選抜して入学させることができるようになっていた。

このように条件の整った優秀な学校がある一方で、北京市にも基礎薄弱校とよばれる条件の整っていない学校が多くあり、重点中学との差が大きく開いていた。文化大革命以前にはその差は生徒の学力差のみであり、学校運営財源や教員の給与、能力などにはそれほどの差はなかったが、改革開放政策の進展や地方政府や各学校への権限委譲の進行に伴って、その差はあらゆる面において拡がる傾向にあった。例えば主に生徒の父母からの寄付金である「賛助費」はある重点中学では入学時のみで200万元に達するのに対し、基礎薄弱校では年間で200～300元にしかならないところもある。ある調査によるとこのような基礎薄弱校は北京市の近郊区域で約100校、約20％にのぼり、郊外ではそれより高い割合が予想されており、全市の小学卒業生の

写真6-1 高級中学の授業風景（北京市）

うち約30％がこのような基礎薄弱校に進学しているという推計がある。国家レベルでの支援実施などにより若干の改善がみられてはいるが、重点中学もより高いレベルへと進歩しているため、その差は縮まっているとは言い難い状況であった[18]。

このように重点中学とそうでない学校との間には、生徒の学力だけでなく、教員を含む施設設備に加え、資金面でも、大きな格差が生じている状況があった。

（2）北京市における「就近入学」導入

このような大きな格差が存在したままの状況で、重点中学も含めて「就近入学」を実施するというのであるから、物事は簡単ではない。既述の通り、重点学校体系を整備した段階で、重点中学には資金が重点的に配分され、一般の学校に比べて整った設備をもち、優秀な教師陣を抱え、経験に裏打ちされたカリキュラムを有している。このような状況でたとえ名目上重点中学で

なくなり、配分される資金が一般学校と同等になったとしても、どちらの学校に進学した方がその後の進学に有利であるかは誰の目にも明らかである。教師の異動が少ないという事情もあり、また既述の「賛助費」などによって財源も多く集められる状況にある。このような格差を改善できるほどの資金は国にも地方政府教育部門にもない。結果として旧重点中学はそれまでの状況と変わらず有利な条件を有していることになる。ここでもし「就近入学」を厳格に実施した場合、子どもの居住地によって重点中学に行けるか行けないかが決まることになり、不公平といった不満の声が当然でてくることになる。

　こうして「就近入学」を推進する教育部と、少しでもよい学校に通いたい生徒、通わせたい親、少しでもよい生徒を集めたい学校という様々な圧力が地方政府教育部門にかかってくることになった。権限委譲の進展により小中学校の運営に関して大きな力をもっている地方政府教育部門は、それぞれのやり方で、この各方面からの不平不満を解消できるような方法を模索することになった。

　この「就近入学」および統一進学試験の廃止に際して、北京市の重点中学は当初推薦入学者の割合を増やすことによって対応した。この推薦入学対象者は徳知体がバランスよく優れている「三好生」と、学力に限らず様々な面で特長のある「特長生」である。こうした推薦入学制度は基本的に学力試験一本で決まっていたことに比べて、学力だけでないバランスのとれた成長、個性の伸長といった面が協調されており、国家レベルでおこなわれている素質教育（第2章を参照）の観点にも適合したものといえるが、多くの問題が存在していたことも確かである。例えば「三好生」は中学側が各小学に人数を割り当て、またそれを各クラスに割り当てるという方法をとる。よって学校によって年ごとに差が生じ、「三好生」であっても中学校で勉強についていけない生徒がでてきているという報告がある。また「三好生」の枠が拡がったため、各学校各クラスはそれまでより多くの3年連続「三好生」を「つくりだす」必要がでてきた。この判定は教員の主観によるところが多いため、よくできる子ではなく、教員の喜ぶことをする子が評価されがちであ

るともいわれている。またこのようにまじめでこつこつ勉強するのは女の子が多いため、「三好生」の約3分の2が女子という結果を招いた地区があり話題となった。また「特長生」にも問題は多くある。例えばトランペットや習字、お手玉なども推薦の対象となっていたが、それが優れているという基準が明確でなく、公平性の面から問題視されていた。このため1993年から市レベルの競技会で3位以内という明確な基準が設けられたが、航海模型コンテストでは参加者が3名のみであり、全員が入賞してしまうという事態もおこっている[19]。

このような状況から、北京市は推薦者を市の三好学生証書取得者や賞の獲得者に限定するなど、より厳格な基準を設けることで対処している。同時にごく少数（5％以内に制限）の優良者については、卒業試験の点ではなく、活動性、思考能力、独創性などを考慮し、各教科の教師の意見を聞いた上で推薦が決まるという総合評価によって選抜し、推薦するという方法を導入するなど四苦八苦する状況が続いた[20]。

ただしこうした対策は、全ての学校を平準化しようとする「就近入学」の意図とは異なって、どちらかといえば旧重点学校の優位性を温存し、人々や学校の不満を緩和しようとする策ということができよう。

5．上に政策あり、下に対策あり

このように、最も条件が整い、普及が進んでいるはずの北京市でさえ、完全な実施がなされないという状況がみられており、当然全国的にも様々な問題が起こっている。学校間に大きな格差が存在したままで「就近入学」が導入されたことにより、旧重点中学は優秀な生徒を集めてそれまでのレベルを落とさないことに躍起になり、また子どもや親も重点中学に入るために様々な方法を模索することとなった。これらをとりもつ地方政府教育部門の方策もまた様々である。

重点中学の多くは推薦入学の枠を増やして対応したが、「就近入学」から完全に逃れることは難しく、一定程度の生徒は学校付近から採用することとなっている場合が多い。そのため、その学校の近くに引っ越したり、祖父母

の戸籍を利用したりして「住んでいることにする」などの行為が続出することになった。これに対して地方政府教育部門は重点中学の募集対象地域を広くして、「就近入学」によって重点中学に入ることができる対象者を増やしたり[21]、コンピューターを利用した抽選などによって初級中学への割り振りを決めたりするなどの方法を試して子どもや親の不満を和らげようとした。また重点中学に一定の優遇策をとることによって対処しようするところもある。例えば重点中学の募集枠の全てあるいは一部を付近の小学に割り当て、進学試験には依らずに各小学の推薦によって入学させる方法をとったり[22]、計画外枠として募集人員を増やすことを認めたりするなどの方法がとられている[23]。

　さらに実際には一部の重点中学はこの計画外枠などを利用して、禁止されている入学試験を独自に実施している。こうした事実上の入学試験がおこなわれていることは公然の秘密となっており、情報を得た保護者達は重点中学に申し込みをおこない、受験することになる。さらにはその試験で点数が低かった生徒についても、多額の入学金を払えば入学を認めるというようなことも不可能ではない。

　例えば北京市では1998年からコンピューターによる学校振り分け方法を採用している。これにより、子どもが重点学校に行けるかどうかは、生まれた場所や学力ではなく、運で決まることになった。しかし既述の通り、重点学校は推薦枠をもっている。ここで旧重点学校へ進学するための新たなルートができあがることになった。それがオリンピック数学コンテストである。もともとは国際数学オリンピックへの参加者を選抜する試験だったものが、ハイレベルな教育や試験を広く包括する意味となり、学校や団体が教科書を超えたレベルの教育をおこなう課外講習や試験を意味するようになった。中国教育報の調査によれば北京市のある区では小学3～6年生のうちの83%がオリンピック数学コンテスト関連の学習活動に参加したことがあると回答しており、書店でも多くのスペースが関連問題集に割かれている[24]。

　こうしたコンテストが注目を浴び、多くの参加者を集めているのは、その結果により、旧重点中学への進学が可能になるからである。こうしたコンテ

ストの成績をもとに中学が合格を出すことを北京市教育委員会は再三禁止しているが、実際にはそれを利用して合格が出されることがあるという。各学校でも独自のコンテストを実施しており、そこで優秀な結果を出した場合には、その学校の中でも特に選抜されたクラスに入ることができ、各種の負担金が免除され、一流の教師のもとで学習を続けられることもある。つまり、コンピューター振り分けに不満があって、しかし芸術や体育などの特技がない場合、オリンピック数学コンテストで優秀な成績をとることが、よい学校に進学する一番の近道として認識されているのである。これも優秀な子どもを集めたい学校側と、優れた学校に子どもを入れたい保護者の思惑が一致するため、改善は難しくなる[25]。

　他にも重点中学のなかには、初級中学と高級中学を分離する際に、初級中学を民営学校のような形にして、堂々と独自の入学試験を実施し、高額の学費をとるというような動きもみられている[26]。学力試験が厳しく禁止されている地区であっても、学校側は学力試験ではない形で学力を測るようなテストをおこなうなど、進学試験の完全な廃止は難しいようである。また学校と親でつくりあげる学校という名のもとに、入学時に多額の賛助金を要求する例も後を絶たない[27]。

　こうなってくると、何のための「就近入学」なのかという問題になってくる。このような状況を教育部も黙ってみているわけではなく、再三にわたって「就近入学」の徹底、択校生（多額の学校賛助金等を払うことによって、通常は通えない地区の学校に進学する生徒のこと）の禁止、推薦入学の厳格化、特別クラスの廃止などを求めており、民営学校であっても、学力試験による生徒選抜を禁止するというような通知も出している[28]。

　しかし、こうした募集方法の改革などの対処療法的な策を講じても、現実的に学校間格差が存在している状況が劇的に変化していない。そのため、優秀な子どもを集めたい学校側と、優れた学校に子どもを入れたい保護者の思惑が一致するため、この改善は難しい。教育部は地方政府教育部門に対して、一般学校への重点投資や、重点中学が一般学校に教師を派遣するなどして、学校間格差を縮小するよう求めてもいる[29]が、これまで蓄積されてきた

学校間格差をなくすことは容易ではなく、子どもや親の意識を変えるまでには至っていない。ともかくこの後も各地で様々なせめぎ合いが繰り広げられることが予想され、この混乱は各地で当分続きそうである。

こうして「就近入学」は、旧重点学校を頂点とした学校間格差の壁の前に、教育部が指示するようには進んでいない。そもそもこの制度はこうした受験競争をなくすための改革であったことを考えると、この「就近入学」の導入の意図は浸透していないといえよう。

6．おわりに

重点学校の存在を語るまでもなく、序列化されていた小中学校は、「義務教育法」の施行によって、全てが同じ扱いになり、戸籍所在地に近い学校に通う規則になった。しかし旧重点学校の優位性は疑いがなく、学校間に大きな格差が存在したままで「就近入学」が導入されてしまった。これにより旧重点中学は優秀な生徒を集めてそれまでのレベルを落とさないことに躍起になり、また子どもや親も重点中学に入るために様々な方法を模索することとなった。これらをとりもつ地方政府教育部門の方策もまた様々であった。

まず重点中学の多くは推薦入学の枠を増やして対応したが、「就近入学」から完全に逃れることは難しいため、一定程度の生徒は学校付近から採用することとなっており、それを目指して不法な戸籍の移動などが多発した。これに対して地方政府教育部門は重点中学の募集範囲を広くして、「就近入学」によって重点中学に入ることができる対象者を増やしたり、コンピューターを利用した抽選などによって初級中学の割り振りを決めたりするなどの方法を試して子どもや親の不満を和らげようとした。また重点中学に特別な推薦制度の導入や計画外枠の設定など一定の優遇策をとることによって対処しようとしていた。結局こうした計画外枠などを利用して、重点中学への入学に直結する試験が一部でおこなわれている。例えば北京市でも、コンピューター振り分けの開始以降、オリンピック数学コンテストや、各学校が独自におこなうコンテストがおこなわれ、事実上の選抜がおこなわれている状況にある。こうした試験は禁止されているが、募集方法の改革などの対処療法的

な策を講じても、学校間格差の決定的な解決がなされていないため、優秀な子どもを集めたい学校側と、優れた学校に子どもを入れたい保護者の思惑が一致しており、これに民営学校や公立学校が運営する民営学校なども加わって、問題は複雑化している。

　このように厳然と存在する学校間格差に対して、義務教育段階である初級中学までを平準化しようとする試みは、概念上の制度を設定し、これに現実にある制度を近づけていこうとする動きといえる。ただし、旧重点学校をめぐる問題を中心に、学校や子ども・保護者の思惑が一致するために、問題の解決は難しい状況にあるといえよう。結果的には旧重点学校の優位性そのものにはほとんど手が入れられておらず、格差を一部留保しながら、一部で事実上の試験が実施されたり、コンピューターによる配分などがおこなわれたりしており、格差の是正よりも公平の問題に配慮した解決方法がとられていた。つまりこの改革は平準化をめざしたものではあったが、学校間格差の残存を事実上認める形が続いていることになる。

注
1　通常県あるいは区のレベルが管理して、その区域全体で統一しておこなう試験である。小学卒業認定のための試験は「就近入学」導入後も実施されており、これと区別するため本稿では「統一進学試験」の名称を用いる。なお法令名や法令の訳については、原文を利用している。
2　劉経宇・薛宝生「請向実践問利弊－取消小学升初中統考的思考（上）」『瞭望』、1994年43号、10頁。
3　①張仁賢主編『中国教育教学改革実用全書』経済日報出版社、1996年、575頁、②卓晴君・李仲漢『中小学教育史』海南出版社、2000年、431頁。
4　国家教育委員会「関於在普及初中的地方改革初中招生辦法的通知」（1986年3月）教育部基礎教育司義務教育実施処編『義務教育法規文献匯編1900年-1998年』中国社会出版社、1998年、32-33頁。
5　「中華人民共和国義務教育法」（1986年7月）同上書、34頁。
6　劉経宇・薛宝生、前掲論文、10頁。
7　張仁賢主編、前掲書、575頁。
8　国家教育委員会「関於軽減義務教育段階学生過重課業負担、全面提高教育質量的指示」（1993年3月）教育部基礎教育司義務教育実施処編、前掲書、161-163頁。

9 国家教育委員会「関於進一歩推動和完善初中入学辦法改革的通知」（1995年6月）教育部基礎教育司義務教育実施処編、同上書、207-208頁。
10 国家教育委員会基礎教育司「要進一歩推動和完善初中入学辦法的改革」『人民日報』1995年11月5日付。
11 袁運開主編『簡明中小学教育詞典』華東師範大学出版社、2000年、434-435頁など参照。
12 扈中平『中国教育両難問題』湖南教育出版社、2000年、181-196頁。
13 袁振国『論中国教育政策的転変－対我国重点中学平等与効益的個案研究』広東教育出版社、1999年、43-59頁。
14 費駿闖「中国の高級中学における学校間格差－設置・管理形態別と財務状況を中心にして－」日本比較教育学会編『比較教育学研究』第30号、2004年、186-202頁。
15 劉経宇・薛宝生、前掲論文、10頁。
16 ①高凌「北京市における初等・中等教育と英才教育」「アジア諸国における教科書と教育制度」プロジェクトチーム『アジア諸国における教科書と教育制度』（学習院大学東洋文化研究所調査研究報告第43号）学習院大学東洋文化研究所、1995年、73頁、②劉経宇・薛宝生、前掲論文、10頁。
17 高凌、前掲論文、70-71頁。
18 劉経宇・薛宝生、前掲論文、10頁。
19 ①陸沈娟「進一歩完善初中入学辦法改革」『中国教育報』、1995年1月27日付、②劉経宇・薛宝生、前掲論文、11頁。
20 《中国教育年鑑》編輯部編『中国教育年鑑（1996）』人民教育出版社、1996年、398-399頁。
21 「樹立首都基礎教育良好形象　北京治理中小学乱収費要求明確」（2001年2月12日）、中国教育報ウェブサイト内 http://www.jyb.com.cn:8080/cgi-bin/ より2002年9月30日ダウンロード。
22 「怎様譲家長不再為択校奔走？如何為更多孩子創造美好未来？教育均衡：譲孩子都上"好学校"」（2002年4月19日）、中国教育報ウェブサイト内 http://www.jyb.com.cn:8080/cgi-bin/ より2002年6月1日ダウンロード。
23 「択校生問題　真的剪不断？－教育専家、校長再析義務教育段階"択校生"問題」（2001年5月11日）、中国教育報ウェブサイト内 http://www.jyb.com.cn:8080/cgi-bin/ より2002年9月30日ダウンロード。
24 《中国教育報》北京記者站編『素質教育在北京：記者筆下的首都教育』知識産権出版社、2005年、322-334頁など参照。
25 同上書、322-334頁。
26 「教育部基礎教育司負責人明確指出名校不能変"民校"」（2001年11月24日）、中国教育報ウェブサイト内 http://www.jyb.com.cn:8080/cgi-bin/ より2002年9月30日ダウンロード。
27 陸沈娟、前掲論文。

28 「2002年我国基礎教育新机遇中迎来新発展」（2002年1月25日）、中国教育報ウェブサイト内 http://www.jyb.com.cn:8080/cgi-bin/ より2002年9月30日ダウンロード。
29 「李嵐清評析教育三大熱点」『光明日報』、1995年1月12日付。

第7章　中国における小中一貫という発想

1．はじめに

　わが国では、国立・私立学校を中心におこなわれていた中高一貫制が、進学実績の高さや進学試験のないゆとりある教育などで評価され、これに影響されて公立の中高一貫校が全国に設立されている。このように中等教育としての6年間を一貫としようとする動きの他に、近年、一部の地方自治体に初等教育と中等教育の垣根を取り払って、義務教育期間である9年間を一貫としようとする動きがある。こうした動きにより2002年には文部科学省が公立の小中一貫制の研究校を指定している[1]。

　この小中一貫制では、教育に一貫性をもたせて学力の向上や生活指導上の効果を出すことによって、「公立離れ」を防ぐことが地方自治体などから期待されている。小中一貫制は現行の学校教育法では認められていないが、運用により実質的な一貫制とし、5－4制や4－5制などの実験的な運用や幼稚園や高校との連携を構想しているところもある。また小中教員の効果的な交流、小学校6年生と中学校1年生のカリキュラムの融合、習熟度別クラス編成やできる子は小学校5年生で小学校課程を修了させ中学校の学習を始めることなどが予定されているところもある[2]。

　これまで同じ義務教育でありながら、教科担任制や成績評価など異なる部分が大きかった小学校と中学校を連携させるという実践は、幼稚園から大学まで一人ひとりの発達過程に応じた柔軟で一貫性のある教育の姿がみえてくる可能性をもっているといえよう。

　中国では都市部を中心に、日本の中学校にあたる初級中学と高等学校にあたる高級中学を同一の学校とした完全中学が多くある。初級中学から高級中

学に進学する際には通常統一的な進学試験を受ける必要があるため、日本の中高一貫制とは状況が異なる面もあるが、教員や施設を共有するため、連携という意味では一貫制ということができよう。また小学と初級中学を一貫とする動きは、旧ソ連の影響もあるのか中国ではかなり早い段階から理想的なものとされていた。ただし教育の普及を図っている段階では、校舎や教員などの条件が整う必要があるため、ごく一部で実施されている程度であった。

その後、1980年代になり、小学と初級中学が義務教育となるのと同じ頃、9年一貫制が再び登場した。本章で扱うような9年一貫制を採用しているのは、一部の特別な学校か北京市や上海市などの大都市が中心であり、普及が完成したことを前提とした地域を対象としたものということができる。この、もうひとつの学校段階の区分の形ということができる9年一貫制はどのようなことを目的としているのであろうか。また1990年代後半になると、公平や平等といった文脈で9年一貫制が登場するようになっている。この9年一貫制と公平や平等との接点は何なのであろうか。

本章では、まず中国における9年一貫制が登場するまでの経緯を確認した後、いくつかの事例にもとづいて中国における9年一貫制の状況をみていく。そこでは、小学と初級中学の枠組みは基本的に崩さない9年一貫、5－4分段型のようなものが多く、校舎を同一としない連携型も少なくないことを確認する。また1990年代後半になって、公平や平等という文脈で登場してきたことの理由やその背景を探り、それらからみえてきた中国の9年一貫制の意味について考えていくことにする。

2．中国における一貫制学校

中国における9年一貫制のような一貫制という発想は、それほど新しいものではなく、旧ソ連の影響もあるのか中国ではかなり早い段階から理想的なものとされていた[3]。しかし、校舎の問題など解決すべき課題は多く、全国的な普及は現実的ではなかったといえよう。1980年代に学制について議論があり、6－3制、5－4制が提案された際にも、9年一貫制が選択肢としてあがったが、その条件の厳しさから有力な候補とはなりえなかったという

経緯がある。当時5－4制の推進を主張していた論者にも、その著書の中で、「最もよいのは9年一貫制である。これは順を追って一歩一歩進むという原則を最もよく体現しており、小学と初級中学の接続問題を解決し、カリキュラムの配分を合理的なものとし、時間をより有効に利用でき、教育の質と効率を上げる。ただし、9年一貫制は校舎、設備、教師など教育条件でかなり高い要求がなされるので、多くの地方では実施が難しい」というコメントを出している[4]。このように9年一貫制は、理想的な制度と認識され、6－3制への回復と5－4制の実験が同時進行していた1980年代半ばに登場することになったが、ごく一部の特別な学校の実践に限られたものであった。

なお文化大革命終結後に登場した9年一貫制に共通しているのは、小学から初級中学への進学試験がなく、その制度上にあるすべての子どもが進学のための選抜的な試験を受けずに初級中学に進学できるようになっていることである。もともと中国では初級中学に進学する際に受ける進学試験の成績によって、例えば北京市なら市の重点中学、区の重点中学、一般中学に振り分けられることになっていた[5]。しかしこのことが子どもたちを小学から受験競争に駆り立てるものとして問題視されており、1986年の「義務教育法」などによって小学、初級中学ともに家から近い学校に入学する「就近入学」の導入、初級中学への進学試験の廃止、重点初級中学の廃止の方向性が示された[6]。既述の通り本稿で扱うような9年一貫制は特別な先進的実験的学校か大都市部の学校でおこなわれており、その改革の方向性に沿って率先して実践する役割を担っていたと考えられる。

3．特別な学校における9年一貫制

まず、特別な条件を整えた学校における実験的実践の例として、同一校舎において一貫制を実施している学校の実践状況をみておくことにする。具体的には、中国の教育実践の最先端をいく北京景山学校での実践、幼児園までも含めた一貫に取り組んでいる上海建青実験学校の実践、小中の枠組みを超えた「滑動学制」を実践する北京第一中学の実践をとりあげる。

(1) 教育実践の最先端をいく北京景山学校での実践

　北京景山学校は中国共産党中央委員会が北京師範大学などと共同で1960年に創設した教育実験校であり、5-4-3制実験をごく初期に開始した学校のひとつである。その他にもエリート養成をめざしており、コンピューター教育を早くから導入するなど、先進的、実験的な実践をおこなっている[7]。

　この北京景山学校は1982年に5-4-3制実験を開始し、その2年後の1984年には9年一貫制の試行を開始した。方法としては1984年秋期に初級中学の入学試験を実施せず、小学5年生で進学レベルに達しているもの全てを6年生、つまり4年制初級中学の1年生とすることで開始された。この9年一貫、5-4分段制は、当時6-3制への回復が進む一方で実験が進められていた「先進的」な5-4制実験をさらに一歩進めた当時の最先端の学校制度ということができる（第5章を参照）。なお9年一貫制の学校は5-4制用のカリキュラムを使用するようにとの指示がでていた時期がある[8]。なお現在は高級中学2年、大学予科1年を含めた12年一貫制へと発展している[9]。

写真7-1　北京景山学校校門（北京市）

この９年一貫、５－４分段制の実施による利点として、教育者にとってはカリキュラムを統一的に配分でき、子どもにとっては小学と初級中学の接続がうまくいくことによって初級中学に適応しやすく、教育効率の面からも無駄な復習の時間をなくすことができることがあげられている。ただし最も重要と考えられたのは、初級中学への進学試験をなくしたことであった。それまで、小学の最後の１年は少なくとも半年以上が進学試験のための復習の時間に費やされていたため、これを廃止することで、復習の時間を少なくすることができ、時間の浪費を減らし、子どもたちの負担を減らすことができるというものであった。またこの余った時間に、ゆとり、自由、徳育の時間を増やすことによって、小学の教育を「単純進学教育」から「公民素質教育」へ転換できることが主張されている[10]。

　加えてこの実践によって、初級中学４年制が優れていることを示すことがめざされ、同時に①学習困難児をいかにして防ぐか、②少数の優秀な子どもたちの能力をいかにして伸ばすか、③学校と家庭の教育作業の分担をいかにするかといった課題に対する解決方法の模索が進められた。特に９年一貫制にすることによって、様々な子どもが長い間学習を共にすることになる。学力に関しては当然子どもの間の差が広がり、すべての子どもに合わせた授業ができない可能性がでてくるため、これにいかに取り組むかが焦点といえる。そこで北京景山学校がとったのは５－４制を実施することによって、難しい教科が集中しているとされている初級中学の期間を長くして、ゆとりをもたせる方法であった。このことにより学習が遅い子どもには復習の時間を、学習が順調な子どもにはさらに高度な内容を学ぶ時間を与えることができることになる[11]。

（２）幼児園までも含めた一貫に取り組んでいる上海建青実験学校の実践

　上海建青実験学校は上海市の課程教材改革試点学校に指定されている実験学校であり、同一学校内での一貫制を実施している。ここでは２年制幼児園も含めて、２－５－４制を採用しており、幼小中「三段一体」の学校づくりをめざしている。この学校はもともと重点中学であったため、入学試験を実施

する権利をもっているのだが、「就近入学」の原則を守り、幼児園から初級中学卒業まで淘汰的な試験は実施していない。なお進学判定のために学期ごとに試験をおこなっているが、平常点が重視されており、平常点が優秀な場合は学期試験が免除されることになっている[12]。

しかし授業レベルは重点学校レベルを維持しているということである。当然授業についていけない子どもの発生が予想されるが、学習困難児について、学校は退学させたり転校させたりせず、学習継続を保証し、学力向上の方法を探ることで対応しているという[13]。これもやはり、5－4制の利点を生かしつつ進めるということのようである。

管理体制についてもそれまでの幼小中が独立しておこなっていたものを改め、段階間の教師の兼任や共同研究等を通じて交流を図っている。近年は5年生（小学）と6・7年生（初級中学）の教員を1つのまとまりとして組織する実験がおこなわれており、小学から初級中学への移行がスムーズになる方法を探っている。またカリキュラム改革にも力が入れられており、幼児園から初級中学まで無駄な重複をなくした一貫性のある配分をめざしている。基礎学科に指定されている語文（国語）、数学、英語については11年間にわたる教育計画が作成されており、特に英語は幼児園から2年生、3年生から5年生、6年生から9年生のように学校段階の枠を取り払った区分により独自の教科書を編纂しており、一貫制の利点を利用しながら、各段階に合わせた授業をおこなう工夫をしている[14]。

（3）小中の枠組みを超えた「滑動学制」を実践する北京第一中学などの実践

北京第一中学は北京市で最も歴史のある中学校とされており、その学制改革は北京市の第8次5カ年計画の重点課題にも指定されている。一貫制については、1990年から実験が始まり、これが第1期生の進学とともに進展していって、現在では高級中学まで含む12年一貫制を謳うに至っている。北京市東城区政府により実験学校とされたこの学校では小学1年生から英語科、コンピューター科を開設するなど、先進的で特徴のある教育がおこなわれている[15]。

その中で最も特徴的といえる実践が「滑動学制」である。「滑動学制」は習熟度別クラス編成を利用した実践であり、「ひも状滑動」と「板状滑動」がある。まず小学４年生時に「ひも状滑動」がおこなわれる。これは子どもの間の差がつきやすい英語科のみの成績に基づいて２つのクラスに分けて、授業を実施する実践である。これにより子どもの理解度、学習進度にあわせた教授が可能になる。そして１年後には「板状滑動」がおこなわれる。これは小学５年生の全教科の成績により、子どもを２つのクラスに分け、優秀な方のクラスは翌年度から初級中学１年生として初級中学の学習を開始し、もう一方のクラスは小学６年生として小学の学習を継続する実践である。これにより成績が優秀な子どもは先に進んで新しい知識を得られるようにし、そうでない子どもは小学の学習にしっかり時間をかけて固めた後で初級中学の学習に進むことになる。またその後の進展状況により、このような習熟度別のクラス間で子どもの入れ替えもおこなうことになっている[16]。実際に子どもの入れ替えも報告されているが、下のクラスから上のクラスに「上滑り」した子どもが、先を行っている授業に本当についていけるのかは疑問がある。

　ともかく北京第一中学では、この「滑動学制」を利用し、５−４−３制にも６−３−３制にもなりうる制度を置くことによって、子ども間の学習理解度、進度の違いを克服しようとしているといえる。

　また民営学校ではそれぞれがかなり個性的な取り組みをしている。例えば北京市海淀区にある匯佳学校は、外国籍の子どもも多数受け入れている世界水準の教育を謳う学校であり、一貫制を生かして独自のカリキュラムを組んでいる。そこでは小学入学後５年間で中国語と英語の習得に努め、６年生では特に英語に力を入れ、初級中学以降はバイリンガル教育をおこなっている[17]。

　以上のように、特別な先進的実験的学校での同一校内における９年一貫制の実践は、初級中学への無試験進学を前提として一貫制を生かすために、学校の条件の良さを活かした研究が進められており、カリキュラムの統一的配分や教職員、管理体制の一元化などもみられた。ここでいう９年一貫制とは、進学試験の廃止やカリキュラムの一貫、教員の交流などを含む、小中の教育

に連続性、継続性をもたせるための一連の工夫であるということができよう。なお一貫制の短所といえる子どもの間の成績の差が拡がるという点に関しては、5－4制の利点とされた、難しい教科が集中している初級中学の期間を長くして、ゆとりをもたせて取り組むことや、小中の枠組みを変動させる「滑動学制」の導入などによって解決を図っていた。

4．一般的な学校における連携型9年一貫制

　北京景山学校や上海建青実験学校、北京第一中学のような同一校内での実践は、学校の条件の良さを活かした総合的な改革となっており、先進的な実験の意味もあるが、ただちに全国的に普及するというような現実味を帯びたものとはいえない。そこでもう少し全国的な普及への現実味がある実践を、上海市の例からみていくことにする。これらは小学・初級中学が別の学校でありながら、連携協力して一貫制とするものであり、日本でいう連携型に近いものといえよう。義務教育を国の義務教育法施行前に実施するなど、中国の教育において先導的な役割を果たしている上海市では、連携型の9年一貫、5－4分段制を早い時期から導入していた[18]。

　上海市の一般（非重点）学校である済南路第二小学と新華中学は1985年から9年一貫、5－4分段制を開始した。もともと6－3制であったため、まず小学が1985年秋から5年制小学としての新1年生を入学させ、同時に小学新6年生の中から成績が中程度の40人を選び、1年早く初級中学に入れる方法をとった。同様の方法を4年続けた後、1990年秋から正式に9年一貫、5－4分段制となることにした。カリキュラムについては上海市の教育局が出した教学計画を元に調整し、その後も試行錯誤を続けていくこととしていた。またここでも国の正式決定前から英語を小学3年生から実施していた[19]。

　また上海市の楊浦区でも1985年からいくつかの学校で9年一貫、5－4分段制実験が開始された。これも進学試験はなく直接初級中学に進学できるもので、初級中学でのゆとりの時間の増加など主に5－4制の利点が強調されて進められた。管理に関しては、組織上、人事上統一した配分と管理がな

され、学期ごとに定期的に小中両校共同の会議や共同研究がおこなわれることなどが定められている[20]。

他にも、上海市で1996年7月に塘沽路第二小学と塘沽中学が合併して誕生した上海市塘沽学校では3－3－3制が提案されている[21]など、それまでの6－3、5－4、小学・初級中学といった枠組みを崩すような動きもみられている。

5．9年一貫制のもつ意味

以上のように中国における小中一貫制にあたる9年一貫制をみてきた。小学から学区制がなく、初級中学進学の際の試験により、将来の進路の方向性がほぼ決まってしまうような制度のもと、その試験最重視の教育を改めるために、小学から初級中学への進学試験をなくしたものとして登場したのが9年一貫制であった。

ここには特別な先進的実践的学校での実践や、上海市でおこなわれていたような連携型の一貫制があった。これらには当時実験が進められていた5－4制の利点を利用する形の9年一貫、5－4分段制としてのものの他、従来の小学と初級中学という枠組みに変化を加えようとするような試みもみられた。

こうした一貫制の最大の特徴は、登場の経緯から明らかなように初級中学への進学試験を廃止することであったが、これに加えて小学と初級中学の接続方法や子どもの間の学力差をいかにして克服するかという面に関心をもちながら改革が進められていた。高級中学進学まで選抜的な試験がないことにより発生することが予想される子どもの間の学力差については、5－4制の初級中学においてゆとりをもって学習が進められるという利点を利用する方法や、習熟度別クラス編成によって対処する方法などが採り入れられていた。また同時に小学からの9年間のカリキュラムに一貫性をもたせることや、段階間の教師の交換、共同研究、管理体制の一元化なども試みられていた。つまり9年一貫制とは、進学試験の廃止やカリキュラムの一貫、教員の交流などを含む、小中の教育に連続性、継続性をもたせるための一連の工夫である

といえた。また実験校ということもあってか、英語の早期教育やコンピューター教育など、他の実践も一緒にした総合改革という面もみえてきた。

　しかし、1990年代後半から、国の基礎教育カリキュラムは小学と初級中学を一貫とする9年一貫カリキュラムが組まれている。これは小学1年生を1年生とし、義務教育最後の9年生まで、一貫性のあるカリキュラムとなっている。これにより、これだけではあえて9年一貫制にする意味が不明瞭になってくる。さらに1990年代後半頃からは、公平や平等といった文脈で9年一貫制が登場するようになっている。これは何を意味するのであろうか。そこで参考になるのが小学と初級中学を連携させて一貫とした9年一貫制を利用して学校間格差をなくす方策である。これまで明らかにしたように、義務教育の導入と、これに伴う義務教育段階における重点学校の取り消し、「就近入学」の実施は、北京市や上海市といった大都市で大きな問題を引き起こしていた。この最大の要因は、学校間格差、特に旧重点学校と一般学校の差が激しいことであった。

　上海市では1997年から初級中学統一進学試験を廃止したが、やはり北京市と同じように旧重点学校への進学を望む子どもが多く、その公平性に問題が生じていた。上海市ではこれに対処する方法のひとつとして、小学と初級中学を組み合わせた9年一貫制を積極的に導入している。つまり、学校間格差を小さくしていくために、条件の整った小学と条件の悪い初級中学を組み合わせ、条件の悪い小学と条件の整った初級中学を組み合わせて一貫制とし、全体的なレベルを平準化する方法である。強制的平準化ともいえるこの方法には問題もあり、前者の組み合わせでは小学4、5年生頃から転校する者が増えたり、後者の組み合わせでは択校現象（戸籍移動などによって、区域外の学校に通うこと）が小学入学時点で起こったりするなどの指摘もある[22]。北京市においても、1996年4月北京市人民政府弁公庁「基礎薄弱学校建設強化に関する通知」において、徐々に全市で重点初級中学を取り消し、接続を研究し、9年一貫制実験を推進することを指示している[23]。

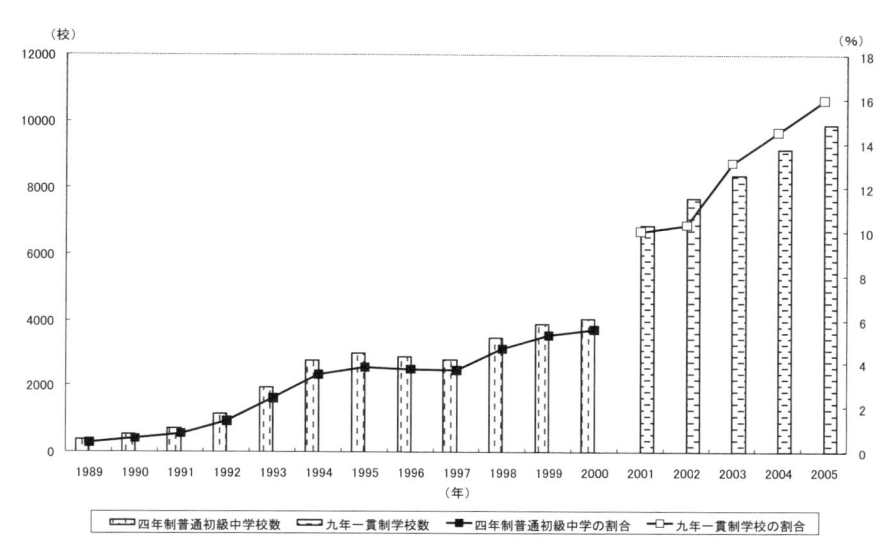

第 7 章 中国における小中一貫という発想 187

図 7-1 4年生普通初級中学と9年一貫学校の数と全体に占める割合（1989－2005）

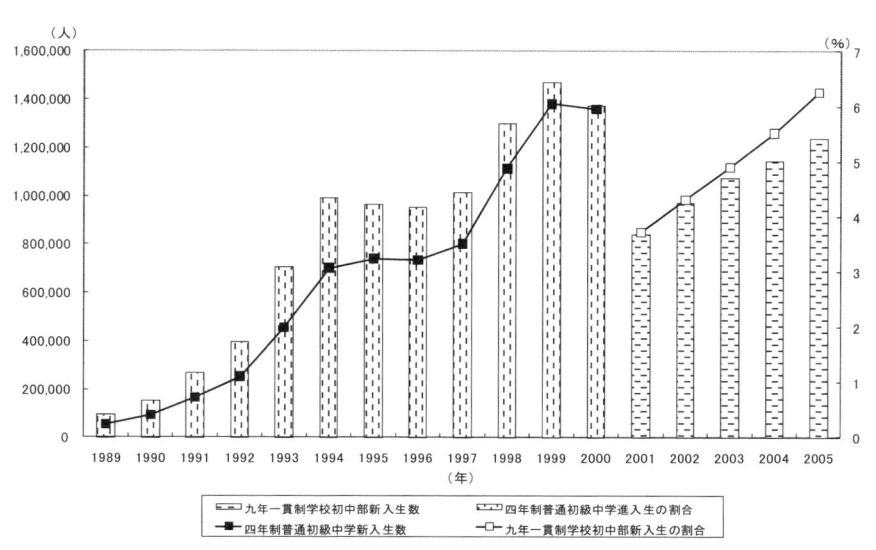

図 7-2 4年生普通初級中学と9年一貫学校初中部の新入生の数と全体に占める割合（1989－2005）

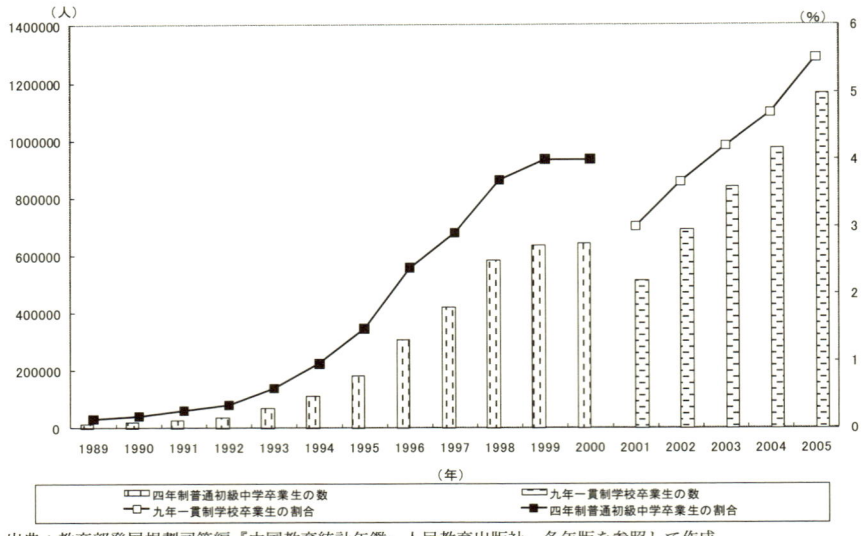

出典：教育部発展規劃司等編『中国教育統計年鑑』人民教育出版社、各年版を参照して作成。
図7-3　4年生普通初級中学と9年制一貫学校の卒業生の数と全体に占める割合（1989－2005）

　このように9年一貫制を、条件の整った小学と条件の悪い初級中学のようにはっきりとはいわなくても、9年一貫制を導入して学校間格差に対応するという考え方は少なからず登場している。義務教育の普及、重点初級中学の廃止という点もあわせて考えると、こうした役割が大きく期待されていたことは十分考えられる。ただし、本当にトップの位置にある学校については、その優位性を一時的に保持することを認めており、それは9年一貫制に関する取り組みでも同じことがいえる。
　なお、『中国教育統計年鑑』においては、2000年まで「4年制初級中学」の項目があったが、2001年からはこれがなくなり、「9年一貫制学校初級中学部」の項目が加わっている。これが、4年制初級中学が全て9年一貫制学校と扱われるようになったことを示すのは定かではないが、この2つの項目に関連があることは確かといえよう（図7-1、7-2、7-3を参照）。

6．おわりに

　本章では主に義務教育の普及が完了した地区で、小学と初級中学を一貫とする9年一貫制が注目されたことについて検討した。古くから理想的とされながらも、条件が整わずにほとんど実施されていなかった一貫制は、1980年代に再び登場してきた。この一貫は初級中学へ進学する際の進学試験がないという意味が大きいものであった。それらは特別な先進的実験的学校における実践と、一般的な学校における連携型があった。学制を5－4制とするものの他、小中の枠組みを変動させるものもあったが、中国における小中9年一貫制を分析すると、小中の連携をスムーズにするための総合的な改革という意味合いの強いものであった。

　そうなってくると、9年一貫制の意味がやや不明瞭になる。これについて分析を進めると、劣った小学と優れた中学校、優れた小学と劣った中学校を一貫とすることで、学校間格差、地域間格差をなくすというねらいがみられる実践があった。義務教育の普及、「就近入学」の導入、重点初級中学の廃止という点もあわせて考えると、この連携型は、学校間格差を是正するための改革でもあったということがいえた。

　ただしこれも学校間格差を積極的に改善するものとはいえず、どちらかといえば覆い隠すための改革といえよう。加えて実際には一部の旧重点学校は事実上の入学試験を実施しており、また特別な学校においては、自校を一貫制とすることで、「就近入学」から免れる口実ともなっており、結果的に学校間格差の残存につながっているということができる。

　また第6章での考察と合わせると、義務教育が導入され、旧重点学校と一般学校の学校間格差が存在する状況で、国が統一的に義務教育を導入し、かつ学区制を導入するという現実にある制度を概念上の制度に近づける過程において困難を抱えており、格差を一部留保する形で進行していた。ここで地方政府が学校間格差をやや強引な形で解消しようとする9年一貫制を導入するという概念上の制度を現実にある制度に近づける方策をとり、これによって学校間格差への対処と教育の充実を図っていた。これは格差の解消と教育の充実をねらったものといえるが、学校間格差の残存にもつながる可能性を

もつものでもあるといえた。

注
1 「17校・グループが研究開発学校に－文科省が2002年度新規指定校を発表」『内外教育』2002年5月17日号、4-5頁。
2 ①「プラン21 夢と力をはぐくむ学校づくり」品川区『区のおしらせ』2002年5月21日号、②「岡村幸四郎川口市長所信表明」(2001年9月4日川口市議会定例会)、埼玉県川口市ウェブサイト内 http://www.city.kawaguchi.saitama.jp/whats/frame.html より2002年6月1日ダウンロード、③「小中一貫校の設置検討－全国初、学力向上など狙い(東京都)」『内外教育』2002年1月25日号、20頁、④「6年生に中学校の学習も－小中一貫校開校で東京都品川区」『内外教育』2月15日号、11頁、⑤「品川区教育長インタビュー－小中高一貫教育をめざす」『論座』2002年3月号、朝日新聞社、110-115頁。これらについては新聞報道も盛んになされている。例えば、①「品川区、小中一貫の新設検討－6・3制を弾力化」『朝日新聞』2002年1月18日付、②「幼小中『一貫校』が始動－埼玉・川口市で4月から」『読売新聞』2002年1月26日付夕刊など。
3 例えば、1960年に北京市で高級中学までを含めた9年一貫制、10年一貫制の実験実施が決定されている(「陸定一提出要縮短年限控制学時」(1960年4月)、中国教育事典編委会編『中国教育事典・初等教育巻』河北教育出版社、1994年、143-144頁)。
4 龔乃伐編『中国義務教育学制改革大思路』人民教育出版社、1995年、6頁。
5 北京景山学校教育改革研究所編『北京景山学校教育改革文集』人民教育出版社、2000年、430頁。
6 「中華人民共和国義務教育法」(1986年7月)第9条、教育部基礎教育司義務教育実施処編『義務教育法規文献匯編1900-1998』中国社会出版社、1998年、34頁。
7 天児慧他編『岩波現代中国事典』岩波書店、1999年、247頁。
8 例えば、「九年義務教育全日制小学、初級中学課程計画(試行)」国家教育委員会基礎教育司編『九年義務教育教学文献匯編－初中部分』北京師範大学出版社、1994年、23頁。
9 ①陳心五「談五、四学制的優点」『教育理論与実践』1988年第5期、9-11頁、②賀鴻琛「"三個面向"題詞与景山学校的改革」『人民教育』1998年第11期、8頁。
10 ①北京景山学校教育改革研究所編、前掲書、429-450頁、②「北京景山学校嘗試全新辦学模式」『人民教育』1995年第11期、44頁。
11 北京景山学校教育改革研究所編、前掲書、434頁。
12 長寧区建青実験学校「九年一貫制素質教育模式研究」『上海教育』1996年第7期、6-10頁。
13 上海市建青実験学校課題組「九年一貫制素質教育模式研究」『上海教育科研』

1998 年第 5 期、28-29 頁。
14 同上論文、28-30 頁。
15 北京市第一中学「12 年一貫制中小学整体実験」崔相録主編『特色学校 100 例（中学巻）』教育科学出版社、1999 年、334-336 頁。
16 ①藍燕「探索教育新模式－北京一中 12 年一貫制教改見聞」『中国青年報』1996 年 10 月 2 日、②北京市第一中学、前掲論文、334-336 頁。
17 匯佳学校ウェブサイト http://www.huijia2000.com より 2002 年 3 月 20 日ダウンロード、により確認。
18 なお上海市において五四制が積極的に導入された背景として、小学の児童数が校舎の限度を超えたため、小学 6 年生を初級中学に初級中学準備クラスとして入れる方法をとったことも大きい（加速推行"五四"学制的研究課題組『基礎教育学制研究』北京師範大学出版社、2000 年、75 頁）。
19 上海市新華中学・済南路第二小学「実行中小学九年一貫制的嘗試」『中学教育：学校管理版』1986 年第 11 期、10-11 頁。
20 楊浦区『九年一貫、五四分段』整体改革綜合実験課題組「『九年一貫、五四分段』整体改革綜合実験報告」『上海教育科研』1990 年第 2 期、67-72 頁。
21 上海市塘沽学校「探索九年一貫制－全面実施素質教育」『上海教育』1996 年第 10 期、11-13 頁。
22「怎様譲家長不再為択校奔走？如何為更多孩子創造美好未来？教育均衡：譲孩子都上"好学校"」（2002 年 4 月 19 日）中国教育報ウェブサイト http://www.jyb.com.cn:8080/cgi-bin/ より 2002 年 6 月 1 日ダウンロード。
23 北京市人民政府辦公庁「関於加強基礎薄弱学校建設的通知」（1996 年 4 月）教育部基礎教育司義務教育実施処編、前掲書、289 頁。

終章　中国における学校制度改革の論理

　本書は、中国において文化大革命終結後に始まった、義務教育を普及・充実させる過程において、他国の模倣から入った概念上の制度と現実にある制度を近づけていき、中国独自の学校制度を探っている様子を、多様化と地方化に注目して分析してきた。

1．中国における義務教育段階の学制改革

　第1の課題は、中国において義務教育の導入が決定され、全ての国民に一定の教育を提供しようとする段階で、どのような学制改革がおこなわれてきたのかについて明らかにすることであった。

　中国では、20世紀に入って近代学校制度が導入されて以来、教育の普及に取り組んできたが、成功といえる段階には達していなかった。その理由として戦争・内戦による混乱、資金不足といった理由のほか、外国の制度の模倣であって、中国の実情に合わなかったことがあげられる。また地方に一定の配慮はしながらも、短期間のうちに全国に導入することをめざしたものであったことも大きな理由と考えられる。このように財政的根拠や具体的計画がないまま全国に普及させるという目標だけが先行し、度々の計画が立ち消えとなってきた。理想的な概念上の制度を立てたものの、現実にある制度との差が大きく、普及するには至らなかったということができよう。

　1976年に文化大革命が終結し、経済の改革開放の方針が示されると、社会発展に必要な人材を大量に養成する必要などにより義務教育実施計画が立てられ、憲法や法律に明記された上で、全国的に導入されることになった。ここが、教育の対象が一部に限られている状況から、義務教育の導入により

全国民に一定の教育を提供するという段階への転換点ということができる。

ここでは、それまでの失敗の経験を生かした方策がとられた。その重要な手段のひとつが、財政面まで含めた地方への権限の下方委譲の明確化と、様々な面での地方への配慮である。中華人民共和国は複雑・多様な条件を抱えており、効率的に義務教育を導入する必要があった。そこで国は、それまでの失敗の経験もふまえ、地方に財政権限を分配して受け入れ態勢を整えさせた上で、導入を指示した。つまり実際の場面では、地方にほとんどの権限を与えて責任を負わせ、地方で分担して普及を図るという方法を採ったことになる。これには、中央に全国的に義務教育を発展させるだけの財力がなかったため、改革開放により活性化した地方・民間の力を借りるという意味もあった。

さらにその内容についても、教育税の徴収を認めた他、学制や入学年齢を厳格に規定しないなど地方への細かい配慮をみせていた。特に義務教育の導入の過程において、国の計画では、地域間格差に配慮して国を3段階に分けた導入方法がとられた。加えて省にもそれぞれの状況に応じた計画を立てることを認めた。これにより各省は、省内の格差に対応するため、国の計画よりも導入時期を遅らせたり、省内をさらに3段階に分けたりするなどの方法で段階的導入を図っていた。これまで短期間で全国的な成果を求めたために失敗した過去があるだけに、地方に財政面も含めて権限を大幅に下方委譲し、制度的にもゆるやかなものにし、長期的スパンでの段階的導入を認めたことは、地方への配慮や地方の独自性の尊重ということができる。

また義務教育法施行と同じ頃に登場した、新しい学制である5－4制は、学習内容の難度が高い初級中学の年限を延長することによって落ちこぼれを減らすなどの教育的「効用」が示されてはいた。しかし実際には小学を6年制にできない地区について、まず小学の普及を完成させるための方策という意味も大きいものであったと考えられた。つまり5－4制は、改革開放の流れに合わせて高等教育が重視されるなか、財政難などにより6－3制に転換できない地区のための対応策として既存の5年制小学をそのまま利用するために考え出されたものといえた。この農村部であい変わらずおこなわれてい

た小学5年制を新しい学制として勧め、初級中学はあとから普及させればよいという考えは、義務教育の普及をあせらず進めてほしいという国による地方への配慮ということができた。

　こうした動きは、義務教育の普及がある程度進んだ段階においてもみられるものであった。義務教育段階にある学校について、進学試験を廃止し、戸籍所在地に近い学校に通うという、日本の小学区制に近い「就近入学」制度を導入したことは、序列化されていた小中学校を全て同じ扱いにしようとする取り組みであった。しかし旧重点学校を頂点とする学校間格差の壁は大きく、北京市や上海市といった大都会でも完全な実現は難しい状況にあった。地方政府は各方面からの要望をもとに、現実的な懐柔策をとるしかない状況に置かれていた。

　こうした時期に話題となった、もうひとつの学校段階の区分というべき9年一貫制は、小中が連携する中でスムーズな接続をめざすものであるとともに、学校間格差への対処という意図も含まれたものであった。まず、一貫制となることで自動的に初級中学へ進学する際の進学試験を廃止することができる。また例えば劣った小学と優れた初級中学、優れた小学と劣った初級中学を一貫とすることで、学校間格差、地域間格差をなくすというねらいがみられる地域があった。これは義務教育の普及、「就近入学」の導入、重点初級中学の廃止という点もあわせて考えると、学校間格差を是正する意味も含まれた学校制度であったということがいえた。

　このように中国の義務教育段階においておこなわれた学制改革は、それまでの失敗の経験も参考にしながら、義務教育の普及を進めるために様々な地方への配慮を含めたものであった。またこの普及を進めるために、農村部で導入が容易な5-4制を推奨する動きがあり、また「就近入学」によって学校の序列の解消、平準化を図るとともに、これをスムーズなものにする9年一貫制を推進するなど、地方が普及を進めやすいようにするための法的整備や新しい制度の提言、および教育の充実を含んだ学制改革がおこなわれていた。

　こうした傾向は、1990年代後半からの比較的最近の改革においてもみら

れるものであった。例えば、基礎教育カリキュラム改革により、義務教育段階の9年を一貫としたカリキュラムが作成されるとともに、地方や学校に一定の自主権が与えられていた。また高級中学入学試験や大学入学者選抜方法において、地方や学校へ権限が下方委譲され、多様化する傾向が強まっていた。

つまり、地方へ権限を下方委譲するとともに、様々な観点から地方への配慮をおこなってきたことは、文化大革命終結後、義務教育を導入して以来、現在まで続いている、また小学から大学入試までの基礎教育全般にわたる、共通した傾向ということができよう。

2．学制改革における格差への「配慮」
（1）地方への配慮と格差の留保

第2の課題は、全国的に根深く存在していた地域間格差や学校間格差に対して、一連の学制改革はどのように対処してきたかを明らかにすることであった。特に地方に責任と権限が下方委譲された上で地方への配慮がおこなわれたことに注目した。

1986年に施行された「義務教育法」は、地域間格差が存在している状況で、国が統一的に義務教育の普及をめざすという、概念上の制度を設定し、これに現実にある制度を近づけていこうとする改革といえた。ここでは導入当初から長期的スパンでの段階的導入を認めるなど、一時的な格差の存在や省ごとの取り組みを許容する形で進められていた。このことは地方への配慮や地方の独自性の尊重ということができるが、義務教育は財政面も含めて地方が負担することも合わせて考えれば、これは長期にわたって地域間格差が残存することを認めたものといえた。

この義務教育の実施と同時期に登場した5-4制の実験は、条件の整わない地域について、まず小学を5年制として充実させるという政策でもあったことを示した。つまり5-4制という新たな学制が提案されたのは、義務教育を概念上のみ9年間で制度的に統一させ、その後徐々に現実にある制度として普及を進めようとするためであったということができ、事実上、地域間

格差が相当の間存在し続けることを許容したものといえた。

　義務教育がある程度普及した地区で実施される「就近入学」についても、厳然と存在する学校間格差に対して、義務教育段階である初級中学まで平準化しようとする試みであった。ただし、旧重点学校を頂点とした学校間格差という大きな壁の前では、学校と子ども・保護者の思惑が一致するために、問題の解決は難しい状況にあった。結果的には旧重点学校の優位性そのものにはほとんど手が入れられておらず、格差を一部留保しながら、コンピューターによる配分などがおこなわれており、格差の是正よりも公平の問題に配慮した解決方法がとられていた。つまりこの改革は平準化をめざしたものではあったが、学校間格差の残存を事実上認める形が続いていることになる。同様に、もう1つの学校段階の区分といえる9年一貫制は、教育の充実という目的の他にも、初級中学への進学試験を廃止し、同時に学校間格差をやや強引な形で解消しようとする方策としても利用されていた。ただし実際には一部の旧重点校は事実上の入学試験を実施しており、また特別な学校においては、自校を一貫制とすることで、就近入学から免れる口実ともなっており、学校間格差の残存にもつながる可能性をもつものでもあるといえた。

　こうした現象は、2000年前後に始まった大学入学者選抜方法改革においてもみることができる。これまで入学定員を各省に割り振るという独特な方法ゆえに、定員配分の不公平や合格点の差が不満を呼んでいた。これに対し教育部がとった方法は、この定員配分は変えずに、地方政府が試験問題の組み合わせや内容を決定するという方法であった。これに基礎教育カリキュラム改革によって地方政府、学校が決定できる部分が増えたことと合わせて、地方への権限の下方委譲、入試の多様化と評価されている。ただしこれも見方によっては、大学や入学定員の配分に地域的偏りがあることには手を加えず、それを覆い隠す形での改革ということもできる。

　つまり、こうした地域間格差、学校間格差への対応は、言い方を変えれば全国的に統一された義務教育の普及および充実が不可能な状況において、そうした格差を留保する形で対応したということもできるものであり、これもまた文化大革命終結後、義務教育の導入から現在まで継続してみられるもの

であったということができる。

(2) 中国における平等と公平

　中国における格差への対処としては、個人を単位とした取り組みとして学費の免除や奨学金の貸与・給与、進学試験における加点などがある。同様のことは少数民族などに対しても実施されている。また経済的事情や政治的混乱、学校数の絶対的な不足によって学校に進学する機会を失った者に対しては、成人教育がこれを補償する役割を果たしてきた。これに対して、学制改革によって解決がめざされたのは、学校単位あるいは地域単位の格差是正であった。

　このような動きからみえてくるのは、中国における人々の教育や学校における平等や公平に関する2つの考え方である。つまり1つめは、義務教育が9年間と決められているのだから、その間は皆が同じ環境で同じ内容を学ぶことが平等であり、一部の学校（そこに通う児童生徒）に重点的に資源を配分することは不公平であるという考えである。この考え方によれば、重点学校は一種のエリート選別教育であり、教育の平等の原則に反し、徳知体の全面発達をめざす党の方針に背いており、社会主義の一般労働者を育成する要求に符合しないという主張になる。この考え方はいわば「正論」であり、現在の国の方針も基本的にはこのような理想を掲げながら政策を立てている。

　ところがこれとは異なる2つめの考え方がしっかり存在していることもまた確かである。それは、子どもにはもって生まれた能力の差が存在しており、国がすべての学校に十分な設備を整備できるほどの財源をもたない以上、一部の学校に重点的に配分することは必要なことであるという考え方である。この考え方によれば、できる子どもにはより良い環境を与えて、学習できるようにしてやることが平等であり、こうした子どもを不十分な環境で学習させることは抑圧であり、不公平であるということになる。

　国レベルでは、文化大革命終結後一旦は後者の考え方により重点学校政策や高等教育重視の方針をとったが、義務教育導入の頃から明確に方針転換をおこなっており、「就近入学」もその一環であった。これは様々なレベルの

人材が必要であるという社会の要請、そして全国的な質を伴った学校普及が可能であるいう政府の考えによるものであり、非常に大きな転換であったということができよう。

　ところが親や子ども、旧重点中学の一部はそのようには考えておらず、国の方針に理解は示しながらも、あの手この手で抜け道を探している。

　これをとりもつ役目を任された地方政府教育部門は、基本的には国の方針に従っているものの、一部の学校や子どもに例外的措置を容認することによって不満の緩和を図っていた。

　こうした事例からは、教育部も格差をなくす方向には動いているが、それは上位にあるものを下げてまでもすべてを公平にしようとは考えていないという姿もみえてくる。国民全体を底上げしていくこと、そのために全国的に公平な制度にすることは当然めざしてはいるが、資源に限りがあり、国を引っ張っていく人材を必要としている現状では、進んでいる部分は進んでいる部分として残しておくことは理にかなったものということができる。義務教育を導入することによって、重点学校は制度上義務教育段階には存在しないことになった。しかし、これからも発展を続けていくために、重点学校が存在していたのと同じ理由により、優れた学校が優れた子どもを集められるようにすることを事実上容認している。こうした子どもの受け皿として、他国には私立学校がその一翼を担っているところもあるが、中国ではまだ民営学校は数が少ない。またもともと重点学校は先進的な実験をおこない、実践することによって一般学校を引っ張っていく役割を担うものであるので、これを完全に否定することもまた困難といえよう。

　つまり中国では、格差への現実的な対応として、実際には最高レベルにあるものはそのレベルを維持しながら、下位にある地区、学校を徐々に引き上げていく方法をとっていると考えられる。義務教育段階における重点学校を原則廃止としながらも、その優位性を完全にはなくさず、格差の是正よりも公平の問題に配慮した改革がなされていたことも、そのあらわれといえよう。

　このように厳格な規定とともに、抜け穴や例外がつくられて救済する道を残していることは、中国における政策では全般的にみられる傾向であり、広

写真終-1　才能児実験クラスの様子。
10歳で選抜された子どもは4年後に大学入試を突破する（北京市）

大な国土に多様で莫大な人口を抱える中国において施策を浸透させるための知恵といえよう。「就近入学」などに関して、地方政府教育部門がとっている政策も一見不完全なようにみえて、実はこの中国流の公平・平等にしっかり合致したものといえるのかもしれない。

3．中国独自の学校制度へ

　第3の課題は、概念上の制度と現実にある制度を近づけていくことによって完成する、中国独自の学校制度とはどのようなものになるのかを明らかにすることであった。

　「義務教育法」により地方が責任を負うことが明確に示されて以来、国は教学大綱・課程標準（日本の学習指導要領に相当）を構成するなどの大枠を除いては、多くの権限を地方や学校に下方委譲してきた。これによって地方政府はそれぞれ様々な方法で改革を行ってきた。そこでは画一的な制度ととも

に、省レベル、地方政府レベル、学校レベル、個人レベルでの例外的措置が存在し、これをもって全体としてのまとまりを保っている面もみられた。ただしこの基礎教育の最終的な目標は全国統一の大学入試であり、これは国の専権事項であり続けていた。つまりこれまで義務教育の権限を地方に下方委譲してきた教育部は、カリキュラムの構成と全国統一大学入試によって、その影響力を行使していたことになる。

　しかしその基礎教育カリキュラムは、地方や学校がカリキュラムを決定できる部分を拡大する改革が進んでいる。同時に大学入試、高考も、21世紀に入る頃から試験科目や試験問題を地方が作るようになるなど、その方法や内容について多様化が進行し、省ごとに独自性が出るようになってきている。その結果、小学入学から大学合格まですべて地方政府の中で完結する可能性がでてきている。つまりこの大学入試改革を契機として、教育の大規模な多様化、個性化が進み、広大な国土をもつ中国における新しい教育モデルが誕生する可能性がある。

　本書で扱った学制改革では、多様な制度を導入することで格差の解消に努めている姿がみえていた。ただし時々の首脳の発言からもわかるように、国として学制を統一すべきであるという考え方も根強いものであり、一連の学制改革についても、最終的に全国的な統一をめざしていることがみてとれた。つまりこうした学制改革とそれに伴う制度の多様性は、義務教育の普及と充実の過程における一時的な対処という雰囲気がただよっていた。

　ただしカリキュラム改革による地方・学校への権限の下方委譲や大学入学選抜方法改革における地方化・多様化の動向をみていると、国として統一することの限界や問題点が認識されてきたという様子がみてとれる。つまり今後は、アメリカほどの分権ではなくても、国がある程度の影響力をもちつつ、ある程度は省をメインとした教育をおこなっていくことが予想される。例えば、カリキュラムを9年一貫とした上で、普及・充実の段階を終えた上海市が独自に判断して5－4制を採用しているような姿が中国なりの学校制度ということになるのではないだろうか。

　中国ではこれまで社会全体の傾向として、画一的な制度とともに、省レベ

ル、地方政府レベル、学校レベル、個人レベルでの例外的措置が存在し、これをもって全体としてのまとまりを保ってきた。本書の分析により、今後の中国独自の義務教育段階の学校制度の姿は、国としての統一はあまり追求せず、法律を根拠としながら、省を頂点として、試験やカリキュラムを媒介として、国や下級レベル政府との均衡関係を保った中央集権と地方分権の中間にあるような制度となると考えられる。

　本書では、義務教育を普及・充実させる際に、他国の模倣から入った概念上の制度と現実にある制度を近づけていき、独自の学校制度を確立していくという過程について、中国を主な対象として、多様化と地方化に注目して分析してきた。特に国・教育部、上級レベル地方政府の要求と学校、子どもや親の思惑を調整する役割として、各地の地方下級レベル政府が厳しい対処を迫られていることを示した。

　序章でも述べたように本書は1980年代から2000年代前半までの改革に焦点を絞っている。変化が急速な中国においては、本書で扱った部分についてもすでに大きく変化しているものがある。これまでの研究を踏まえて、最新の動向を把握していくことは今後の課題となろう。

　また分析の際には、現地の新聞報道やテレビ報道によって情報を集め、これを現地調査や政府文書、書籍、研究論文で裏付けるという方法をとった。この方法は、現在の中国においてどんなことが問題とされているのかを明らかにするには適しているといえる。しかし本書で言及した事例は、広大な中国におけるごく一部のできごとにすぎない。基礎教育という地方主体の事柄を、中国全体として論じることは大変難しいが、今後も様々な手段を用いて新しい情報を収集するとともに、実証的な分析等もとりいれて、中国の基礎教育の多様性に迫る努力を続けていきたい。

終章　中国における学校制度改革の論理　203

写真終-2　高級中学の教室（北京市）

引用文献・参考文献

1．中国語文献

北京教育考試院編『北京普通高等学校招生改革与発展：1977-2002 年』北京師範大学出版社、2005 年。

北京景山学校教育改革研究所編『北京景山学校教育改革文集』人民教育出版社、2000 年。

北京市第一中学「12 年一貫制中小学整体実験」崔相録主編『特色学校 100 例（中学巻）』教育科学出版社、1999 年、332-339 頁。

長寧区建青実験学校「九年一貫制素質教育模式研究」『上海教育』1996 年第 7 期、6-10 頁*。

陳心五「談五,四学制的優点」『教育理論与実践』1988 年 5 期、9-11 頁。

陳亜昌「関於農村九年学制改六,三為四,五的探討」『呉中学刊』、1990 年 3 期、32-36 頁*。

程介明『中國教育改革－進展・局限・趨勢』商務印書館、1992 年

東方・岳龍編『追問「3＋X」』福建教育出版社、2001 年。

高奇『新中国教育歴程』河北教育出版社、1996 年。

葛大匯「升学考試面臨的問題－上海高考、中考問題調査研究報告之一（摘要）」『中小学管理』2000 年第 6 期、15-17 頁*。

龔乃伝編『中国義務教育学制改革大思路』人民教育出版社、1995 年。

顧明遠編『亜洲発展中国家的義務教育』人民教育出版社、1999 年。

国家教育委員会基礎教育司編『九年義務教育教学文献匯編－初中部分』北京師範大学出版社、1994 年。

国家教育行政学院編『基礎教育新視点』教育科学出版社、2003 年。

韓家勛・孫玲主編『中等教育考試制度比較研究』人民教育出版社、1998 年。

賀鴻琛「"三個面向"題詞与景山学校的改革」『人民教育』1998 年第 11 期、8-9 頁*。

扈中平『中国教育両難問題』湖南教育出版社、2000 年。

黄書光主編『中国基礎教育改革的歴史反思与前瞻』天津教育出版社、2006 年。

吉嵪柯「七五期間基礎教育研究与実験進展述評」国家教育委員会・中央教育科学研究所『教育研究』1994 年第 10 期、41-46 頁*。

加速推行"五四"学制的研究課題組『基礎教育学制研究』北京師範大学出版社、

2000年。
教育部基礎教育司義務教育実施処編『義務教育法規文献匯編1900-1998』中国社会出版社、1998年。
康乃美・蔡熾昌等『中外考試制度比較研究』華中師範大学出版社、2002年。
康永久『教育制度的生成与変革－新制度教育学論綱』教育科学出版社、2003年。
課堂内外雑誌社編『2006高考必読－全国高考考生報考実用手冊』重慶出版社、2006年。
劉経宇・薛宝生「請向実践問利弊－取消小学升初中統考的思考（上）」『瞭望』（北京）、1994年43号、8-11頁*。
劉英傑主編『中国教育大事典（1840-1949）』浙江教育出版社、2001年。
劉遠碧・廖其発「"五・四"制与"六・三"制之争及其啓示」『河北師範大学学報・教科版』2006年第3期、29-33頁（中国人民大学書報資料中心編『複印報刊資料　教育学』2004年第12期所収）。
李国鈞・王炳照主編『中国教育制度通史』第7巻、山東教育出版社、2000年。
李文長編『基礎教育改革的回顧与前瞻』人民教育出版社、1998年。
馬文卿・劉文超『中国高考走向』山東人民出版社、2002年。
卯厚実「論弾性学制」国家教育委員会・中央教育科学研究所『教育研究』1987年第11期、26-30頁*。
上海市建青実験学校課題組「九年一貫制素質教育模式研究」『上海教育科研』（上海）1998年第5期、27-30頁*。
上海市塘沽学校「探索九年一貫制―全面実施素質教育」『上海教育』（上海）1996年第10期、11-13頁*。
上海市新華中学・済南路第二小学「実行中小学九年一貫制的嘗試」『中学教育：学校管理版』（上海）1986年第11期、10-11頁*。
沈祖芸「五四学制"修成正果"」『上海教育』2004年第19期、17-20頁*。
孫琬鍾編『中華人民共和国教育法律法規全書（上巻）』中国法律年鑑社、1998年。
王炳照・閻国華編『中国教育思想通史』第六巻、湖南教育出版社、1994年。
王鋼「関於中考改革的幾点思考」天津市教育招生考試院『考試研究』編輯部編『考試研究』2002年第1期、天津人民出版社、2001年、101-109頁。
王倫信『清末民国時期中学教育研究』華東師範大学出版社、2002年。
楊浦区『九年一貫、五四分段』整体改革綜合実験課題組「『九年一貫、五四分段』整体改革綜合実験報告」『上海教育科研』（上海）1990年第2期、67-72頁*。
姚啓和主編『90年代中国教育改革大潮叢書　高等教育巻』北京師範大学出版社、2002年。
宛士奇編『中国当代教育実験百例』四川教育出版社、1997年。
袁運開主編『簡明中小学教育詞典』華東師範大学出版社、2000年。
袁振国『論中国教育政策的転変－対我国重点中学平等与効益的個案研究』広東教育出版社、1999年。
張仁賢主編『中国教育教学改革実用全書』経済日報出版社、1996年。

張遠増「我国中考招生与管理制度改革設想」天津市教育招生考試院『考試研究』編輯部編『考試研究』2003 年第 1 輯、天津人民出版社、61-73 頁。
中国改革全書教育改革巻編委会編『中国改革全書・教育改革巻』大連出版社、1992 年。
《中国教育報》北京記者站編『素質教育在北京：記者筆下的首都教育』知識産権出版社、2005 年。
中国教育報編『2004 年高考資訊』高等教育出版社、2004 年。
中国教育事典編委会編『中国教育事典・初等教育巻』河北教育出版社、1994 年。
中国教育事典編委会編『中国教育事典　高等教育巻』河北教育出版社、1994 年。
中国基礎教育教学研究編集委員会編『中国基礎教育教学研究（第一巻）』北京師範大学出版社、1993 年。
中華人民共和国国家教育委員会『九年義務教育全日制小学（初級中学）教学大綱（試用）』人民教育出版社、1992 年、各教科版。
中華人民共和国国家教育委員会基礎教育司編『中国基礎教育』人民教育出版社、1990 年。
中華人民共和国教育部『全日制義務教育課程標準（実験稿）』北京師範大学出版社、各教科版、2001 年。
卓晴君・李仲漢『中小学教育史』(中華人民共和国教育専題史叢書）海南出版社、2000 年
周貝隆「談談基礎教育学制的幾個問題」国家教育委員会・中央教育科学研究所『教育研究』1992 年第 12 期、7-11 頁＊
周貝隆「尽快結束紊乱、理順基礎教育学制・再提中小学 5・4・3 改制質疑」国家教育委員会・中央教育科学研究所『教育研究』1998 年第 2 期、28-31 頁＊。
周全華『文化大革命中的教育革命』広東教育出版社、1999 年。
＊は中国人民大学書報資料中心『複印報刊資料　中小学教育』所収。

2．中国語文献（年鑑類）

国家教育委員会計劃建設司『中国教育成就（1986-1990 統計資料）』人民教育出版社、1991 年。
教育部発展規劃司編『中国教育統計年鑑 1998』人民教育出版社、1999 年。
教育部発展規劃司編『中国教育統計年鑑 1999』人民教育出版社、2000 年。
教育部発展規劃司編『中国教育統計年鑑 2000』人民教育出版社、2001 年（表紙と背表紙の書名は『中国教育事業統計年鑑』）。
教育部発展規劃司編『中国教育統計年鑑 2001』人民教育出版社、2002 年。
教育部発展規劃司編『中国教育統計年鑑 2002』人民教育出版社、2003 年。
教育部発展規劃司編『中国教育統計年鑑 2003』人民教育出版社、2004 年。
教育部発展規劃司編『中国教育統計年鑑 2004』人民教育出版社、2005 年。
教育部計劃建設司編『中国教育事業統計年鑑 1997』人民教育出版社、1998 年。
《中国教育年鑑》編輯部編『中国教育年鑑 1949-1981』中国大百科全書出版社、

1984 年。
中華人民共和国国家教育委員会計劃財務司編『中国教育成就 統計資料 1980-1985』人民教育出版社、1986 年。
中華人民共和国国家教育委員会計劃建設司編『中国教育統計年鑑 1989』人民教育出版社、1990 年。
中華人民共和国国家教育委員会計劃建設司編『中国教育統計年鑑 1990』人民教育出版社、1991 年。
中華人民共和国国家教育委員会計劃建設司編『中国教育統計年鑑 1991-1992』人民教育出版社、1992 年。
中華人民共和国国家教育委員会計劃建設司編『中国教育事業統計年鑑 1992』人民教育出版社、1993 年。
中華人民共和国国家教育委員会計劃建設司編『中国教育事業統計年鑑 1993』人民教育出版社、1994 年。
中華人民共和国国家教育委員会計劃建設司編『中国教育事業統計年鑑 1994』人民教育出版社、1994 年。
中華人民共和国国家教育委員会計劃建設司編『中国教育事業統計年鑑 1995』人民教育出版社、1996 年。
中華人民共和国国家教育委員会計劃建設司編『中国教育事業統計年鑑 1996』人民教育出版社、1997 年。

3．中国語文献（新聞、ウェブサイト）

『中国教育報』(北京)
『人民日報』(北京)
『光明日報』(北京)
『中国青年報』(北京)

中国教育部ウェブサイト　http://www.moe.edu.cn/
中国教育報ウェブサイト　http://www.jyb.com.cn
人民日報ウェブサイト　http://edu.people.com.cn/
中国教育ウェブサイト　http://www.edu.cn/
匯佳学校ウェブサイト　http://www.huijia2000.com
濰坊市英才学府ウェブサイト　http://www.yingcai.org/

4．日本語文献

朝倉美香『清末・民国期郷村における義務教育実施過程に関する研究』風間書房、2005 年。
阿部重孝『阿部重孝著作集』第六巻、日本図書センター、1983 年。
阿部洋『中国近代学校史研究―清末における近代学校制度の成立過程』福村出版、1993 年。

阿部洋編『「改革・開放」下中国教育の動態―江蘇省の場合を中心に―』東信堂、2006年。
天児慧他編『岩波現代中国事典』岩波書店、1999年。
安藤堯雄『教育制度学総論』葵書房、1963年。
石井光夫「中国　中央集権体制の変容―地方や大学の権限拡大―」『教育と情報』465号、1993年、22-25頁。
石井光夫「中国の教育制度と教育改革の動向―経済発展戦略における教育―」中国研究所『中国研究月報』581・582号、1996年、64-74頁。
石川啓二「中華人民共和国義務教育法―付全文邦訳および解説―」日本教育学会『教育学研究』第54巻第2号、1987年、72-78頁。
市村尚久『アメリカ六・三制の成立過程』早稲田大学出版部、1987年。
伊藤秀夫・吉本二郎編『改訂教育制度論序説』第一法規、1969年。
今井航「壬戌学制制定過程にみられる初等・中等教育段階の修正に関する考察」アジア教育史学会『アジア教育史研究』第13号、2004年。
上田学『日本の近代教育とインド』多賀出版、2001年。
D.ウォードル（岩本俊郎訳）『イギリス民衆教育の展開』協同出版、1979年。
江幡裕「学校段階論の見直し―イギリスの中等学校体系を手がかりとして―」真野宮雄・桑原敏明編『教育権と教育制度』第一法規、1988年、191-229頁。
江幡裕「イギリスの中等学校制度改革における Middle School の意味（１）―その政策論的側面に限定して―」香川大学教育学部『香川大学教育学部研究報告　第Ⅰ部』54号、1982年、59-97頁。
O.E.C.D.政策会議報告（清水義弘監訳）『低開発国における教育投資の基本問題』アジア経済研究所、1964年。
王智新『現代中国の教育』明石書店、2004年。
大塚豊「中国の教育」石附実編『比較・国際教育学』東信堂、1996年、163-181頁。
大塚豊「中国―壮大な全国統一入試―」中島直忠編『世界の大学入試』時事通信社、1986年、626-648頁。
大野雅敏「学校体系変更の主要因と変更過程―アメリカ60年代を中心とする事例」文部省初等中等教育局教育研究開発室委嘱研究報告書『学校体系の区切り方と教育効果の関連についての研究』、1975年、4-22頁。
小川利夫・江藤恭二編『現代学制改革の展望』福村出版、1982年。
沖原豊編『世界の学校』(現代教育学10)東信堂、1981年。
金子忠史「アメリカのミドル・スクール設立運動の背景と特色」文部省初等中等教育局教育研究開発室委嘱研究報告書『学校体系の区切り方と教育効果の関連についての研究』、1975年、23-46頁。
川合章『中国のこども』紀伊国屋書店、1964年。
川野辺敏『ソビエト教育制度概説－増補版』新読書社、1976年。
川野辺敏編『増補版各年史／旧ソ連　戦後教育の展開』エムティ出版、1995年。
川野辺敏編『世界の幼児教育3　ソビエト・東欧』日本らいぶらり、1983年。

金龍哲「『3＋X』が教育を変えられるか―中国の大学入試改革の理念と現状―」『内外教育』2003年3月18日号、2-4頁。
楠山研「学校段階の制度的区分の成立と変更の国際比較―イギリス、アメリカ、旧ソ連、中国―」『アジア教育研究報告』第3号、2002年、第3号、59-70頁。
楠山研「中国における学校段階の制度的区分変更に関する考察―6－3制への回復と5－4制の実験―」日本比較教育学会編『比較教育学研究』第28号、2002年、162-178頁。
楠山研「中国における小中一貫制学校に関する考察」日本教育制度学会編『教育制度学研究』第9号、2002年、145-157頁。
楠山研「中国における小学校と初級中学の接続に関する考察」『京都大学大学院教育学研究科紀要』第49号、2003年、376-386頁。
楠山研「中国における大学入試改革の動向―地方・大学への権限委譲に関する一考察―」『京都大学大学院教育学研究科紀要』第51号、2005年、128-141頁。
楠山研「義務教育および成人識字教育の普及における地方、民間の役割―中国西部地区における『両基』達成のための取り組みを中心として―」『中国研究論叢』第5号、財団法人霞山会、2005年、39-53頁。
熊谷一乗『学制改革の社会学』東信堂、1984年。
現代アメリカ教育研究会編『カリキュラム開発をめざすアメリカの挑戦』教育開発研究所、1998年。
高凌（陳彬・諏訪哲郎訳）「北京市における初等・中等教育と英才教育」「アジア諸国における教科書と教育制度」プロジェクトチーム『アジア諸国における教科書と教育制度』（学習院大学東洋文化研究所調査研究報告第43号）学習院大学東洋文化研究所、1995年、67-78頁。
小林文男「近代の覚醒と『五四』」東亜文化研究所紀要編集委員会『中国近代化の史的展望』（東亜文化叢書6）霞山会、1982年、117-156頁。
小山俊也『教育制度の形成・発展』明星大学出版部、1988年。
斎藤秋男「新中国の社会・学校・制度―中華人民共和国初期の学制さだまる」『教師の友』3巻1号、日本学力向上研究会、1952年、20-24頁
斎藤秋男「文化革命期・学制改革の方向―陸定一論文について」『教師の友』66号、教師の友の会、1958年、56-59頁。
斎藤秋男『中国現代教育史―中国革命の教育構造』田畑書店、1973年。
斎藤泰雄「開発途上国の教育制度研究への予備的考察」『国立教育研究所研究集録』第5号、1982年、81-90頁。
笹島恒輔「中国学制の変遷に伴う学校教育の推移」教育史学会紀要編集委員会編『日本の教育史学』7号、講談社、1964年、57-79頁。
篠原清昭「現代中国の教育投資―社会主義国における『教育の市場化』―」九州大学比較教育文化研究施設『九州大学比較教育文化研究施設紀要』51号、1998年、49-68頁。
新保敦子「教育体制改革に関する中国共産党中央委員会の決定」中国研究所『中国

研究月報』456 号、1986 年、21-32 頁。
新保敦子「中華民国時期における近代学制の地方浸透と私塾」狭間直樹編『中国国民革命の研究』775 号、京都大学人文科学研究所、1992 年、579-635 頁。
杉山明男他「中国・東南アジアの義務教育・教科用図書の比較研究　文部省科学研究費による研究報告その 4」神戸大学教育学部『研究集録』第 84 集、1990 年、253-286 頁。
世界教育史研究会編『義務教育史』(世界教育史大系 28)、講談社、1977 年。
世界教育史研究会編『イギリス教育史Ⅱ』(世界教育史大系 8)、講談社、1974 年。
世界教育史研究会編『ロシア・ソビエト教育史Ⅱ』(世界教育史大系 16)、講談社、1977 年。
世界教育史研究会編『中国教育史（世界教育史体系 4）』講談社、1975 年。
世良正浩「社会主義の中国化と学制改革－1956 年から 1964 年までの中国における学制改革の実験に関する研究」日本国際教育学会『国際教育』3 号、1996 年、24-46 頁。
田代徹也「中国における義務教育制度の進展」『大阪城南女子短期大学研究紀要』32 号、1998 年、1-36 頁。
唐寅「中国教育体制改革における権限分担変容の一考察」九州大学教育学部『九州大学教育学部紀要（教育学部門）』38 集、1992 年、47-59 頁。
豊田俊雄『開発と社会―教育を中心として―』アジア経済研究所、1995 年。
仲新・持田栄一編『学校制度』第一法規、1967 年。
二宮皓編『世界の学校―教育制度から日常の学校風景まで―』学事出版、2006 年。
日本教育学会教育制度研究委員会編『現代社会と学校制度』(教育制度研究委員会報告第 1 集)、1984 年。
日本教育新聞社編『学制改革―私の提言―』日本教図、1967 年。
費駿闖「中国の高級中学における学校間格差―設置・管理形態別と財務状況を中心にして―」日本比較教育学会編『比較教育学研究』第 30 号、2004 年、186～202 頁。
平原春好「現代中国の教育改革」神戸大学教育学部『神戸大学教育学部研究集録』83 集、1989 年、303-323 頁
藤井泰『イギリス中等教育制度史研究』風間書房、1995 年。
文教課「中国の教育改革（その 1）」国立国会図書館調査立法考査局『レファレンス』36(9) 号、1986 年、64-88 頁。
牧野篤『民は衣食足りて―アジアの成長センター・中国の人づくりと教育―』総合行政出版、1995 年。
本間政雄・高橋誠編『諸外国の教育改革―世界の教育潮流を読む　主要 6 か国の最新動向―』ぎょうせい、2000 年。
牧野篤『中国変動社会の教育』勁草書房、2006 年。
真野宮雄編『現代教育制度』第一法規、1977 年。
溝口貞彦『中国の教育』日中出版、1978 年。

溝口貞彦「中国」伊藤和衛編『公教育の歴史』(講座公教育体系2) 教育開発研究所、1988年、338-360頁
溝口貞彦「最近の中国における教育改革—義務教育法の制定を中心として」二松学舎大学『二松学舎大学論集』33号、1990年、1-15頁。
三好章「改革・解放期における中国の教育体制改革について—初等教育の普及と課題—」アジア経済研究所『アジア経済』第37巻第7・8号、1996年、164-184頁。
三好信浩『イギリス公教育の歴史的構造』亜紀書房、1968年。
望田研吾『現代イギリスの中等教育改革の研究』九州大学出版会、1996年。
文部省初等中等教育局教育研究開発室委嘱研究報告書『学校体系の区切り方と教育効果の関連についての研究』、1975年。
文部省大臣官房調査統計企画課編『諸外国の学校教育　アジア・オセアニア・アフリカ編』大蔵省印刷局、1995年
文部省大臣官房調査統計企画課編『諸外国の学校教育　欧米編』大蔵省印刷局、1995年
文部省大臣官房調査統計企画課編『諸外国の学校教育　中南米編』大蔵省印刷局、1995年。
文部省調査普及局編『現代中国の教育事情—六・三・三制を中心として—』刀江書院、1949年。
山内太郎編『世界の教育改革』第一法規、1967年。
山口喬「ソ連(現代社会主義国家と公教育)」伊藤和衛編『公教育の歴史』教育開発研究所、1988年、293-337頁。
ユネスコ編(木田宏訳)『教育計画—その経済社会との関係—』第一法規、1966年。
陸定一(中国教育研究会訳)『中国の教育改革』明治図書、1964年。
劉文君『中国の職業教育拡大政策—背景・実現過程・帰結』東信堂、2004年。

5．日本語文献（新聞、雑誌、ウェブサイト）

『朝日新聞』
『読売新聞』

『内外教育』時事通信社
『論座』朝日新聞社

文部科学省ウェブサイト　http://www.mext.go.jp/
埼玉県川口市ウェブサイト　http://www.city.kawaguchi.saitama.jp/
朝日新聞ウェブサイト　http://www.asahi.com/
読売新聞ウェブサイト　http://www.yomiuri.co.jp/

6．英語文献

British Information Services, *Primary and Secondary Schools in Britain*, New York, 1960.
Burrows, John, *The Middle School-High Road or Dead End?*, London, The Woburn Press, 1978.
George, Paul S. and Alexander, William M., *The Exemplary Middle School*, Fort Worth, Harcourt Brace Jovanovich College Publishers, 1981.
Keith, Evan, *The Development and Structure of the English School System*, London, Hodder and Stoughton, 1985.
Lawson, Robert F. (ed.), *Changing Patterns of Secondary Education*, Calgary, The University of Calgary Press, 1986.

あとがき

　あとがきを書くのが夢だった。と書くと、某先輩の苦笑いが目に浮かぶようで気恥ずかしいが、私の研究生活とあとがきへのあこがれはほぼ同時期に始まっている。卒業論文を書いていた頃、遠い将来に博士論文を書く必要があり、それは本1冊の分量になることを知った。それが本になっているものをいくつかみるうち、あとがきは、恩師への謝辞を書く場であることがわかった。またその文章からは、その研究者の経歴や人脈、家族構成からペットの存在まで知ることができた。諸先輩の書いたあとがきが、研究者というイメージがわかない私にとっての道しるべとなるような気がして、図書館でも書店でも、博士論文が書籍になったものをみつけると、本文はさておいて、あとがきを読むようになった。

　その頃私が感じていたのは、博士論文はこんなにも多くの方の協力を得ないとできないのか、私にはこんなに多くの人が関わってくれるのだろうか、という不安だった。まだ修士論文の構想さえない時点であったにもかかわらず、もし博士論文が書けたらという前提がなぜかできあがり、あとがきの登場人数が少なくなることを気にしていた。結婚相手を見つける前に、披露宴の参加人数を気にしていたようなものである。

　こうしたばかげた悩みは、その後研究を進めるにつれてまったくあっさりと解決され、今回のあとがきにはまったく書ききれないほど、たくさんの方にお世話になった。逆に、当初の前提であった博士論文執筆には、多くの困難があり、何度もあきらめかけた。しかしそうした危機を救ってくださった方の多くは、あとがきの登場人数を気にしていた時には想定もしていなかった方であった。

そんな自称あとがきマニアの私が書くあとがきは、極めてシンプルなものになった。やはりお世話になった方々にその気持ちを書き記したいという思いが強くなった。またそれはたくさんのあとがきを読んで感じたことでもあった。

その最初に書きたいのは、私の京都大学教育学部時代から現在まで、私を見守ってくださっている江原武一教授と杉本均教授である。私が教育学部に転学部する際の面接試験でお目にかかって以来、江原先生には、研究者としての姿勢やあり方を学ばせていただいた。先生に接しているすべての時間が、私にとって貴重な時間となり、先生の発する一言一言を消化しようとすることが、私を成長させ、また戒めてくれるものとなった。

また杉本先生には、いただけるものはすべていただいた。学部卒業論文、修士論文、博士論文の主査をしていただいた。普段は優しい杉本先生が落とす、修士論文の中間発表での恒例の爆弾は今でも強烈に印象に残っているし、困難を極めた博士論文の見通しが立った時の杉本先生のほっとした笑顔も忘れることはできない。その他、私が中国に留学できたこと、日本学術振興会の特別研究員に採用されたこと、教育学研究科で助教に就かせていただいたことなど、杉本先生の様々な面にわたるサポートなくしては得られなかったことは数え切れない。付け加えるならば、私の妻は、杉本先生を頼って海外からやって来た女性であり、これまた杉本先生が縁を結んでくださったとしか言いようがない。江原先生、杉本先生、私を研究室に受け入れてくださってから今まで、本当にたくさんお世話になり、ありがとうございました。なかなかご恩をお返しすることができず、ご迷惑をおかけするばかりですが、今後もご指導ご鞭撻をどうぞよろしくお願いいたします。

京都大学大学院教育学研究科の田中耕治教授は、学部4年生で半期の授業に出席させていただいただけであったが、その後何かあるたびに、講座の異なる私に声をかけてくださった。後述する孫さんとの出会いの契機となった山東省への出張に誘っていただいたのは田中先生であり、それが縁で中国留学まで進んで行くことができた。留学帰国後も、中国に関するイベントがあるたびに誘っていただいた。また高見茂教授は、教育行政研究室の先生で

あったが、同じ講座の比較教育学研究室のことをいつも気にかけてくださり、大きな声で励ましてくださり、また様々な役目を与えてくださった。杉本先生、高見先生、田中先生が、私の博士学位論文の査読にあたってくださった先生方であり、このゴールデントライアングルによる大きな支えがあって、学位取得まで至ることができた。ありがとうございました。

　現在、京都大学の比較教育政策学講座准教授である南部広孝先生は、私の拙い論文を最も真剣に、最も多く読んで、最も多くアドバイスをしてくださった方である。私が学部3年生で初めて比較教育学のゼミに参加した時、もうすぐ中国から南部さんという方が戻ってくるから、といわれてから、本当に京都大学に戻ってこられるまでには10年の歳月を要したが、その間も、中国に何度も連れて行っていただき、たくさんお話を聞かせていただいた。中国のビールをたくさん飲み、その後ホテルに戻ってからはコーラを飲んで、深夜まで話をしたのは何回に及んだことだろう。南部先生にはお世話になりすぎて、もうお返しする言葉がないのだが、それでもまだ感謝しきれていない。いつもありがとうございます。

　また所属が異なる先生方にも大変お世話になった。名古屋の研究室に押しかけて一緒に悩んでいただいて以来、いろいろと声をかけてくださる大塚豊先生、やさしい笑顔で励ましてくださる馬越徹先生、たくさんのチャンスをいただいた一見真理子先生…。その他、本当にたくさんの方々にお世話になってきた。字数の都合によりお名前をあげない失礼をお許しいただきたい。ありがとうございました。

　京都大学の比較教育学研究室のメンバーにも、いくら感謝してもしきれない。特に鈴木俊之さん、宮﨑元裕さんと3人で過ごした日々は、これまでの人生で最も濃密な時間であった。信じられないほどの読解力で、書いた本人さえわかっていない「いいたいこと」を読み取ってくださる能力を備えた鈴木さんの「ええんちゃう」には何度も励まされたし、宮﨑さんの要約力と驚異的な誤字脱字発見能力には研究者としてあるべき姿を学んだ。一文が恐ろしく長く、意味不明な卒論の初稿をもっておそるおそる研究室のドアをノックして以来、文章の書き方から研究者としてのあり方、その他いろいろ…を

教えてくださったおふたりには、普段はなかなか恥ずかしくていえないが、ここで謝意を示したい。私をいろいろな意味で育てていただき、ありがとうございました。

先輩から受けたご恩を研究室の後輩にも返したいと思っていたが、なかなか鈴木さん、宮﨑さんのようにはできず、後輩のみなさんには大変申し訳なく思っている。特に石川裕之さんには、留学中の日本での諸手続をすべて代行してくれるなど、後輩なのにお世話になってばかりである。いつもありがとうございます。

京都大学大学院教育学研究科・教育学部では、文学部から転学部した1997年から、学部生、修士課程・博士課程院生、日本学術振興会特別研究員、2期の助教まで11年間にわたって、多くの先生方、教務掛、総務掛、会計掛、図書掛の方々、学生・院生のみなさんに大変お世話になった。転部間もない頃、名乗る前から私の書類を出してくださった教務掛の方々、煩雑なことをいともたやすく進めてくださった総務掛、会計掛の方々、図書利用の奥深さをその態度で示してくださった図書掛の方々、毎日深夜まで事務室の明かりが灯っているのをみるたびに、プロの仕事の厳しさを勉強させていただいた。現在は京都大学や教育学研究科にいらっしゃらない方も多いが、私の原点となった場所であり、異動後の現在までたくさんの方にお世話になっている。おひとりづつお名前を書けないのが本当に残念だが、ここに謝意を記したい。ありがとうございました。

また、学会や研究会で出会った方々にも、たくさんのアドバイスをいただいてきた。とくに九州大学、名古屋大学、京都大学の比較教育学研究室が中心となって開かれている三大ゼミや、杉本先生が中心となって発展してきたアジア教育研究会のみなさんのおかげで、学会に行っても寂しく過ごすことはなくなった。どうしても楽な方向に流されがちな私に、たくさんの刺激を与えてくださった先生方、院生のみなさんにも、感謝の気持ちでいっぱいである。

こうしたみなさんの支えがあって、こんな私にも中国における人脈といえるものができた。ここでは紙面の都合により、特に留学中にお世話になった

方々のお名前のみをあげさせていただく。まずは中央教育科学研究所の先生方にお礼をいわなければならない。最初に 2001 年に山東省でお会いして以来、私の中国におけるほぼすべての活動を支え、見守ってくださった孫誠先生にお礼をいわせていただきたい。最初の留学を手配してくださり、その留学が SARS によって 2 週間の小旅行で終わった後も、励まし続けてくださった。北京留学中には、中国各地の調査に同行させてくださり、旅行では絶対に目にすることができない中国の奥深さと現実を教えてくださった。本当にありがとうございました。

またいつも明るく、しかし私の想像をはるかに超えたパワーで、何ごともかなえてくださった高峡先生、中国留学の面接官であり、その後日中両国で何度も助けてくださった田輝先生、貴州調査に同行させてくださり、京都にも単身で来てくださって様々なことを教えてくださった程方平先生、その他、本当にたくさんの方々にお世話になった。本当はこんな若造は入れない場所である、ということに気づく前から、何度も招き入れてくださった中央教育科学研究所の先生方には本当に感謝している。

加えて北京留学の受け入れ先となってくださった北京師範大学教育学院の国際与比較教育研究所の先生方にも謝意を申し上げたい。北京における「社会勉強」ばかりに夢中になり、ほとんど学生らしいことはしなかったが、それでもいつも温かく迎えてくださった李守福先生、高益民先生にはとても感謝している。中国へ奨学生として派遣してくださった財団法人霞山会のみなさまにも改めて感謝したい。ありがとうございました。

なお北京留学中に大変お世話になった中央教育科学研究所、北京師範大学教育学院は、ともに私の留学終了後、京都大学大学院教育学研究科と学術交流協定を結ぶことになった。院生として、研究員として、教員として、お世話になった方々に定期的にお会いできることほどうれしいものはない。

また、これまで中国には何度も行かせていただいたが、行く先々で、中国らしくいろいろなルートを利用して、たくさんの方にお世話になった。本当にありがとうございました。

なお、本研究においては、科学研究費補助金を初めとする各種の多大なる

援助をいただいた。研究代表者としてのものの他、研究分担者、研究協力者として数多くの助成を受け、中国を中心とした海外調査へ行かせていただいた。ここでは研究代表者としていただいたものを以下に列挙して、お礼にかえたい。

　　（財）松下国際財団による研究助成（2002年度）
　　京都大学教育学部同窓会京友会研究助成（2003年）
　　（財）霞山会「中国への給費派遣留学生」（2003年〜2004年）
　　日本学術振興会科学研究費補助金（特別研究員奨励費）（2004〜2006
　　　年度）
　　京都大学グローバルCOE　2007年度若手研究者支援経費
　　日本学術振興会科学研究費補助金（若手研究（スタートアップ））
　　　（2007〜2008年度）
　　文部科学省科学研究費補助金（若手研究（B））（2009年度〜）

　なお、本書は、日本学術振興会の平成21年度科学研究費補助金「研究成果公開促進費」の助成を受けて出版したものである。
　また本書は、筆者が京都大学大学院教育学研究科に提出した博士学位請求論文「中国における学校制度改革の論理―学制改革における格差への『配慮』―」（2006年6月提出、2006年11月学位授与）をもとに、加筆・修正をおこなって刊行したものである。本書にはこれまで発表した論文が採り入れられている。本書の内容と関連する主な既発表論文は次の通りである。

　　序章　書き下ろし
　　第1章　「学校段階の制度的区分の成立と変更の国際比較―イギリス、ア
　　　　　メリカ、旧ソ連、中国―」『アジア教育研究報告』第3号、2002
　　　　　年、59〜70頁。
　　第2章　「中国の教育」田中圭治郎編『比較教育学の基礎』ナカニシヤ出
　　　　　版、2004年、170〜188頁。

第3章 「諸外国の課題と教育課程－中国における理科教育の改革動向」（南部広孝と共著）日本理科教育学会編『理科の教育』平成17年4月号（633号）、2005年、20～22頁。
「中国における大学入試改革の動向―地方・大学への権限委譲に関する一考察―」「京都大学大学院教育学研究科紀要」第51号、2005年、128～141頁。

第4章 「中国」清水一彦・山内芳文他著『国際化と義務教育』全国海外教育事情研究会、2008年、141～150頁。
「義務教育および成人識字教育の普及における地方、民間の役割―中国西部地区における『両基』達成のための取り組みを中心として―」財団法人霞山会『中国研究論叢』第5号、2005年、39～53頁。

第5章 「中国における学校段階の制度的区分変更に関する考察―6－3制への回復と5－4制の実験―」日本比較教育学会編『比較教育学研究』第28号、2002年、162～178頁。

第6章 「中国における小学校と初級中学の接続に関する考察」『京都大学大学院教育学研究科紀要』第49号、2003年、376～386頁。

第7章 「中国における小中一貫制学校に関する考察」日本教育制度学会編『教育制度学研究』第9号、2002年、145～157頁。

終章 　書き下ろし

　本書の出版にあたって、株式会社東信堂・下田勝司社長にはたくさんのアドバイスや励ましをいただいた。こうして私の文章が本になったのは、下田社長はじめ東信堂のみなさまの多大なサポートなくしてはありえなかった。
　最後に、私の長い長い学生生活を穏やかに見守ってくれた父と母と、私をあたたかく励ましてくれる私の最高の宝物、妻のSIEWKEEと息子の凱にお礼をいいたい。いつもありがとう。これからもよろしく。

　2010年2月

楠山　研

附録

中国各地の学校と子どもたち

北京・小学／北京・完全中学
北京・小学／北京・完全中学
北京・完全中学／山西・小中高一貫学校
江蘇・完全中学／北京・就学前クラス

中国各地の学校と子どもたち　225

北京・完全中学／遼寧・小中高一貫学校
江蘇・完全中学／北京・幼児園
北京・小中高一貫学校／山東・初級中学
江蘇・小中高一貫学校／遼寧・小中高一貫学校

北京・清華大学／北京・北京大学
北京・完全中学／江蘇・幼児園
北京・小学／遼寧・幼児園
北京・小学／北京・完全中学

中国各地の学校と子どもたち 227

北北京・完全中学／貴州・中等師範学校
北京・小学／北京・運動学校
雲南・小学／雲南・小学
雲南・小学／貴州・中等師範学校

チベット・完全中学／チベット・チベット大学
貴州・完全中学／貴州・初級中学
貴州・初級中学／貴州・初級中学
雲南・小学／貴州・完全中学

中国各地の学校と子どもたち　229

山西・小学／貴州・市教育局
北京・小学／貴州・成人識字クラス
貴州・民族師範学校／貴州・中等師範学校
江蘇・幼児園／北京・小学

北京・小学／上海・小学
貴州・初級中学／北京・小学
北京・初級中学／北京・小学
北京・小学／遼寧・初級中学

中国各地の学校と子どもたち　231

北京・完全中学／北京・小学
遼寧・小学／北京・小学
北京・小学／北京・幼児園
北京・完全中学／北京・書店

遼寧・初級中学／上海・小学
上海・小学／北京・完全中学
北京・完全中学／北京・小学
北京・小学／北京・北京師範大学

中国各地の学校と子どもたち 233

山西・小学／北京・完全中学
チベット・チベット大学／チベット・チベット大学
貴州・小学／チベット・ラサ市内
貴州・小学／貴州・小学兼成人識字クラス

貴州・小学／貴州・中等師範学校
貴州・小学／貴州・小学
貴州・成人識字クラス／貴州・民族自治州内
貴州・小学／貴州・成人識字クラス

索　引

（ア）

アヘン戦争　　42
一般学校　　5,163,164,168,171,186,199
雲南省　　30,114,116,118-121,189
エリート　　4,19,20,23,30,31,53,64,79,160,161,180,198
袁世凱　　46,105
応試教育　　64,164

（カ）

改革開放　　6,53,62,63,69,80,100,111,112,114,123,124,142,145,150,166,193,194
外国の模倣　　31
概念上の制度　　4,6-8,10,11,31,32,103,123,124,134,150,151,160,173,189,193,196,200,202
科挙　　42,44,105,130
学制（日本）　　42,104,130
学制改革に関する決定　　50,51,132,134
下構型学校系統　　19,34
学校間格差　　4,7,11,160,163,164,171-173,186,188,189,195-197
学校選択制　　159
学校段階の区分　　3,11,16,19,129,140,147,159,178,195,197
課程計画　　77
課程標準　　45,58,76,78,200
河北省　　93,116
完全中学　　27,60,61,165,177
広東省　　85,95,96,114,116,162
癸卯学制　　42-44,130
貴州省　　66,83,114,116,119,121
義務教育法　　6,53,104,109,110,112,114,115,117,124,125,137,139,148,159,162,164,165,172,179,184,194,196,200
ギムナジウム　　25
9年一貫、5－4分段制　　149,178,180,181,184,185
教育体制改革に関する決定　　53,55,104,109,111-115,137,161
教育の民間主義　　20
教育部　　52,58,62,73-76,82,96,97,106,110,133,135,161,168,171,172,197,199,201,202
教会学校　　50
教学計画　　135,136,138,148,184
教学大綱　　76,78,144,200
教師の日　　67
近代学校制度　　41,43,47-49,104,105,123,130-133,193
欽定学堂章程　　42,43,104,130
クルプスカヤ　　26
クレッグ　　22
計画経済　　111
権限の下方委譲　　10,68,73,98,99,194,197,201

現実にある制度　　4,6,8,10,11,31,
　　32,103,123,124,150,151,160,
　　173,189,193,196,200,202
高考　　　　　　　86,90-99,201
高考移民　　　　　　　　　93
江蘇省　　　　　96,97,114,116
高中会考　　　　　61,82,84,86,
　　88-90,95,98,99
高等教育独学試験制度　　　63
国務院　　66,73,74,107,108,115,
　　133,135,137
国家教育委員会　　89,95,115,138,
　　139,144,161,162,165
子どもの発達段階　　18,19,25,32,
　　35,47,129,131,140
5－4－3制　　　130,134,180,183

（サ）

三好生　　　　　　166,168,169
3＋X　　　　　　61,85,95,96
山東省　　　92,93,97,114,115,137
社会主義　　　　5,6,41,49,51-53,
　　66,67,103,106,107,111,198
上海建青実験学校　　179,181,184
上海市　　　5,74,82,89,95,97,98,
　　114,116,138,148,149,159,
　　178,181,184-186,195,201
就近入学　　　　11,60,66,159-172,
　　186,189,195,197,198,200
重点学校　　　　5,11,52,53,64,
　　79,81,83,124,160,161,164,165,
　　167,169,170,172,173,182,184,
　　186,189,195,197-199
12年一貫制　　　　　　180,182
上構型学校系統　　　19,20,21,34
少数民族　　　59,73,75,111,118,
　　121,198

小中一貫　　　　　3,129,177,185
少年先鋒隊　　　　　　　　59
初中会考　　　　　　　82,83,86
清朝　　　　　　8,9,41,42,44,69,
　　104,105,130,131
壬寅学制　　　　　　　42,43,130
辛亥革命　　　　　　　45,105,131
壬子癸丑学制　　　　　45-48,131
壬戌学制　　　　　　5,47,129,131
人民教育出版社　　　　　59,79
人民日報　　　　　　　135,136
清華大学　　　　　　　　　166
政務院　　　　　　　51,132,133
浙江省　　　　　89,96,97,114,116
専科　　　　　　　　　　　91
全教科担任制　　　　22,24,33,142
全米教育協会　　　　　　　24
専門教科別担任制　　　22,24,33,
　　58,141,142
総合性（中等）学校　　　22,23
奏定学堂章程　　　　43,44,104,130
素質教育　　　41,63,64,70,168,181

（タ）

大躍進　　　　　　　51,107,133
択校　　　　　　　　　　171,186
託児所　　　　　　　　　　55,56
単線型学校体系　　　　　　　28
地域間格差　　　　4,5,7,10,11,99,
　　103,104,114,118,124,
　　150,151,189,194-196
チベット自治区　　　　　　92-94,
　　114,116,119
地方負責、分級管理　　　58,75
地方分権　　　　　　　　3,28,202
中央集権　　　　　　　5,68,79,202
中華民国　　　　　5,8,45,105,129,134

中考	80-85,99	北京育英学校	136,138
中高一貫	3,129,177	北京景山学校	136,138,
中国共産党中央委員会	53,66,		179-181,184
	73,108,109,113,133,	北京市	5,30,74,87,90,92,93,
	135,137,161,180		97,98,114,116,119,135,159,
中国人民政治協商会議	49,106		165-171,178-180,182,183,
中等師範学校	60,67		186,195,200,203
張之洞	43	北京師範大学	137,180
調整	51,52,107,108	北京第一中学	179,182-184
テフニクム	26,27	北京大学	166
デューイ	47,131,132	ベビーブーム	24,25,148
統一労働学校	26,27	本科	91,93
鄧小平	55,135		
トーニー	21	(マ)	
特長生	166,168,169	満州事変	105
		ミドルスクール	22, 25
(ナ)		民営学校	69,121,171,173,
ナショナリズム	33,142		183,199
日清戦争	42,105,130	毛沢東	52,106
日中戦争	49		
		(ヤ)	
(ハ)		幼児園	55,56,181,182
8－4制	24	4－4－4制	25
パブリックスクール	23		
一人っ子	69	(ラ)	
品徳と社会	58,67,76	リセ	23
品徳と生活	58,67,76	両基	116,118,119
複線型学校体系	3,19,21	遼寧省	97,114,116,138,140,162
フルシチョフ	27	李嵐清	139,148
分岐型学校体系	21	6-3-3制	3,15,16,24,45,47,
文化大革命	8,10,52,53, 62,		129,130-136,183
	63,67,73,94,99,100,107,108,	六三三学制	47,131
	123,130,133-136,142,145,	6－6制	24
	146,148,150,161,164,166,		
	179,193,196-198		

著者紹介

楠山　研（くすやま　けん）

1975年生まれ。京都大学教育学部卒業。同大学大学院教育学研究科博士後期課程修了。博士（教育学）。比較教育学専攻。日本学術振興会特別研究員、京都大学大学院教育学研究科助教、同COE助教を経て、現在、長崎大学大学院教育学研究科助教。

主な著書

『21世紀的日本教育改革』（共著、中国・教育科学出版社、2009年）、『国際化と義務教育』（共著、全国海外教育事情研究会、2008年）、『現代アジアの教育計画　下』（共著、学文社、2006年）、『大学の管理運営改革－日本の行方と諸外国の動向』（共著、東信堂、2005年）、『世界の公教育と宗教』（共著、東信堂、2003年）、『文革後中国における大学院教育』（共著、広島大学高等教育研究開発センター、2002年）ほか。

現代中国初中等教育の多様化と制度改革　　　＊定価はカバーに表示してあります

2010年2月28日　　初　版第1刷発行　　　　　　　　　　〔検印省略〕

著者 © 楠山研／発行者 下田勝司　　組版／フレックス・アート　印刷／製本 中央精版印刷

東京都文京区向丘1-20-6　　郵便振替00110-6-37828　　　　発　行　所
〒113-0023　TEL (03)3818-5521　FAX (03)3818-5514　　株式会社 東信堂
Published by TOSHINDO PUBLISHING CO., LTD
1-20-6, Mukougaoka, Bunkyo-ku, Tokyo, 113-0023, Japan
E-mail : tk203444@fsinet.or.jp　http://www.toshindo-pub.com

ISBN978-4-88713-971-8 C3037　© K.Kusuyama 2010

東信堂

比較教育学——越境のレッスン	M・ブレイ編 馬越徹・大塚豊監訳	三六〇〇円
比較教育学——伝統・挑戦・新しいパラダイム	馬越徹編著	三八〇〇円
世界の外国人学校	末藤美津子 編著	三六〇〇円
ヨーロッパの学校における市民的社会性教育の発展	福田誠治	三八〇〇円
世界のシティズンシップ教育——グローバル時代の国民／市民形成	新井浅浩 編著	三八〇〇円
市民性教育の研究——日本とタイの比較	嶺井明子編著	二八〇〇円
多様社会カナダの「国語」教育（カナダの教育3）	平田利文編著	四二〇〇円
国際教育開発の再検討——途上国の基礎教育普及に向けて	関口礼子編著	三八〇〇円
中国教育の文化的基盤	浪田克之介 編著	二四〇〇円
中国大学入試研究——変貌する国家の人材選抜	小川佳万・西村幹子 編著	二九〇〇円
中国高等教育独学試験制度の展開	大塚豊監訳 北村友人訳	三六〇〇円
大学財政——世界の経験と中国の選択	大塚豊 顧明遠監訳	三六〇〇円
中国の民営高等教育機関——社会ニーズとの対応	南部広孝	三二〇〇円
「改革・開放」下中国教育の動態	阿部洋編著 呂炳煥龍夫監訳	四六〇〇円
中国の職業教育拡大政策——江蘇省の場合を中心に	劉文君	五四〇〇円
中国の後期中等教育の拡大と経済発展パターン——江蘇省と広東省の比較	呉琦来	五〇四八円
中国高等教育の拡大と教育機会の変容	王傑	三九〇〇円
バングラデシュ農村の初等教育制度受容	日下部達哉	三六〇〇円
オーストラリア学校経営改革の研究——自律的学校経営とアカウンタビリティ	佐藤博志	三八〇〇円
オーストラリアの言語教育政策——多文化主義における「多様性と」「統一性」の揺らぎと共存	青木麻衣子	三八〇〇円
マレーシア青年期女性の進路形成	鴨川明子	四七〇〇円
「郷土」としての台湾——郷土教育の展開にみるアイデンティティの変容	林初梅	四六〇〇円
戦後台湾教育とナショナル・アイデンティティ	山﨑直也	四〇〇〇円

〒113-0023 東京都文京区向丘1-20-6
TEL 03-3818-5521 FAX03-3818-5514 振替 00110-6-37828
Email tk203444@fsinet.or.jp URL:http://www.toshindo-pub.com/

※定価：表示価格（本体）＋税

東信堂

グローバルな学びへ――協同と刷新の教育	田中智志編著	二〇〇〇円
教育の共生体へ――ボディ・エデュケーショナルの思想圏	田中智志編	三五〇〇円
人格形成概念の誕生――近代アメリカの教育概念史	田中智志	三六〇〇円
社会性概念の構築――アメリカ進歩主義教育概念史	田中智志	三八〇〇円
教育の自治・分権と学校法制	結城忠	四六〇〇円
ミッション・スクールと戦争――立教学院のディレンマ	前田一男編	五八〇〇円
教育の平等と正義	大桃敏行・中村雅子・後藤武俊・宮本・佐藤訳 D・ラヴィッチ著	三二〇〇円
学校改革抗争の100年――20世紀アメリカ教育史	末藤・宮本・佐藤訳	六四〇〇円
国際社会への日本教育の新次元――今、知らねばならないこと	関根秀和編	一二〇〇円
ヨーロッパ近代教育の成立過程――地球社会の求める教育システムへ	太田美幸	三二〇〇円
多元的宗教教育の成立過程――アメリカ教育と成瀬仁蔵の「帰一」の教育	大森秀子	三六〇〇円
文化変容のなかの子ども――経験・他者・関係性	高橋勝	二三〇〇円
教育的思考のトレーニング	相馬伸一	二六〇〇円
NPOの公共性と生涯学習のガバナンス	高橋満	二八〇〇円
進路形成に対する「在り方生き方指導」の功罪――高校進路指導の社会学	望月由起	三六〇〇円
「夢追い」型進路形成の功罪――高校改革の社会学	荒川葉	二八〇〇円
教育から職業へのトランジション――若者の就労と進路職業選択の教育社会学	山内乾史編著	二六〇〇円
「学校協議会」の教育効果――「開かれた学校づくり」のエスノグラフィー	平田淳	五六〇〇円
教育と不平等の社会理論――再生産論をこえて	小内透	三二〇〇円
オフィシャル・ノレッジ批判――保守復権の時代における民主主義教育	野崎・井口・小暮・池田監訳 M・W・アップル著	三八〇〇円
新版 昭和教育史――天皇制と教育の史的展開	久保義三	一八〇〇〇円
地上の迷宮と心の楽園〔コメニウス・セレクション〕	J・コメニウス 藤田輝夫訳	三六〇〇円

〒113-0023 東京都文京区向丘1-20-6　TEL 03-3818-5521　FAX 03-3818-5514　振替 00110-6-37828
Email tk203444@fsinet.or.jp　URL:http://www.toshindo-pub.com/
※定価：表示価格（本体）＋税

東信堂

転換期を読み解く――潮木守一時評・書評集	潮木守一	二六〇〇円
大学再生への具体像	潮木守一	二五〇〇円
フンボルト理念の終焉?――現代大学の新次元	潮木守一	二五〇〇円
いくさの響きを聞きながら――横須賀そしてベルリン	潮木守一	二四〇〇円
国立大学・法人化の行方――自立と格差のはざまで	天野郁夫	三六〇〇円
大学の責務	D. ケネディ著 立川明・坂本辰朗・井上比呂子訳	三八〇〇円
私立大学マネジメント	(社)私立大学連盟編	四七〇〇円
30年後を展望する中規模大学――マネジメント・学習支援・連携	市川太一	二五〇〇円
もうひとつの教養教育――職員による教育プログラムの開発	近森節子編著	二三〇〇円
政策立案の「技法」――職員による大学行政政策論集	伊藤昇編著	二五〇〇円
大学の管理運営改革――日本の行方と諸外国の動向	江原武一編著	三六〇〇円
教員養成学の誕生――弘前大学教育学部の挑戦	福島裕敏・遠藤孝夫・杉原真均編著	三三〇〇円
改めて「大学制度とは何か」を問う	舘昭編著	一〇〇〇円
原点に立ち返っての大学教育改革	舘昭著	一〇〇〇円
戦後日本産業界の大学教育要求――経済団体の教育言説と現代の教養論	飯吉弘子著	五四〇〇円
現代アメリカの教育アセスメント行政の展開――マサチューセッツ州(MCASテスト)を中心に	北野秋男編	四八〇〇円
アメリカの現代教育改革――スタンダードとアカウンタビリティの光と影	松尾知明	二七〇〇円
現代アメリカのコミュニティ・カレッジ――その実像と変革の軌跡	宇佐見忠雄	二三八一円
アメリカ連邦政府による大学生経済支援政策	杉本和弘	三八〇〇円
戦後オーストラリアの高等教育改革研究	杉本和弘	五八〇〇円
大学教育とジェンダー――ジェンダーはアメリカの大学をどう変革したか	ホーン川嶋瑤子	三六〇〇円
〈講座「21世紀の大学・高等教育を考える」〉		
大学改革の現在〔第1巻〕	有本章編著	三三〇〇円
大学評価の展開〔第2巻〕	山本眞一編著	三三〇〇円
学士課程教育の改革〔第3巻〕	山野井敦徳・清水一彦編著	三三〇〇円
大学院の改革〔第4巻〕	舘昭編著 江原武一編著 馬越徹編著	三三〇〇円

〒113-0023 東京都文京区向丘1-20-6
TEL 03-3818-5521 FAX 03-3818-5514 振替 00110-6-37828
Email tk203444@fsinet.or.jp URL:http://www.toshindo-pub.com/

※定価：表示価格（本体）＋税

東信堂

大学の自己変革とオートノミー——点検から創造へ	寺﨑昌男	二五〇〇円
大学改革 その先を読む	寺﨑昌男	一三〇〇円
大学は歴史の思想で変わる——FD・評価・私学	寺﨑昌男	二八〇〇円
大学教育の可能性——評価・実践・教養教育・カリキュラム	寺﨑昌男	二五〇〇円
大学教育の創造——歴史・システム・カリキュラム	寺﨑昌男	二五〇〇円
大学教育の思想——学士課程教育のデザイン	絹川正吉	二八〇〇円
あたらしい教養教育をめざして——大学教育学会25年の歩み:未来への提言	大学教育学会25年史編纂委員会編	二九〇〇円
高等教育質保証の国際比較	大学教育学会編	二八〇〇円
大学における書く力考える力——認知心理学の知見をもとに	井下千以子	二〇〇〇円
ティーチング・ポートフォリオ——授業改善の秘訣	土持ゲーリー法一	二〇〇〇円
ラーニング・ポートフォリオ——学習改善の秘訣	土持ゲーリー法一	二五〇〇円
津軽学——歴史と文化	弘前大学21世紀教育センター・土持ゲーリー法一編	二六〇〇円
IT時代の教育プロ養成戦略——日本初のeラーニング専門家養成ネット大学院の挑戦	大森不二雄編	二八〇〇円
資料で読み解く南原繁と戦後教育改革	山口周三	三六〇〇円
大学教育を科学する——学生の教育評価の国際比較	山田礼子編著	二八〇〇円
一年次（導入）教育の日米比較	山田礼子	一九〇〇円
作文の論理——〈わかる文章〉の仕組み	宇佐美寛著	一六〇〇円
大学授業入門	宇佐美寛	二五〇〇円
授業研究の病理	宇佐美寛	二五〇〇円
大学授業の病理——FD批判	宇佐美寛	二五〇〇円
大学の授業	宇佐美寛	二五〇〇円
学生の学びを支援する大学教育	溝上慎一編	二四〇〇円
大学教授職とFD——アメリカと日本	有本章	三二〇〇円

〒113-0023 東京都文京区向丘1-20-6
TEL 03-3818-5521 FAX 03-3818-5514 振替 00110-6-37828
Email tk203444@fsinet.or.jp URL:http://www.toshindo-pub.com/

※定価：表示価格（本体）＋税

== 東信堂 ==

《未来を拓く人文・社会科学シリーズ〈全17冊・別巻2〉》

科学技術ガバナンス	城山英明編	一八〇〇円
ボトムアップな人間関係——心理・教育・福祉・環境・社会の12の現場から	サトウタツヤ編	一六〇〇円
高齢社会を生きる——老いる人／看取るシステム	清水哲郎編	一八〇〇円
家族のデザイン	小長谷有紀編	一八〇〇円
水をめぐるガバナンス——日本、アジア、中東、ヨーロッパの現場から	蔵治光一郎編	一八〇〇円
生活者がつくる市場社会	久米郁男編	一八〇〇円
グローバル・ガバナンスの最前線——現在と過去のあいだ	遠藤乾編	二二〇〇円
資源を見る眼——現場からの分配論	佐藤仁編	二〇〇〇円
これからの教養教育——「カタ」の効用	葛西康徳・鈴木佳秀編	二〇〇〇円
「対テロ戦争」の時代の平和構築——過去からの視点、未来への展望	黒木英充編	一八〇〇円
企業の錯誤／教育の迷走——人材育成の「失われた一〇年」	青島矢一編	一八〇〇円
芸術の生まれる場	木下直之編	一八〇〇円
芸術は何を超えていくのか？	沼野充義編	一八〇〇円
多元的共生を求めて——〈市民の社会〉をつくる	宇田川妙子編	一八〇〇円
日本文化の空間学	木村武史編	二二〇〇円
千年持続学の構築	桑子敏雄編	一八〇〇円
紛争現場からの平和構築——国際刑事司法の役割と課題	遠藤貢・石田勇治編	二〇〇〇円
〈境界〉の今を生きる	城山英明・岡田暁生編	二八〇〇円
文学・芸術は何のためにあるのか？	吉岡洋編	二〇〇〇円
日本の未来社会——エネルギー・環境と技術・政策	荒川歩・川喜田敦子・谷川竜一・内藤順子・柴田晃芳／角和昌浩・鈴木達治郎編	三二〇〇円

〒113-0023 東京都文京区向丘1-20-6
TEL 03-3818-5521　FAX 03-3818-5514　振替 00110-6-37828
Email tk203444@fsinet.or.jp　URL:http://www.toshindo-pub.com/

※定価：表示価格（本体）＋税